BIBLIOTHÈQUE D'HISTOIRE CONTEMPORAINE

TÉRUAKI KOBAYASHI

Professeur de Pédagogie à l'École Normale supérieure des Filles de Tokio,
Chargé de cours de sociologie à la Faculté des Lettres
de l'Université Impériale de Tokio.

La Société Japonaise

Étude sociologique

Traduit du japonais par M. JUNKICHI YOSHIDA
avec le concours de M. LAUDENBACH, sous le contrôle de l'auteur.

Préface de M. TONGO TAKEBE
Professeur de sociologie à la Faculté des Lettres de l'Université Impériale de Tokio.

LIBRAIRIE FÉLIX ALCAN

LA SOCIÉTÉ JAPONAISE

LA
SOCIÉTÉ JAPONAISE

ÉTUDE SOCIOLOGIQUE

PAR

TÉRUAKI KOBAYASHI

Professeur de Pédagogie à l'École Normale supérieure des Filles de Tokio,
Chargé de cours de sociologie à la Faculté des Lettres
de l'Université Impériale de Tokio.

———

TRADUIT DU JAPONAIS PAR M. JUNKICHI YOSHIDA
Avec le concours de Mme LAUDENBACH, sous le contrôle de l'auteur.

———

PRÉFACES DE M. TONGO TAKÉBÉ
Professeur de sociologie à la Faculté des Lettres de l'Université Impériale de Tokio

———

PARIS
LIBRAIRIE FÉLIX ALCAN
108, BOULEVARD SAINT-GERMAIN, 108

—

1914

Tous droits de reproduction et d'adaptation réservés pour tous pays.

Première édition Japonaise.   Janvier 1907.

Deuxième édition Japonaise.   Août 1907.

Troisième édition Japonaise.   Juillet 1909.

Quatrième édition Japonaise, avec corrections
    et additions.   Mars 1910.

TABLE DES MATIÈRES

LIVRE I

INTRODUCTION

CHAPITRE I

CHAPITRE II

CHAPITRE III

LIVRE II

FACTEURS PHYSIQUES DE LA SOCIÉTÉ JAPONAISE

CHAPITRE I

LIVRE III

PSYCHOLOGIE DE LA SOCIÉTÉ JAPONAISE

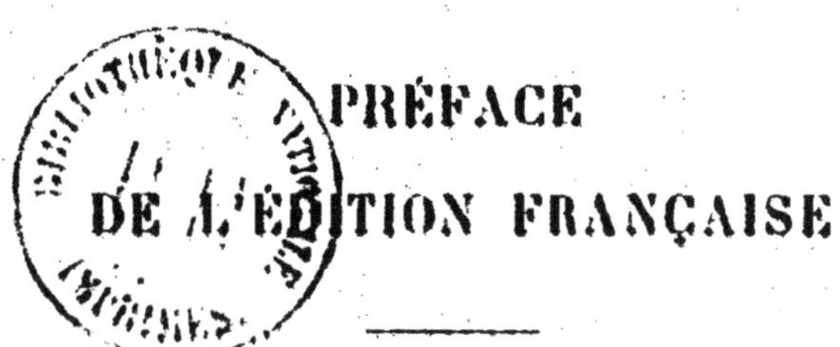

PRÉFACE
DE L'ÉDITION FRANÇAISE

———

C'est à la bienveillante amitié de M. Alfred Espinas et de M. Félix Alcan que ce petit livre sur la société et le peuple du Japon doit de paraître aujourd'hui devant le public européen.

Jusqu'à présent, la connaissance que l'on avait du Japon était presque complètement de source européenne. « Le Japon par les Japonais », sans devenir une doctrine politique internationale, comme celle de Monroe pour l'Amérique, présenterait tout au moins pour les amis des livres du monde civilisé, l'intérêt qui s'attache à la nouveauté.

J'ai désigné à l'éditeur une bibliothèque de sociologie : *L'Étude sociologique*, qui se publie ici sous ma direction. Cette bibliothèque entreprise en 1906, quelques années après mon voyage en Occident, contient déjà les ouvrages suivants : *La*

Guerre, par M. Tongo Takébé, *La Société Japonaise*, par M. Téruaki Kobayashi, *La Civilisation*, par M. Ebé, *La Femme et la Société* et *Le Collectivisme et l'Individualisme*, par M. Imaï, *Le Développement social*, par M. Katchi. Mais notre langue maternelle, malheureusement, est loin d'être connue du public européen : aussi, avons-nous décidé de publier en France, à titre d'essai, cet ouvrage. S'il rencontre là-bas quelque succès, comme je l'espère, les autres sans doute, comme lui, seront successivement traduits.

TONGO TAKÉBÉ

Professeur de sociologie à l'Université impériale
de Tokio.

7 janvier 1914.

PRÉFACE

L'objet de la sociologie semble vague : il est au contraire d'une étroite précision. Ses progrès ont peut-être été lents, mais ils ont été continus, si bien qu'il nous est à peine possible aujourd'hui d'en exposer les grandes étapes à travers ces cinquante dernières années.

La sociologie, à son début, n'était que la somme de connaissances fragmentaires des phénomènes sociaux, puis peu à peu, par la synthèse suivie de la généralisation, elle s'est élevée jusqu'à regarder la société comme un corps formant une unité distincte. Le premier échelon vraiment important de cette marche ascendante se trouve dans la théorie de « l'organisme social ».

Cette théorie voyait bien dans la société une unité, mais elle ne disait pas quelle était cette unité, à quelle catégorie elle appartenait; elle se contentait d'expliquer la société en l'assimilant à un organisme. Puis, peu à peu, l'on saisit des différences entre la société et l'organisme, et c'est alors qu'apparut la théorie du « super-organisme ». Cette théorie montrait qu'on avait eu tort de faire une assimilation complète, qu'on avait eu tort de ne faire de la société qu'un être vivant. Sans doute l'idée de société renferme l'idée d'organisme, mais en outre, quelque chose de plus.

La théorie du super-organisme disait seulement que la société possédait d'autres attributs que l'être vivant ; elle ne disait pas lesquels et le problème restait encore inexpliqué. Ce sont les écoles des psycho-sociologues qui tentèrent de le résoudre.

Ces sociologues s'attachèrent précisément à l'étude des attributs super-organiques et affirmèrent qu'ils étaient des attributs mentaux ; mais parmi ces sociologues, les uns n'étudièrent que les phénomènes mentaux isolés des phénomènes proprement sociaux ; ils comparèrent entre eux les phénomènes mentaux des diverses sociétés et firent de la « psychologie des peuples » ; les autres s'appliquèrent à l'explication abstraite des attributs abstraits de la société, mais comme unité, et créèrent « la psychologie sociale ».

La psychologie sociale vint donc compléter la théorie de l'organisme social : la théorie de l'organisme social avait étudié la société comme unité, mais au point de vue purement mental : dès lors il était démontré que la société était un corps unifié dualistique.

Dès lors aussi deux questions allaient se poser; d'une part, au point de vue théorique : quelle est l'unification de ce dualisme? en d'autres termes, quelle est l'harmonie qui existe entre les deux éléments qui composent la société et qui fait d'elle malgré ce dualisme une unité? D'autre part, au point de vue pratique : comment par suite du changement dans la conception de la société envisager le côté matériel du problème?

La question théorique s'éclaircit et se complète en même temps quand, après avoir affirmé la personnalité de la société, comme unité, on se fonde, pour expliquer l'unification des deux facteurs, sur les rapports de l'homme à la société. C'est ce que fait la « logique sociale », et la théorie qui regarde la société comme un corps unifié est la « sociologie moniste ». A la question pratique d'autre part, il faut répondre que l'on doit étudier impartialement et scientifiquement tous les phénomènes économiques politiques, tous ceux en un mot qui intéressent l'idéal social, car tous ces phénomènes, tout en faisant partie de la société organisme, font aussi partie de la société être mental. Cette étude forme l'objet de la « dynamique sociale » et de l' « idéologie sociale ». Or la psychologie des peuples étudie des phénomènes qui rentrent dans la catégorie des attributs mentaux des différentes sociétés, mais ne satisfait pas pleinement à la conception développée de la sociologie : elle fait en effet plus de psychologie que de sociologie. Théoriquement, pour expliquer la société comme unité et pratiquement, pour dégager de principes généraux des règles cliniques à appliquer à une société déterminée, à un peuple particulier, il faut étudier à fond tel et tel peuple, telle et telle société, tant au point de vue mental qu'au point de vue matériel, et cela sans aucune partialité, en s'attachant à l'examen des caractères des faits sociaux, quels qu'ils soient. L'on ne doit pas s'attacher seulement aux questions psychologiques, car alors les études restent forcément fragmentaires, incomplètes. Il en est ainsi par exemple de celles de M. Boutmy, M. Demolins, M. Leclerc, sur la société anglaise; de M. Fouillée, M. Hanotaux, M. Demolins sur la société française; de M. Leroy-Beaulieu, M. Brandes, et M. Kowalewsky sur la société russe. Chacune de ces études a sans doute des qualités, mais chacune aussi a des défauts. Remarquons d'ailleurs que, bien que fragmentaires, elles ont pu inspirer des réformes administratives dans les pays de leurs auteurs et fournir aux étrangers des renseignements instructifs et utiles.

La société japonaise est une société asiatique d'Orient. Mais pour être d'Orient, elle se distingue beaucoup des autres sociétés orientales. En Orient, en effet, bien plus qu'en Occident, les différences d'un peuple à l'autre sont considérables : l'une des principales caractéristiques du peuple japonais, par exemple, est d'avoir été gouverné par les descendants, en ligne directe, d'une seule dynastie de monarques. D'autre part, l'énergie nationale au Japon, ces dernières années, s'est développée d'une manière surprenante et ce développement peut être enregistré dans l'histoire universelle de la civilisation comme un admirable prodige. Pour ces raisons le Japon ne doit pas attirer sur lui l'attention de l'Orient seulement, mais encore celle du monde entier.

Quelques savants européens tels que MM. Rein, Muntiger, Gülick, Pierre Leroy-Beaulieu, ont déjà publié sur notre pays des observations plus ou moins détaillées. Mais le prodige dont nous venons de parler est loin d'avoir été expliqué : ajoutons du reste qu'une étude approfondie sur le Japon était difficile à faire pour des Européens, car notre langue, notre religion, nos mœurs mêmes, leur sont encore en grandes parties inconnues.

Pendant longtemps, le fragment du « Jinko-kuki » ou « Ninkokki » sur les « provinces et les peuples au Japon » fut le seul document qui donnait quelques renseignements sur la psychologie locale des provinces japonaises. Aucune étude psychologique, croyons-nous, n'avait été faite sur la société japonaise envisagée comme unité. Quand après la Révolution de 1868, la conscience nationale se fut peu à peu éveillée, M. Yûjiro Miyaké s'intéressa à ce sujet : ses deux ouvrages : *Les Japonais vrais, bons et beaux* et *Les Japonais faux, mauvais et laids* d'une égale valeur, inaugurèrent dignement l'étude qu'on n'avait jamais encore, avant lui, tenté de faire. Mais malheureusement, pendant de longues années il resta sans successeur. Le peuple, d'autre part, ne s'effraya pas du mal qui s'étendit, par sa faute, à toutes les institutions du pays, économiques, politiques et pédagogiques : il voulut en effet tout réorganiser à la hâte sans prendre l'avis de personne, et donner le médicament sans qu'aucune consultation préalable ait eu lieu. Si la question politique en particulier est restée si long-temps vague et indécise, c'est que l'on ne savait rien non seulement de l'étranger, mais encore de son propre pays.

Mais, après que l'épée eût été tirée, après que le canon eût grondé, la victoire fut plus éclatante qu'on ne l'avait espéré. Tous les savants alors, quels qu'ils fussent, voulurent découvrir les causes de ce succès, malgré l'étroitesse forcée de leurs sciences respectives. Une étude directe de la société elle-même, avec des vues plus larges, une méthode plus exacte, était nécessaire et cette étude ne pouvait être faite que par des sociologues. Mon confrère, M. Téruaki Kobayashi dit qu'il n'a voulu faire de la présente étude qu'une introduction, un début, à cette plus vaste étude. Ce n'est pas là pure modestie : en considérant le plan et la matière de ce livre, je comprends que telle en effet a été l'intention de l'auteur. Mais malgré tout, j'ose écrire que cet ouvrage très beau, très scientifique, est un progrès sur tous les ouvrages récemment parus. M. Kobayashi a su faire prendre conscience d'elle-même à la société japonaise et, en outre, présenter aux pays étrangers tels qu'ils sont, sous leur véritable aspect, cette société et son peuple admirable. Sans doute la sociologie n'est pas encore au terme de son développement et continue sa marche régulière; sans doute par conséquent une belle œuvre aujourd'hui sera demain vieillie et de moindre valeur. Mais le mérite incontestable de l'auteur est d'avoir disséqué la société du Japon, corps unifié, d'avoir mis son cerveau et son organisme sous les yeux du lecteur; bref de s'être placé, dans son travail, sans partialité, au point de vue matériel comme au point de vue mental.

Ce serait un inestimable profit pour la science, si, en lisant ce livre, l'on pouvait comprendre que l'étude de la société est l'objet d'une science indépendante et exige une manière déterminée et une méthode précise.

Tongo Takébé.

Sen dagaya, Tokio, Japon.

Janvier 1907.

AVANT-PROPOS
DE L'ÉDITION FRANÇAISE

Le Japon, réunion d'îles, se trouve isolé par l'Océan. Longtemps ce fut sa politique de rester volontairement fermé aux nations étrangères; ses rapports commerciaux avec elles sont relativement récents; aussi pendant longtemps en demeura-t-il ignoré.

Cette politique d'isolement, à laquelle le Japon était resté fidèle pendant trois cents ans, se trouva modifiée dès que les navires américains arrivèrent à Uraga en 1853, et devint alors une politique de progrès et d'assimilation. Le Japon s'ouvrit à la culture de l'Occident, et, tout en se livrant à l'étude des sciences nouvelles, affirma son caractère propre. Si bien que ce petit pays de l'Extrême-Orient vint se placer rapidement au rang des grandes puissances du monde.

Il entreprit d'abord la guerre Sino-japonaise

et donna à entendre, à cette occasion, qu'il était trop puissant pour qu'on pût le négliger; puis il prit part à la lutte des Boxers, montra une fois encore que sa valeur n'était en rien inférieure à celle des Européens; tout dernièrement enfin il entra en hostilités avec l'une des grandes puissances européennes, et les victoires qu'il remporta coup sur coup étonnèrent le monde, qui se rendit compte de la grandeur de la race et de la civilisation japonaises.

Lorsque le Japon fut vainqueur de la Chine, le fait qu'il avait profité de la civilisation européenne parut suffisant aux Européens pour expliquer cette première supériorité. Mais sa victoire sur une nation européenne ne pouvait évidemment s'expliquer ainsi; on en rechercha les causes, et c'est ainsi que l'attention générale fut attirée vers le Japon.

Alors, les savants japonais et les savants européens ayant résidé longtemps au Japon s'attachèrent à expliquer l'éveil des Japonais; à expliquer d'après des études et des observations leur civilisation, et ce qui caractérise leur race. Cependant leurs études demeurent incomplètes, restreintes qu'elles sont soit par leur spécialité, soit par leur goût personnel. Ce ne sont point des études générales de la société japonaise; leur méthode est donc imparfaite, partant leurs conclusions aussi.

J'ignore le mérite de mon ouvrage, mais je tiens que l'étude d'une société si complexe doit s'appuyer sur les connaissances nouvelles de la sociologie; c'est pour moi une conviction: aussi ai-je tenté de me placer à un point de vue élevé pour entreprendre une étude fondamentale.

Mon intention était de composer cet ouvrage en dix parties; mais, étant donné le peu de temps dont je disposais, je dus renoncer à mon premier projet et m'arrêter au plan suivant :

Livre I. *Introduction.* — Chapitre I : Origine et développement de la civilisation; — Chapitre II : La sociologie; — Chapitre III : Étude de la société japonaise.

Livre II. *Facteurs physiques de la société japonaise.* — Chapitre I : Vues générales; — Chapitre II : Géographie; — Chapitre III : Peuples.

Livre III. *Le Japon avant l'influence étrangère.* — Chapitre I : Politique; — Chapitre II : Introduction; — Chapitre III : Économie politique.

Livre IV. *Le Japon depuis l'influence étrangère.* — Chapitre I : Mouvement contre les étrangers; — Chapitre II : Mouvement vers les étrangers; — Chapitre III : Réveil national.

Livre V. *Le Japon de l'avenir.* — Chapitre I : Conscience nationale des Japonais; — Chapitre II : Caractère du peuple japonais. — Réfutation de la théorie du péril jaune; — Chapitre III : Tendance de la civilisation en général et avenir de la civilisation japonaise en particulier.

Je ne doute pas que mon plan soit incomplet ; je n'y ai pas fait entrer par exemple des études qui mériteraient de faire l'objet d'un chapitre, voire d'un livre, telle que celle du Shindaï ou de l'époque des dieux ; j'ai laissé de côté également la mythologie ; je n'ai consacré aucun développement aux institutions du Japon de demain en me servant pour établir mes précisions, de l'étude comparative, des institutions semblables dans les pays étrangers. J'ai même dû faire subir à mon plan de nouvelles modifications, j'ai dû l'abréger, j'ai supprimé les troisième et quatrième livres portés au tableau ci-dessus et j'ai fait du cinquième primitif le troisième livre actuel. J'ai en outre modifié quelque peu les titres des livres, quelquefois même leur contenu. Tel est l'ouvrage que je présente aujourd'hui au public. Il n'est par conséquent qu'une introduction à une étude plus complète de la société japonaise. S'il sait trouver néanmoins quelque succès auprès des savants européens, je serai fier de l'honneur qui me sera fait et je n'hésiterai pas à entreprendre une œuvre plus approfondie.

Chargé au mois de mai 1911 par l'État japonais d'étudier en Angleterre, en France et en Allemagne la sociologie et la pédagogie, et de consacrer à ce travail trois années, je fus en même temps délégué pour prendre part au premier Congrès universel des races, qui a eu lieu à Londres au mois de juillet 1911. Je quittai Tokio le 6 juin et me rendis en Europe par le transsibérien. Arrivé à Londres dès le commencement de juillet, je pris part au Congrès. Après un séjour de deux mois dans la capitale anglaise, je me rendis en Allemagne, faisant de Berlin mon centre d'études; je visitai ensuite Leipzig et Munich, et traversai l'Allemagne; je parcourus aussi l'Autriche-Hongrie, la Hollande, la Belgique. Au bout de dix-huit mois je fis un premier séjour à Paris; puis ce fut la Suisse, l'Italie; trois mois après je rentrai en France, j'en visitai les principales villes, et vins me fixer de nouveau à Paris.

Au cours de ces nombreux voyages, il m'a été donné de faire la connaissance de beaucoup de professeurs des différentes universités où j'étais passé, et de beaucoup d'autres personnalités; tous m'ont fait l'honneur de s'intéresser vivement aux choses du Japon; tous m'ont posé de nombreuses questions qui m'ont montré que le Japon n'était encore guère connu; je ne puis ici les rappeler toutes, mais il en est une qui revenait sans cesse, que j'ai retrouvée dans toutes les bouches, toujours la même, d'un intérêt primordial : *A quoi attribuer le développement si rapide, inouï du Japon, depuis dix ans?* Chaque fois que cette question m'était posée, je pensais qu'il était nécessaire, urgent, de faire connaître la société japonaise aux pays d'Europe, de la leur présenter au point de vue non pas scientifique, mais populaire, et de montrer ainsi à ceux de qui me venait cette question, qu'en réalité le Japon n'avait pas fait d'aussi rapides progrès qu'ils se l'imaginaient. Comment d'ailleurs l'aurait-il pu? La France et l'Allemagne en eussent été incapables; le Japon, d'une égale importance, ne l'aurait pu davantage. A vrai dire, un travail latent se faisait depuis longtemps et s'est manifesté soudain à la faveur d'une crise. Ce livre qui n'avait pas été écrit dans ce but sera sans doute insuffisant pour répondre à cette question, mais il y aidera cependant.

Que ce me soit une occasion d'exprimer ma reconnaissance à tous ceux qui en France, en Angleterre, en Allemagne, en Autriche-Hongrie, en Italie, en Suisse, en Belgique, en Hollande, m'ont témoigné leur sympathie et leur amitié.

Encore une fois, ce livre ne me contente pas; au moment de le faire traduire, j'ai pensé qu'il vaudrait mieux supprimer les deux premiers chapitres de la première partie; mais le plan du livre s'en trouverait bouleversé; aussi ai-je résolu de les maintenir tout en les abrégeant; le lecteur pourra négliger de les lire : il retrouvera dans les revues françaises, anglaises, allemandes et italiennes l'exposé de ma conception de la sociologie.

Il me reste à exprimer ma reconnaissance à M. *Tongo Takébé*, professeur de sociologie à l'Université impériale de Tokio, à M. *Alfred Espinas*, membre de l'Institut et professeur honoraire à la Faculté des Lettres de l'Université de Paris; c'est à eux que je dois d'avoir été présenté à M. *Félix Alcan* qui a bien voulu publier mon ouvrage; à M. *Junkichi Yoshida*, dont le travail de traduction fut fort fidèle. J'exprime également tous les regrets que vient de me causer, au moment de mettre sous presse, la nouvelle de sa mort. Que Mme *Laudenbach* et M. *Diets* reçoivent également mes remerciements pour le zèle qu'ils ont bien voulu déployer dans l'adaptation de mon ouvrage.

Je quitterai Paris au printemps, pour me rendre dans l'Europe septentrionale et de là en Angleterre. Je pense repartir pour le Japon en juillet et traverser, pour m'y rendre, l'Amérique.

Après un séjour de trois années, c'est à regret que je quitterai l'Europe. Quoiqu'il ne m'ait pas été permis de lire aucun livre d'Orient, il m'a été donné d'observer la société occidentale où j'ai pu acquérir plus spécialement des connaissances sociologiques nombreuses et d'un puissant intérêt.

Enfin, en terminant, je manquerais à celui de

mes devoirs le plus cher, si je n'exprimais l'expression de ma profonde et respectueuse gratitude à M. *Ryoheï Okada*, membre de la Chambre des pairs, ancien Vice-Ministre de l'Instruction Publique, ancien Recteur de l'Université Impériale de Kioto; à M. *Hidéo Takaminé*, Directeur de l'École Normale supérieure des filles de Tokio, et dont je déplore très vivement la perte; à son successeur, M. *Kénjiro Nakagawa*, ainsi qu'à M. *Tongo Takébé*, mon cher maître. C'est à leur haute autorité et à leur extrême bienveillance que je dois d'avoir été désigné par mon gouvernement pour ce voyage d'études; qu'il me soit permis de les en remercier du plus profond de mon cœur.

A mon retour au Japon, j'espère écrire un nouvel ouvrage sur la Société européenne et américaine.

TÉRUAKI KOBAYASHI.

Paris, le 10 mars 1911.

LIVRE PREMIER

INTRODUCTION

CHAPITRE PREMIER

LES PROGRÈS DE L'HOMME

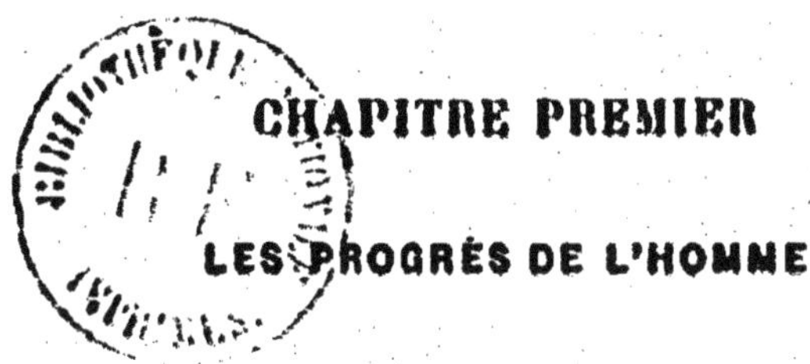

L'origine de l'homme est lointaine; comme, d'autre part, la science est encore relativement récente, il semble qu'il ne soit point en sa puissance d'en fournir une explication rigoureuse : mais, malgré ces circonstances peu favorables, un certain nombre d'affirmations lui sont permises.

Trois grandes solutions ont été proposées du problème de l'origine de l'homme.

L'homme, pensent les uns, est apparu accidentellement; ou bien, il n'est autre chose que le résultat d'une transformation des minéraux et des végétaux; ou encore, son existence est éternelle, elle n'a jamais commencé, elle ne cessera jamais[1].

---

1. Cette explication est en particulier exposée dans la doctrine de Bouddha : mais elle prend là une signification toute particulière; elle n'a en vue que l'origine d'un monde et d'une humanité. L'explication de l'origine de ce monde est contenue dans la théorie de Lhumi; celle de l'origine de cette humanité dans cette hypothèse que l'homme est un être céleste déchu (V. *Âgama, Dîrgha âgama,* etc).

L'homme, pensent les autres, est la création de Dieu. Enfin, l'homme est un animal modifié.

Ce sont les savants grecs qui émirent la première de ces trois opinions : le bon sens la rejette; c'est sous la forme : il n'y a pas eu d'origine de l'homme, qu'elle est le plus répandue. Mais pour quoi cette opinion tient-elle le développement géologique de la terre? La terre est l'habitation de l'homme, et il est certain qu'elle ne put être habitée jusqu'à une certaine époque, dite de l'évolution biologique. Il faut donc qu'il y ait une origine de l'homme. On pourrait admettre qu'il est parvenu sur la terre, d'un autre astre : mais, à quelle époque? Et le problème reste à résoudre.

La seconde opinion se trouve exprimée tout au long dans la Genèse[1]; sur elle se fonde, depuis des siècles, la foi des peuples chrétiens. C'est une fiction, une pure création de l'esprit religieux, et si admirablement expliquée qu'elle soit, sa valeur scientifique est nulle.

La troisième opinion, enfin, se fit jour dès les dernières années du XVIIIᵉ siècle, mais c'est seulement avec Darwin, Huxley et l'évolutionisme qu'elle acquit toute sa solidité scientifique. L'homme, au lieu d'être apparu soudain à une époque fixée, serait le résultat d'un développement continu qui aurait pris, pour s'effectuer, toute cette période de l'évolution biologique.

---

1. L'exposition en est plus complète encore et minutieuse dans les doctrines bouddhistes.

Les théologiens refusent cette explication comme étant la plus irréligieuse, parce qu'elle n'accorde pas à l'homme la place élevée qu'il mérite, et qu'elle a été inspirée, disent-ils, par un désir de le rabaisser. Cela est-il justifié? Affirmer que l'homme est le résultat d'une évolution qui eut pour point de départ les espèces inférieures, n'est-ce pas, au contraire, lui ouvrir une perspective sans limites? Dire qu'il y a des rapports non seulement entre l'homme et le singe, mais même entre l'homme et les protozoaires, n'est-ce pas dire que ces êtres, que les biologistes appellent des colloïdes, des « trieb », des tropismes, des nucléus, sont encore des manifestations de la vie éternelle, universelle; n'est-ce pas, plutôt que de nier à l'homme l'image de Dieu, la reconnaître aux êtres même des degrés les plus bas, et entretenir ainsi l'espérance[1]?

L'univers est immense; il est sans origine et sans fin; notre imagination ne peut concevoir le chiffre de son âge; c'est un amas de mondes innombrables; et la Terre

1. « L'homme est la plus divine créature », dit un proverbe chinois, qui semble d'accord avec cette façon d'interpréter l'évolutionisme. Un autre : « L'homme est le chef des vers nus », semble faire allusion à l'état primitif de l'homme. La plupart des anthropologistes rangent l'homme parmi les animaux, mais Quatrefages reconnaît une classe à part, constituée par l'homme seul. Ce qui, à ses yeux, distingue l'homme des animaux, c'est la religiosité. Ses adversaires, qui voient l'origine de la religiosité dans l'imagination, la peur, la curiosité, le raisonnement, attribuent aux animaux eux-mêmes les germes de ces phénomènes affectifs et intellectuels. Les réfutations des théologiens sont sans grande valeur. Reste à savoir si ce qui se trouve dans la conscience animale mérite le nom de religiosité.

que nous habitons, dont aussi l'âge nous échappe, n'y est qu'un point. A quelle date antérieure à la période azotique, qui fut sans manifestation de vie, le premier être vivant apparut-il, à quelle date l'homme lui-même? Les anthropologistes, s'aidant de la généalogie et de l'astronomie, ont pu calculer que son existence remonte à deux cent dix mille ans.

Sa vie à cette époque était simple, barbare, ignorante. On s'en fait une idée, à contempler ce qu'il en reste, à étudier celle des races inférieures actuelles, à se figurer l'activité exigée uniquement par l'accomplissement des fonctions naturelles.

L'univers est une vie. Les choses n'y demeurent point immuables; et à ce courant général qui les pousse de l'imparfait au parfait, du désordre à l'ordre, du simple au complexe, les lois de l'évolution président. C'est la condition de la nature entière; pourquoi l'homme y échapperait-il? Mais comment les races sont-elles passées de ce qu'elles étaient avant l'histoire à ce qu'elles sont depuis? Remarquons d'abord que toutes les races n'ont pas pris place dans le progrès humain; de là une distinction entre les races restées naturelles et les races cultivées, distinction valable encore de nos jours. D'où vient cette différence?

Dans ses *Principes de sociologie*, Spencer, on le sait, donne de nombreux détails concernant les races barbares. De nombreux voyageurs nous fournissent également de précieux renseignements sur ces races incultes, restées en dehors du mouvement mondial. La satisfaction des besoins de l'instan', voilà leur unique fin. Esclaves de leurs passions, abandonnées à l'instinct, elles n'ont aucun souci de l'avenir et se confient aux forces extérieures.

Aussi l'agriculture leur est-elle inconnue : ils s'arrêtent aux lieux que la nature a pourvus d'arbres et d'eau. Leur faim satisfaite, ils s'appliquent à jouir des plaisirs, sans que s'éveille en eux l'idée de progrès. Ils ignorent également la propriété; ainsi pas de droit, pas de sanctions. Tels sont les caractères qui distinguent les *races naturelles* des *races cultivées*.

Ce serait séparer nettement les unes des autres que de dire : les premières sont dominées par la nature, les secondes dominent la nature, sans se soustraire toutefois à ses exigences; les premières subissent, les secondes agissent[1]. En résumé, le développement de la société et le progrès de la civilisation ne sont autre chose que le résultat des rapports réciproques entre la nature et l'homme, entre l'activité intelligente et les forces physiques.

On n'ignore pas que le progrès est insensible dans les

---

1. Prichard, le fondateur de l'anthropologie anglaise, rapproche la différence entre barbares et peuples civilisés, la différence entre animaux sauvages et animaux domestiques. La seconde partie tout entière de son œuvre a été consacrée par lui au développement de cette idée. (*Researches into the physical history of Man*, 1813, chap. v, chap. ix).

régions torrides et polaires. En voilà la raison : dans les régions torrides les subsistances abodent; il n'est pas nécessaire de les gagner par le travail. La chaleur en outre lasse le corps, encourage l'homme à la paresse, à l'inaction.

Dans les régions froides, au contraire, les productions de la terre font complètement défaut; un travail excessif, l'emploi de toutes ses forces, permettent à peine à l'homme de se procurer la nourriture; il ne lui reste aucune activité disponible qu'il puisse appliquer à la recherche du bien-être; il ne se préoccupe que de vivre. Quel progrès possible?

Il en est bien autrement dans les régions tempérées : là, la terre est fertile et suffit à l'entretien de l'homme, mais non pas sans un effort de sa part; il doit, malgré tout, travailler pour que sa vie soit supportable. En outre, la douceur du climat rend le corps et l'esprit vigoureux, conditions favorables à l'activité : aussi est-ce dans ces régions que le progrès s'opère.

Mais en somme, la différence entre *races naturelles* et *races cultivées* n'est pas essentielle, ce n'est qu'une différence de degré; on trouve chez celles-là, les germes des notions morales, d'un besoin de religion, d'une tendance à expliquer les phénomènes physiques : bref, de tout ce qui est le propre de l'homme. Ce n'est qu'en raison des obstacles qu'opposent à ces germes certaines forces internes et externes que leur développement est arrêté.

Ainsi, puisque le progrès n'est possible qu'à condition d'un excès d'énergie humaine, il est clair qu'il dépend, à la fois, de l'homme, de la nature, et de la société[1]. En effet, c'est parce que son activité intelligente est insuffisante à lutter contre les forces de la nature, que l'homme des *races naturelles* n'accomplit aucun progrès. Les peuples nomades peuvent accomplir quelque progrès, tant qu'ils le sont, dans les régions tempérées du moins; mais ils ne se civilisent vraiment qu'une fois fixés, car s'ils se fixent, c'est qu'ils ont vaincu les forces de la nature. C'est ainsi que la plupart des peuples aujourd'hui civilisés d'Europe et d'Asie, commencèrent par mener une vie nomade; mais il vint un moment, où, mieux organisés déjà, ils s'établirent et trouvèrent dans l'agriculture leur soutien. Sans cesse à la poursuite de l'eau et de l'herbe, un peuple ne peut former une société, un état, qui implique : souveraineté, peuple et domaine. C'est pourquoi il ne peut dépasser un degré peu élevé de civilisation. On voit donc bien l'importance, dans le progrès de l'homme, de la nature et de la société.

Des milliers d'années s'écoulèrent avant l'aurore de la civilisation : elle prit naissance et se développa dans un certain nombre de centres, dix environ : ici florissaient plus particulièrement les beaux-arts; là, la science; là, la

1. Guizot le fait dépendre des circonstances matérielles, morales, et intellectuelles (*Histoire de la civilisation*). Buckle pense que les circonstances intellectuelles ont une influence plus directe (*History of civilisation in England*); qu'on se reporte au chap. III, liv. III.

philosophie ; là, s'exprimaient des idées nobles et géné-
reuses. Ces diverses directions de civilisation furent après
un long temps réduites à trois grands courants par la ruine
et la chute de plusieurs des grands centres ; ce furent la
civilisation de la Chine, de l'Inde, et de l'Europe. Cependant, dans une petite région d'Extrême-Orient, se cons-
tituait, à part, une civilisation d'un autre genre, qui
après s'être assimilé, voilà longtemps, la civilisation de
la Chine et de l'Inde, aujourd'hui que celle de l'Europe
est parvenue jusqu'à elle, est en train de se l'assimiler à
son tour : c'est la civilisation japonaise, l'objet de notre
étude.

La civilisation chinoise brillait, il y a quarante siècles,
d'un vif éclat littéraire, historique et moral. Mais elle
n'a jamais pu franchir la limite qui lui est fixée par le
caractère national, conservatif, formel, aucunement pratique. De tous temps, les Chinois s'en sont tenus aux
commandements de *Iao* et de *Choun*, ils ont marché
dans la voie tracée par les ancêtres.

Ils ne savent pas adapter leurs institutions aux circonstances nouvelles ; ils sont tentés à chaque instant
de se reporter en arrière. C'est pourquoi la Chine, bien
qu'elle fût déjà fort avancée, alors que la civilisation
romaine n'avait pas encore pénétré les forêts de l'Europe occidentale, en est toujours au même point, tandis
que Paris et Berlin sont les centres du progrès.

Ainsi la civilisation chinoise n'est pour rien dans le

développement des sciences nouvelles ; elle commence néanmoins à s'y ouvrir.

Comme celle de l'Europe, la civilisation de l'Inde est d'origine aryenne : ces deux civilisations cependant ne présentent aucun caractère commun. La civilisation indienne converge toute vers un seul point : la religion, le mystère métaphysique. Elle s'est accomplie, sans que son unité se soit faite, en un État : elle n'a pas de nationalité, pas d'histoire. Aussi rien dans ses institutions n'est digne d'arrêter notre attention ; elle est incapable des sciences modernes.

Seul le développement de la civilisation européenne est solide : elle n'est pas routinière comme celle de la Chine, elle n'est pas uniquement métaphysique et religieuse comme celle de l'Inde ; elle a su perfectionner la société, en se modifiant selon les époques.

Elle est née des civilisations égyptiennes et assyriennes, et a été dirigée par la Grèce et par Rome. Les Grecs furent un peuple de génie, à l'imagination féconde, joyeux et intelligent. C'est à eux que l'humanité doit l'art et la littérature, la philosophie et la morale ; à leur goût, élevé et discret, les améliorations de l'organisation sociale. Après leur chute, Rome hérita de leurs progrès ; elle y ajouta la science de la politique, et, grâce à ce respect de la justice qui la caractérise, celle du droit. De caractère ferme et militaire, les Romains organisèrent la société, unifièrent l'État. Par la force, ils répandirent l'art grec et servirent la religion en consacrant la victoire du christianisme. Les fondements de la grande civilisation moderne ainsi posés, l'esprit grec et l'esprit romain l'entreprirent, exerçant leurs qualités dans la philosophie, dans la littérature, dans l'art, le droit, les questions religieuses, administratives et pédagogiques.

La Grèce de Périclès, la Rome d'Auguste, sont mortes, voilà plusieurs siècles, laissant en leur place des nations sans valeur; mais ce qu'elles ont fait est demeuré, a donné au monde moderne sa civilisation, vit enfin dans l'activité humaine à chaque époque de l'histoire.

Rome pendant longtemps n'eut aucun successeur qui reprit son œuvre pour l'agrandir. Aucun essai, que la philosophie papale et scolastique; encore ces deux philosophies, témoignent-elles plutôt de l'apogée de la puissance religieuse et ecclésiastique, qui, maîtresse du monde, ne laissait à l'étude aucune liberté et entravait le progrès scientifique, qui seul pouvait mener au progrès général. Le moyen âge dogmatique, formel, partial, étroit, conventionnel, justifie le nom « d'âge noir » qui lui a été donné.

Le courant mondial cependant changea de direction : de la vie, des traditions, des affirmations, transmises et admises de siècle en siècle, l'homme se tourna vers la réalité, eut des idées à lui, fondées sur l'observation. Tel est le caractère de la civilisation moderne, qui commença de se manifester dans la société du xiv⁰ et du xv° siècles par la Renaissance. L'historien Symonds a dit : la Renaissance, c'est le réveil des peuples européens à la liberté[1].

Il y a à ce changement une double cause. Les Arabes d'une part s'étaient consacrés à l'étude des sciences et des arts classiques, dans la partie européenne de leur empire, l'Espagne. D'autre part, la prise de Constantinople par les Turcs obligea un grand nombre de savants et d'artistes de se réfugier en Italie. C'est pourquoi la Renaissance se produisit en Italie d'abord, d'où elle gagna peu à peu les nations du nord-ouest.

La Renaissance fut suivie d'un double effet : d'une part, tout en ressuscitant la littérature classique, elle donna l'essor à la littérature moderne; à l'étude du latin qui déclinait, vint se substituer celle du grec et de l'hébreu, on se remit à Platon et à Aristote; d'autre part elle marqua un mouvement de centralisation dans chaque nation, un progrès des sciences naturelles, grâce à une plus grande liberté d'étudier l'État, Dieu et la nature. La découverte de l'imprimerie rendit la science moins exclusive. La découverte du nouveau monde renouvela l'esprit humain. Enfin, c'est par la Renaissance que fut introduite, pour ainsi dire, la Réforme, qui devait réduire la puissance de l'Église romaine, en en brisant l'unité.

La Renaissance et la Réforme marquent le passage

1. Symonds, *Renaissance in Italy*, 1880-82, 3 vol.

entre le moyen âge et les temps modernes. La Réforme,
sans atteindre absolument au but qu'elle s'était fixé,
renouvela la constitution et la doctrine de l'église chrétienne, et les rapports entre l'Église et l'État. L'Église,
qui jusque-là avait été pour ainsi dire humaine, devint
nationale; tous les autres grands systèmes s'engagèrent
dans la même voie, cependant que, d'autre part, ils se
groupaient; et l'unité de chaque état s'effectua de la
sorte.

Copernic se faisait par la construction de son système planétaire le guide des sciences cosmiques; plusieurs grands savants, à sa suite, firent accomplir à la
civilisation pratique moderne de grands progrès. Les
théories de la chaleur, de la conservation de l'énergie, et
de la matière, de l'évolutionnisme, eurent sur les idées
générales une influence tout particulièrement importante. La philosophie, longtemps toute subjective, se
transforma; d'elle se sont détachées, ou sont en train
de le faire, pour devenir indépendantes, un grand
nombre de sciences.

Auguste Comte, savant aux vues étonnamment
claires, observant ce courant du progrès et les tendances
de son temps, avait assigné au développement de l'intelligence humaine trois phases : 1° l'état théologique;
2° l'état métaphysique; 3° l'état scientifique[1], et il consi-

1. Auguste Comte (1798-1857), *Cours de Philosophie positive*, première
leçon.

dérait que l'humanité est aujourd'hui parvenue à la troisième. Le succès des sciences est en effet, depuis le début du xix⁰ siècle, surprenant : il est vrai que la théologie a laissé la place à la métaphysique et celle-ci à la science. On peut donc dire à bon droit que Comte a révélé à l'homme, même sa façon de penser, qu'il ignorait.

Telle est l'histoire du progrès[1]. Si les sciences ont toutes pour but le progrès de l'humanité, toutes elles ont quelque chose de commun, si essentiellement divers que paraissent leurs objets. Bien des gens, dont les vues ne s'étendent point suffisamment loin, ignorent ce point : ils ne considèrent que les résultats immédiats de la science qui les occupe et témoignent d'une ardeur belliqueuse à l'égard de tout ce qui s'en écarte. Plus la science est partielle, *divisée*, plus le progrès total est difficile, si bien qu'on finirait par douter de sa valeur. Ces gens ressemblent à ceux qui voyant les îles, les continents isolés, séparés les uns des autres par l'océan, oublieraient que tous se réunissent sous les flots[2]. Comte, qui avait jeté un regard d'ensemble sur le courant du progrès, en un temps où le mal de la spécificité des sciences était moins grave qu'aujourd'hui, en indiqua le remède : sa sociologie.

1. Razenhofer, *Sociologische Erkenntniss.*
2. Ward, *Pure sociology*, pp. 8-11.

CHAPITRE II

QU'EST-CE QUE LA SOCIOLOGIE?

L'origine de la sociologie est lointaine; Platon passe pour l'avoir créée il y a plus de deux mille ans; depuis, Aristote et beaucoup de savants après lui ont contribué à établir les fondements sur lesquels elle repose. C'est à la fin du xviie et au xviiie siècle qu'ils furent le plus nombreux; parmi les principaux, citons Bossuet, Montesquieu, Condorcet; mais ce ne sont pas là les seuls, A. Comte le fait remarquer, qui ont aidé à son développement. Cependant, malgré leurs travaux, la sociologie ne vivait pas encore en tant que science véritable; c'est que les sciences sur lesquelles elle s'appuie n'avaient pas encore atteint elles-mêmes une maturité suffisante et qu'on n'avait pas dégagé les grandes lois naturelles qui régissent l'ensemble des phénomènes sociaux : Montesquieu dans l'*Esprit des Lois*, Adam Smith dans son *Économie politique*, n'avaient formulé en effet que des lois particulières. C'est que, d'autre part, certains savants croyaient que la volonté divine s'exerçait sur celle de l'homme et supprimait chez lui le libre arbitre. C'est une grande découverte d'Auguste Comte que d'avoir su généraliser, que d'avoir compris l'existence de grandes lois naturelles dominant la société tout entière, et que d'avoir ainsi constitué la sociologie.

Cette découverte doit en grande partie d'avoir été faite à la biologie. Comte l'a déclaré lui-même et si, comme il le reconnaît, la sociologie ne s'était pas développée davantage avant lui, c'est beaucoup parce que la biologie était restée incomplète. Le mot « biologie » avait été employé pour la première fois en 1801 par Lamarck. Voici d'ailleurs, d'après Comte, l'ordre hiérarchique des sciences : mathématique, astronomie, physique, chimie, biologie, sociologie. Si l'érudition de Comte a contribué beaucoup à l'édifice de la sociologie, la Révolution française du reste l'avait dans une très large mesure préparé, en mettant à l'ordre du jour les questions sociales et avec elles le socialisme, et en apportant de grandes modifications à la politique, l'économie et l'industrie; un besoin d'unification se fit alors sentir entre les sciences naturelles et toutes les autres sciences arrivées à un certain degré de perfection.

La sociologie de Comte ne doit rien aux éléments supersensitifs; il substitua l'empirisme à l'individualisme, n'acceptant de données que celles purement scientifiques, ne s'appuyant que sur des faits positifs et anthropologiques; il remplaça l'utilitarisme cru par le sentiment du devoir social. Par l'élévation de ses idées morales et la rigueur de son raisonnement, Comte s'éleva jusqu'à la morale de Kant et jusqu'au Devoir de Fichte. S'il s'est attaqué aux métaphysiciens et aux théologiens qui faisaient de l'humanité le siège de l'idéalisme philosophique, il a fait d'autre part tous ses efforts pour anéantir radicalement l'utilitarisme individuel qui caractérise les races naturelles.

Depuis Comte jusqu'à nos jours l'évolution et les progrès de la sociologie, bien que constants, ont été partiels seulement; les savants se sont cantonnés chacun dans une spécialité, les uns ne se sont préoccupés que de psychologie, les autres se sont efforcés d'expliquer la civilisation; bref ils se sont attachés à des sujets particuliers sans jamais composer un système complet. Il est vrai de dire, d'ailleurs, que cette science est encore toute jeune et que déjà des savants dont les vues sont moins étroites, se sont avisés de ce défaut, et tentent maintenant de faire une étude systématique, générale et complète.

Quoi qu'il en soit, la sociologie n'est pas encore une science distincte, bien caractérisée et nettement délimitée. Les savants, suivant les différents points de vue auxquels ils se placent, lui donnent des définitions différentes, si différentes qu'on pourrait croire qu'elles ne s'appliquent pas à une même science, mais à des sciences diverses. Avant d'aborder l'étude de la société japonaise, qui pour être sincère, devra faire appel à la sociologie, il convient de dire comment nous concevons cette science.

S. Mill commence son ouvrage *Système de Logique*, en montrant quelle difficulté il y a à donner d'une science une définition parfaite. La difficulté est grande _ ffet et la preuve c'est que les savants, quand ils ont à définir une science, citent souvent, aujourd'hui encore, le passage de S. Mill, Stuckenberg, en particulier, explique combien il est difficile de définir la socio-logie. Essayons malgré tout de le faire, la définition d'une science n'est en somme que l'explication générale de son objet.

Nous nous dispenserons d'énumérer ici les diverses définitions qu'on a données de la sociologie; elles lui attribuent un champ d'application plus ou moins étendu; voici la plus simple et en même temps la plus compréhensive :

La sociologie est la science qui a pour objet l'étude de la société comme unité.

Dans cette définition il nous faut expliquer deux points : ce que l'on doit entendre d'abord par *société*; ensuite par *science*.

On se sert couramment du mot *société* sans en donner le sens; ils sont nombreux même ceux qui seraient embarrassés de dire au juste ce qu'il signifie. On l'emploie d'une manière très large, très arbitraire; tantôt on l'emploie pour désigner soit une famille, soit une compagnie; tantôt une nation, un état; tantôt on l'oppose au mot individu; tantôt on lui fait désigner non plus l'État personnifié, mais ce qui en fait partie à quelque degré; tantôt enfin on l'applique à tout ce qui n'a pas de nom précis parmi les phénomènes sociaux[1]. L'idée qu'on se fait de la société varie d'ailleurs avec les civilisations : chez les Juifs le mot société semble signifier la race hébraïque; chez les Grecs, les races annexées et alliées, capables de contribuer au progrès de la civilisation hellénique; chez les Romains, le monde romain, c'est-à-dire le domaine de Rome.

Les sociologues ont donné beaucoup de définitions de la société; en définitive, elles reviennent toutes à dire que le mot société désigne *la vie commune des peuples*. La théorie qui a fait de la société un organisme est d'origine très ancienne et remonte jusqu'à l'antiquité grecque. Elle a fait faire à la sociologie de grands progrès. car elle lui a permis de profiter du développement des sciences naturelles aux temps modernes : mais cette théorie a le grave défaut de pousser trop

1. Robert von Mohl dans son *Encyclopédie der Staatswissenschaften*, p. 21, pense arriver à l'idée de société par élimination, en écartant celles de famille, de gens, de communauté et d'état. Stuckenberg prétend que si c'est là l'objet de la sociologie. il n'embrasse pas la société entière. (Voir Stuckenberg, *Introduction to the study of sociology*, p. 51.)

loin l'analogie. Elle a fait croire souvent que la sociologie ne pourrait pas exister sans la biologie, et en particulier à Lilienfeld, en Allemagne, à M. Small et à M. Vincent, aux États-Unis.

Quant à la théorie de la conscience sociale, elle dépasse la théorie précédente, en ce sens qu'elle compare la société à l'homme et lui reconnaît une vie consciente et une personnalité[1]. Cette théorie est à l'heure qu'il est la plus puissante; c'est celle de Paul et M. Wundt, en Allemagne; de Gumplowicz, en Autriche; de Tarde, en France; de M. Giddings, en Amérique; de Novicow, en Russie. Tous ces sociologues fondent l'étude de la société sur cette théorie; ils s'en servent pour découvrir et expliquer les lois sociales et pour constituer un nouveau système de sociologie. Peut-être ont-ils poussé trop loin leur thèse, eux aussi, comme d'autres ont poussé trop loin la thèse de l'organisme social.

Organisme social, conscience sociale, personnalité

1. Par suite des progrès des sciences modernes, la société fut tour à tour comparée à un organisme, à un animal et enfin par les psychologues sociaux, à l'homme. Cette comparaison avec l'homme fut mise pour la première fois en lumière dans une étude systématique, en 1860, en Allemagne, par Lazarus et Steinthal dans leur ouvrage *Zeitschrift für Völkerpsychologie*. On peut d'ailleurs trouver le germe de cette étude dans l'ouvrage de Fechner intitulé : *La Vie après la Mort*. La première édition parut anonymement en 1831. L'auteur essayait de prouver l'existence d'une vie après la mort. Son livre est divisé en trois parties : la vie avant la naissance, la vie après la naissance et celle après la mort. Il parle de l'esprit social dans la race. G. F. Fechner : *das Büchlein vom Leben nach dem Tode. Fünfte Auflage*, Hambourg und Leipzig, 1903, p. 23-29.

sociale, ce ne sont là essentiellement que des méthodes pour éclaircir l'idée que l'on doit se faire de la société; l'analogie, il ne faut pas l'oublier, a des limites précises; elle doit rester analogie, ni plus ni moins, et ne doit pas devenir identité. C'est sous ces réserves que nous acceptons de rapprocher la société d'un organisme et d'une conscience, et que nous en donnerons la définition suivante, la meilleure, croyons-nous.

La société est un corps organisé et conscient, formé par les individus dans la vie en commun.

La société étant ainsi définie, faisons savoir ce que l'on doit entendre par le mot *science*. Cela ne nous retiendra pas, car il semble bien que l'idée de science ait été précisée aujourd'hui par de nombreux savants, de spécialités fort diverses, cependant. Il nous suffira de dire ici par conséquent que la *science* est l'ensemble des *connaissances systématisées*.

Il nous reste maintenant à envisager une question essentielle : la sociologie, une fois qu'on lui aura appliqué une méthode véritablement scientifique, donnera-t-elle des fruits dignes de cette méthode?

La sociologie, en tant que science, est toute récente encore, mais elle s'affermira sans doute en même temps que se développera la culture générale. Des savants se consacrent à elle, avec ardeur et forment des disciples, qui déjà peuplent l'univers... Voici l'avenir que tous réservent à cette science, fondée à la fin du XIXe siècle :

c'est sur elle que viendront s'appuyer la politique et la jurisprudence; elle enseignera son devoir à l'état; sa raison d'être, à la famille; l'économie politique ne devra plus en être qu'une section, la pédagogie y puisera des enseignements fructueux et la théologie devra prêcher une religion nouvelle qui aura pour but l'amélioration de la société; l'éthique enfin prendra une signification pratique en encourageant la morale sociale.

Cependant la sociologie se présente encore comme un chaos de connaissances éparses sur la société et il est à craindre que certains pensent qu'elle n'atteindra jamais le rang de science précise et indépendante.

Sans doute, ceux-là auraient tort, mais il faut bien le reconnaître, les sociologues seraient un peu responsables de cette affirmation erronée.

L'étude générale des phénomènes sociaux n'a pas, jusqu'à nos jours, été suffisamment scientifique. Trop souvent, en effet, la plupart de ceux qui l'ont traitée se sont laissés guider par un intérêt pratique; trop souvent leurs conclusions ont été inspirées par leurs souhaits et leurs désirs, quand elles n'ont pas été de pures créations de leurs esprits, fondées sur des principes métaphysiques. Faire d'une science l'expression d'une aspiration est sans contredit antiscientifique; d'autre part ce n'est pas faire de la sociologie, c'est-à-dire de la science de la société, mais bien de la philosophie de la société, que de faire appel à des notions métaphysiques dans l'étude des phénomènes sociaux.

En fait les mots *science* et *philosophie* ont été fort souvent employés l'un pour l'autre. Il serait fastidieux et inutile de le montrer par des exemples; bornons-nous ici à établir une distinction entre ces deux termes. La philosophie a pour objet l'explication des principes fondamentaux du monde et de la vie; la science, elle, en fait une étude partielle. Autrement dit, la science a pour objet des phénomènes particuliers qu'elle a classés en différentes catégories; la philosophie, au contraire, est une étude synthétique. Toutefois les phénomènes ne sont pas immuables et le monde est fait de leur changement. Aussi les principes fondamentaux du monde et de la vie ne sauraient-ils être fixés par la philosophie dans des définitions éternelles, si elle n'était que la conception synthétique des phénomènes.

Mais la philosophie est allée plus loin et a essayé d'expliquer le monde et la vie en saisissant l'être constant qui est au-dessus de la mobilité des phénomènes. Nous pouvons donc dire en dernière analyse pour distinguer la philosophie de la science que la philosophie a deux objets : les phénomènes et l'être; tandis que la science n'a qu'un objet : les phénomènes. Il est vrai d'ailleurs d'ajouter qu'en prenant le mot science dans un sens plus large, la philosophie peut être considérée comme une science morale.

Tel est en résumé le rapport de la science et de la philosophie. Demandons-nous maintenant si une science de la société peut véritablement exister, car ce n'est qu'à cette condition que la sociologie peut avoir une réelle valeur. Si les phénomènes sociaux n'obéissent pas à des lois et par conséquent ne laissent pas appliquer à leur étude une méthode précise et scientifique, mieux vaudrait ne pas faire de sociologie, car ce serait construire un palais sur du sable, et appliquer à ces phénomènes un travail méditatif et purement métaphysique.

Sous l'influence du développement des sciences naturelles aux temps modernes, la sociologie, nous l'avons vu, a considéré la société humaine comme un phénomène de l'acte universel; mais la question relative à l'existence de lois naturelles dans la société humaine n'en est pas moins fort compliquée; les uns pensent qu'il existe un ordre purement naturel, d'autres un ordre moral, l'une et l'autre théorie a des partisans; la seconde a été défendue en particulier par les stoïciens. Pour eux, lois naturelles signifiait lois simples, rationnelles et universelles, restes fragmentaires d'une époque d'or. Le mot naturel était même à peu près synonyme de *primitif et d'idéal*. Cette conception eut une influence considérable sur le développement du droit romain et atteignit son apogée avec Rousseau au xviii° siècle. Rousseau comme les stoïciens rêvait d'un retour à la nature, au passé idéal.

Mais si la société fait partie de la nature, il est évident que le mot « nature » ici est pris dans un sens très large et ne doit pas être restreint à la nature matérielle. Au xixᵉ siècle pourtant, l'attention fut attirée vers les sciences naturelles et les progrès étonnants de cette étude eurent pour effet de rapprocher les sciences qui étudient la nature matérielle, des sciences qui se rapportent à l'espèce humaine. Auguste Comte lui-même appela sa sociologie la *physique sociale.* Sans doute il est bon d'étudier la société au point de vue matériel, mais c'est un défaut que de négliger pour cela le côté moral. On l'a compris : depuis quelque temps l'étude psychologique de la société a pris de l'importance et la méthode adoptée par Quetelet et Buckle n'est plus aujourd'hui considérée comme parfaite.

On peut diviser la science en : science explicative et science normale. Ce n'est là d'ailleurs qu'une division arbitraire qui n'a rien de fondamental. L'éthique et les sciences analogues rentrent dans la science normale, et les sciences naturelles, dans la science explicative. Au fond, du reste, toutes les sciences qui étudient les phénomènes et les lois auxquelles ils obéissent nous font savoir quels sont les effets de notre activité et par suite nous disent dans une certaine mesure quelle est la marche à suivre; et cela est vrai surtout de la sociologie qui travaille à découvrir l'idéal social et les règles qui régissent la vie de la société. En admettant la division de la science en science normale et science explicative, il nous faut dire par conséquent que la sociologie appartient à l'une et à l'autre en même temps; elle est une science normale et une science explicative. Sans doute, la sociologie descriptive n'étudie que des faits matériels, mais son étude peut nous permettre de comparer les sociétés aux différentes époques de l'histoire, de voir par quoi elles ont été supérieures ou inférieures l'une à l'autre et par suite de découvrir l'idéal que par de justes moyens la société doit chercher à atteindre. Il serait même dangereux de procéder autrement et de partir d'un point de départ défectueux pour fixer des règles à l'activité journalière; c'est pourtant ce que l'on a fait parfois; mais en le faisant, on a jeté le discrédit sur la sociologie. Il faut donner pour guide à nos aspirations des bases solides et ces bases, on ne peut les trouver que dans l'étude que fait la sociologie des sociétés qui sont et qui ont été. Saint-Simon a voulu entreprendre une réforme sociale en y appliquant une méthode spéculative; Le Play, lui, a compris que cela n'était pas possible et qu'une réforme sociale ne pouvait s'appuyer que sur l'observation des phénomènes sociaux.

Nous espérons que les pages qui précèdent ont suffi à fixer nettement les limites des caractères de la sociologie. La définition de la sociologie existait déjà, selon Comte, avant que les autres sciences se fussent développées; mais la sociologie comme les autres sciences a mis très longtemps à se dégager de la métaphysique. Ce sont les sciences physiques qui les premières se sont affranchies, et ce n'est que récemment que la psychologie, l'éthique, la logique, sont devenues chacune une science indépendante. La sociologie, elle, ne date à vrai dire que de soixante-dix ans; il n'est pas étonnant dès lors qu'elle ne se soit pas encore complètement délivrée de la philosophie.

Mais si à l'heure actuelle, pour expliquer les grandes lois sociales, il nous faut pénétrer dans le domaine de la philosophie, en sera-t-il toujours ainsi? La sociologie n'arrivera-t-elle pas comme la psychologie, par exemple, à se rendre complètement indépendante de la métaphysique? Sur ce point les savants ne se prononcent pas encore. Sans doute la philosophie, elle-même, dans les temps modernes a tendance à se débarrasser de tous les membres qui peuvent se passer d'elle. Mais il n'en est pas moins vrai qu'elle est la Rome où aboutissent toutes les routes de l'univers, et que toutes les sciences, en somme, viennent s'y rejoindre. Les sciences diverses, en effet, ne fournissent que des vues exactes sans doute, mais partielles et limitées; il reste à donner une explication unifiée sur l'ensemble du monde et de la vie, en éclaircissant l'être, l'essence des phénomènes et c'est là l'œuvre de la philosophie.

La sociologie prétend, elle aussi, en donner une explication d'ensemble, en étudiant les lois et la vie dans le domaine qu'elle s'est assigné, c'est-à-dire la société; par là, plus encore que les autres sciences, elle se rapproche de la philosophie et se confond même parfois avec elle.

La sociologie repose sur toutes les autres sciences et les limite toutes; quiconque, par conséquent, veut se consacrer à son étude, doit posséder plus ou moins de connaissances scientifiques, tandis qu'à l'inverse, chaque savant, quelle que soit sa science, se familiarise forcément quelque peu avec la sociologie. Il nous reste pour terminer ce chapitre à préciser quelle est la raison d'être, la fonction de la sociologie.

Nous avons déjà dit que la sociologie a pour objet l'étude des lois qui président aux phénomènes sociaux. Mais quels sont ces phénomènes? Ce sont les phénomènes produits par le mouvement des groupes humains qui composent la société. Ce sont, d'une part, les mouvements, les assemblages des races, des tribus, des nations, des états. Ce sont, d'autre part, des phénomènes psychologiques, tels que : les langues, les mœurs, les droits, les religions, etc., etc.; phénomènes produits eux aussi par l'effet des mouvements concurrents ou isolés des éléments sociaux sur l'esprit des individus. Mais en somme, comme le sujet des phénomènes sociaux est l'homme, c'est lui qui forme l'objet de la sociologie.

Quand la sociologie aura étudié exactement l'origine et le développement des phénomènes sociaux, dans leur ensemble, quand les grandes lois qui régissent ces phénomènes seront connues d'elle avec précision, elle pourra appliquer les résultats obtenus à des sociétés particulières et leur donner, comme nous l'avons déjà montré, des règles idéales de conduite.

Les métaphysiciens voient, en général, dans les sciences la satisfaction du besoin de connaître; les positivistes, au contraire, soutiennent que les sciences ont pour but le progrès de la vie; les premiers reprochent aux derniers de ne pas comprendre le caractère sacré des sciences, ceux-ci reprochent à ceux-là de ne pas en saisir la valeur véritable. La vérité se trouve-t-elle dans l'une ou l'autre de ces deux opinions et si oui, dans laquelle? A vrai dire, croyons-nous, les deux théories ont raison. La différence qui les sépare vient d'une différence de point de vue. Placées en deux situations différentes, elles doivent aboutir forcément à des observations différentes aussi. Que l'on soit tourmenté par le besoin d'expliquer la vie et l'on ira en chercher l'interprétation dans la religion ou la philosophie; mais il n'en est pas moins vrai que les connaissances, ainsi transmises à la postérité par les ancêtres contribuent dans une large mesure, accidentellement d'ailleurs, au progrès de la vie. Les métaphysiciens sont motivistes, les positivistes sont effectistes.

A vrai dire, ceux qui par amour de leur patrie et de leurs concitoyens, consacrent pendant de longues années, tous leurs labeurs, tous leurs efforts, à rendre plus élevée

la morale publique, et plus grands les progrès de la vie
humaine, se soucient peu de satisfaire au besoin de
savoir. Il en est d'autres, au contraire, qui travaillent
pour connaître; certaines sciences, mieux que d'autres,
paraissent devoir répondre à ce besoin; la sociologie,
elle, est une science qui vise le plus souvent au progrès
de la vie humaine.

Parmi les sciences, quelques-unes ne sont que sciences
pures et théoriques, d'autres sont applicables et pratiques[1].
Il en est de pratiques et théoriques tout à la fois. Mais
ce qui fait la valeur d'une science et ce qui doit être son
but, c'est uniquement le côté pratique, directement ou
indirectement. Si une science n'est d'aucune utilité au
progrès de la vie humaine, cela prouve qu'elle n'a pas de
raison d'être. Nous pouvons donc dire que les praticiens
éclaircissent objectivement la raison d'être des sciences,
tandis que les métaphysiciens n'expliquent, et en partie
seulement, que la raison de leur étude.

William Cunningham soutient que l'économie politique est essentiellement une science applicable et qu'elle
perd toute raison d'être dès qu'elle ne dirige plus l'activité humaine vers un but[2]. Mais Ward prétend qu'il
faut d'une part étudier les lois qui régissent les mouvements économiques et d'autre part les moyens de diriger
vers un but ces mouvements. En fait on reconnaît un

1. Ward, *Pure Sociology*, premières pages.
2. William Cunningham, *Politics and Economics*, London, 1885, p. 12.

côté théorique, non seulement à l'économie politique, mais aussi aux sciences mathématiques, à la physique, à la chimie. Nous devons reconnaître à la sociologie également avec le côté pratique le côté théorique[1].

« Il y a, dit Ward, des langues et des sciences mortes ; le but véritable de la science est d'être utile à l'homme. Toute science qui n'atteint pas ce but, si intéressante soit-elle, est sans vie. La sociologie, qui pourtant a entre toutes les sciences la mission d'être utile à la vie humaine, va maintenant devenir peu à peu un jouet des amateurs et dégénérer jusqu'au groupe des sciences mortes[2]. » Il faut qu'on se souvienne de cette parole.

1. Lester, P. Ward, *Outlines of sociology*, p. 201.
2. Ward, *Dynamic Sociology*, 2 vol., 1883, Préface, VII.

CHAPITRE III

ÉTUDE DE LA SOCIÉTÉ JAPONAISE

L'origine de l'homme, ses progrès, ce qu'est la sociologie, et en quoi consiste son rôle, tel fut l'objet des
précédents chapitres. Il nous reste dans celui-ci à préciser la manière dont il convient d'étudier la société
japonaise, en tenant compte de ce qui a été établi précédemment.

La sociologie, nous le savons, se présente à nous sous
deux aspects : l'un théorique, l'autre pratique; ce qui
conduit à une division de cette science bien naturelle :
1° la sociologie théorique, c'est la sociologie au sens
restreint, sens où ce mot est le plus généralement usité;
2° la sociologie pratique, complément nécessaire de la
première.

La sociologie pratique se subdivise elle-même en :

a) Sociologie pratique générale : elle étudie en quoi
consiste l'expérience sociale, ce qui fait la plus ou moins
grande prospérité de la société; elle énonce les grandes

lois suivant lesquelles elle doit être dirigée ; elle formule enfin un idéal social. Les résultats établis par la sociologie théorique sont pour elle d'une grande importance. Nous ne pouvons d'ailleurs aborder ici le détail de cette question.

b) Sociologie pratique particulière : elle étudie les moyens d'amener, dans chaque différente société, des améliorations ; et dans ce but, elle analyse la civilisation, le caractère du peuple, les hauts et les bas de son histoire, elle s'attache au relief, au climat, aux mœurs, à la race, à la langue, à la religion, à la constitution de chaque pays, pris à part. L'objet total de cette science présente donc autant de divisions qu'il y a de pays, ou à la rigueur autant qu'il y a de races. Mais elle ne doit s'arrêter qu'aux groupements humains civilisés, ou qui le furent : c'est à l'anthropologie qu'il appartient d'entreprendre l'étude des tribus barbares. Les sociologues d'ailleurs tirent parti des résultats auxquels elle a atteint[1].

L'objet de notre œuvre fait donc partie, si l'on s'en tient à ce tableau des études sociologiques, de celui de la sociologie pratique particulière.

Nous avons vu que la psychologie sociale s'est déve-

---

1. Spencer, dans ses *Principles of Sociology* pense convenable d'exclure les races primitives de l'objet de la sociologie. Stuckenberg est d'avis qu'il est nécessaire d'étudier la société de ces races, parce que c'est sur elle que s'est élevé l'édifice social. Pour nous, il nous semble que cette étude n'appartient pas aux sociologues.

loppée récemment, et qu'elle est née de la psychologie des peuples à laquelle, en 1860, Lazarus et Steinthal donnèrent le premier essor. La psychologie des peuples a pour objet l'étude du caractère de chaque peuple pris à part; la psychologie sociale, l'étude des phénomènes psychologiques sociaux et de leurs lois. On voit la différence, et que la première n'est qu'une partie de la seconde, qui n'est elle-même qu'une partie de la sociologie.

Il résulte de là que la sociologie pratique particulière, qui se propose l'étude complète de chaque société, ne limite pas son objet à celui de la psychologie des peuples, qui n'étudie que le caractère de chaque peuple : elle ne se refuse pas d'autre part l'aide de la sociologie générale.

Voici soixante ans que nos ports s'ouvrirent aux étrangers : c'est le 3 juin 1853, que les premiers navires américains pénétrèrent dans celui d'Uraga; à cette époque notre empire du Japon vient, d'un seul bond, se placer au rang des grandes puissances; il sort d'un sommeil qui dura trois cents ans; tout en déployant des qualités très personnelles, il s'attache avec ardeur à l'étude des sciences nouvelles; il s'assimile enfin le progrès européen. Il entreprend la guerre sino-japonaise, et laisse entendre au monde à cette occasion, qu'il est trop puissant pour qu'on le néglige; mêlé à la guerre des Boxers, il montre, en présence des Européens, qu'on ne le laisse pas, comme on veut, en arrière ; tout récemment enfin, lors de la guerre russo-japonaise, les victoires qu'il enlève coup sur coup, sur terre, sur mer, stupéfient chacun. Les Européens virent la raison du premier de ces trois succès dans le fait que, contrairement à son adversaire, la civilisation européenne l'avait pénétré ; mais sa dernière victoire sur l'une des grandes puissances de l'Europe ne put s'expliquer de même : il fallut en chercher ailleurs les causes. Et c'est ainsi que les Européens et les Américains furent amenés à fixer leur attention sur le peuple japonais, son caractère et sa civilisation. Nombreux furent dès lors ceux qui se proposèrent d'en entreprendre l'étude scientifiquement ; dans le pays même, beaucoup de savants furent séduits par cette entreprise.

Nous avons pu recueillir 19 opinions, tant japonaises qu'étrangères, sur les causes de la victoire du Japon. On l'explique par :

I. — L'importation de la civilisation occidentale.

C'est l'opinion la plus commune.

II. — La diffusion de l'éducation.

C'est l'opinion des pédagogues : elle est aussi assez générale.

III. — L'adoption d'un gouvernement constitutionnel.

C'est l'opinion que défendent avec ardeur les hommes politiques : le prince Ito en particulier.

IV. — Le progrès financier.

C'est l'opinion que soutiennent contre les hommes politiques les industriels.

V. — Le progrès des sciences physiques.

C'est l'opinion tout naturellement des physiciens.

VI. — Le parfait entraînement des forces militaires.

Opinion indiscutablement fondée, et qu'il est à peine besoin à l'armée de soutenir.

VII. — Le strict secret où fut tenue la parole politique.

Cette opinion, qui attribue la victoire à la discrétion de la presse, est tout à l'honneur des journalistes : c'est un éloge d'ailleurs que les fonctionnaires compétents ne sont pas seuls à leur décerner : les étrangers eux-mêmes n'y manquent pas.

VIII. — L'activité de la presse.

Cette opinion est un hommage rendu, cette fois, à l'influence positive de la presse; les journaux entretin-rent dans le peuple l'enthousiasme, ils encouragèrent la générosité des particuliers, en publiant la liste des dons faits à l'armée, et des donateurs.

IX. — L'unité de la race.

Opinion justifiée par le fait que depuis une époque qui est hors du domaine de l'histoire, hors même de celui de l'anthropologie, les membres d'une seule dynastie se sont succédé en ligne directe sur le trône impérial.

X. — Le *bushido* (c'est-à-dire l'esprit du Japon).

C'est l'opinion d'un certain nombre de Japonais, bien

que chez nous, rien n'ait encore été publié sur le rôle du *bushido* dans la guerre russo-japonaise ; c'est surtout l'opinion des étrangers : il semble qu'ils voient en lui la véritable explication de la victoire, témoin certain article du *London Times* et d'autres organes de la presse occidentale.

XI. — Le Bouddhisme.

Cette opinion est également en faveur auprès des Européens. « La civilisation orientale, dit le Dᵣ Beltz, est essentiellement bouddhiste ; le bouddhisme est essentiellement spéculatif : son but est avant tout d'entretenir le calme de l'âme : ainsi s'explique le sang-froid du soldat japonais dans les rangs.

XII. — Le plaisir à braver la mort.

Le docteur Beltz ajoute : « Les Japonais se plaisent à braver la mort, ainsi s'explique l'intrépidité du soldat dans les rangs. » C'est là un des traits marquants du « bushido ». Le proverbe qui dit : « la vie est une plume légère » en donne une idée fort exacte.

XIII. — Le culte des ancêtres.

Cette opinion se rapproche de la précédente : Yakumo Koizumi (Hearn) affirme que le culte des ancêtres dont est né le *shintoïsme* entretient et excite d'une manière incomparable le patriotisme[1].

---

1. Dans son ouvrage posthume publié en Angleterre Yakumo Koizumi (Lafcadio Hearn) écrit : « Le shintoïsme est purement une forme du culte des ancêtres : c'est le culte national, proprement le caractère du Japon. » *The soul of Japon, an attempt of interpretation.*

XIV. — Les effets du *shintoïsme* et du culte des ancêtres.

C'est l'opinion de M. Harrisson, un positiviste; cette opinion est, en somme, la même que la précédente; cependant le point de vue de M. Harrisson est nouveau : c'est un point de vue positiviste. Ce qu'il entend par « effets du shintoïsme et du culte des ancêtres », c'est la religion japonaise; il en tire de nombreuses instructions à l'usage des Européens[1].

XV. — Finesse des nerfs sensoriels.

Ainsi pense le Dr Hiizu Miyaké : les Japonais devraient leur victoire à une sensibilité nerveuse plus aiguisée que celle des Russes.

XVI. — Le végétarisme et l'excellente organisation du service de chirurgie dans l'armée.

Considérations médicales, comme les précédentes, et également mises en avant par un médecin : le Dr Seeman : « Si les Japonais furent vainqueurs, écrit-il, c'est que le végétarisme est très répandu chez eux, et que le service chirurgical dans l'armée est fort bien compris. » Dans plusieurs discours prononcés à son retour de Mandchourie, où il avait accompagné l'armée, il disait que la réforme du service de chirurgie militaire se fait impérieusement sentir aux États-Unis.

---

1. Instructions non seulement d'ordre militaire, mais encore social, politique, religieux. Selon M. Harrisson, le shintoïsme est pour une grande part dans l'énergie du Japonais.

XVII. — La civilisation proprement japonaise.

M. Tetsujiro Inoué propose comme explication la supériorité générale de la civilisation purement japonaise. Aucun des paragraphes précédents ne portait sur plus d'un seul de ces caractères[1].

XVIII. — La constitution politique, la race et la géographie physique, unies aux avantages du système féodal.

C'est l'opinion du comte Ôkuma.

XIX. — Le fait de n'être pas une nation chrétienne.

C'est, pour finir, l'opinion de Tolstoï : si les Japonais sont excellents patriotes, s'ils sont intrépides, impassibles devant la mort, c'est qu'ils ne sont pas chrétiens[2].

1. M. Tetsujiro Inoué se place surtout au point de vue de l'histoire de la civilisation : Aucune des explications étrangères, pense-t-il, n'embrasse toutes les causes. Il résume de la façon suivante ce qu'il y a de plus marquant chez les Japonais :

1° Leur race est relativement pure et forme ainsi un corps plus uni ;

2° La dynastie impériale est pour eux un centre, un lien qui les unit tous ;

3° Ils se livrent à l'adoration des ancêtres ;

4° Le « bushido » est chez eux extrêmement développé.

2. Dans un Essai, intitulé *La Fin de l'âge*, Tolstoï examine les leçons à tirer de la victoire du Japon. Ce qui décida du succès de la guerre, ce n'est point, selon lui, l'état de corruption du gouvernement russe, ni l'insuffisance de l'organisation militaire ; en un mot ce n'est point l'infériorité de la Russie, mais bien la supériorité du Japon, aujourd'hui une des plus grandes puissances maritimes et militaires. Et cela pour les raisons qui suivent :

1° Le progrès scientifique, auquel par leur acharnement, les nations chrétiennes avaient atteint, et qui leur donnait l'avantage sur celles qui ne l'étaient pas, les Japonais en surent faire leur profit : ils firent de la science une application militaire avec un succès que ne connaît aucune nation chrétienne.

2° Les Japonais sont, de nature, plus courageux, plus portés à braver la mort, que nul autre peuple chrétien.

3° Le patriotisme militaire auquel, bien qu'il soit opposé à la doctrine chrétienne, les gouvernements chrétiens s'efforçaient avec une

Nous pourrions citer encore deux ou trois explications qui furent proposées : chacune ne donnerait pour raison qu'une partie de ce qui constitue la vraie raison. L'importation des sciences européennes, les progrès de l'éducation ne doivent pas être tenus pour rien, notre gouvernement constitutionnel n'a pas été non plus sans influence sur l'issue de la guerre : pourtant aucune de ces raisons n'est primordiale. Quant au bushido, à l'enthousiasme de l'armée, ils ne sont que des résultats de l'organisation sociale du Japon : c'est sociologiquement donc qu'il convient d'étudier sa victoire, si l'on en veut pénétrer les causes essentielles : tel est le but de notre étude.

L'étude de notre pays, de notre peuple, de notre société, tente aujourd'hui bon nombre d'étrangers, mais ils se heurtent à chaque pas à des obstacles; pour n'en citer qu'un, l'extrême difficulté de rassembler des matériaux. En admettant même que leur entreprise ne leur soit pas impossible, encore est-il vrai qu'elle est singulièrement facilitée aux Japonais eux-mêmes. Aussi, tout ce qui jusqu'ici a paru sur le Japon se ramène à des ouvrages de la valeur d'un guide; ce qu'on y trouve, il n'est pas un Japonais pour l'ignorer; ou, à dire plus

constance et une ardeur extraordinaire d'entraîner leurs peuples, existe au Japon aussi vivace que nulle autre part.

4° L'autorité du Saint Mikado concentre, unifie l'énergie japonaise : il n'en est pas de même dans les nations où la soumission servile est tenue en honneur.

En résumé, de ce qu'ils ne sont pas chrétiens, les Japonais ont tiré et continuent de tirer de grands avantages.

vrai, les ouvrages qu'un Japonais peut lire avec profit, sont bien rares. L'étude de la société japonaise doit donc être achevée par les Japonais (ce leur sera d'ailleurs un moyen de s'acquitter de la dette qu'ils ont contractée envers les Européens, que de mener à bonne fin l'œuvre entreprise par eux). Il n'en va pas autrement pour bien des peuples de l'Asie, tels que les Chinois et les Coréens.

La civilisation occidentale et la civilisation orientale diffèrent essentiellement : l'une est active et progresse, l'autre est traditionaliste et demeure stationnaire. Les civilisations indiennes et chinoises présentent les caractères orientaux[1]. La civilisation japonaise, elle, occupe une place distincte; elle s'est constituée dans un monde à part, pour ainsi parler, de la civilisation occidentale et des deux grandes civilisations orientales qu'on vient de nommer. Dans la société japonaise, relativement restreinte, toutes les grandes lois de la sociologie se trouvent ainsi réalisées. Le régime du clan faisait de l'État une grande famille. Et les relations que l'Empereur entretenait avec ses sujets rappellent celles que le père de famille entretient avec ses enfants; en somme, la société japonaise réalise presque l'organisation sociale idéale.

« Le Japon nous apparaît comme un organisme extraordinaire, écrit M. Revon[2], qui tour à tour s'est enrichi

1. Cp. liv. I (ch. 1); liv. III (chap. 111).
2. M. Revon, *Civilisation japonaise*, 1900.

de la civilisation occidentale, sans perdre, pour cela, sa culture native : car c'est précisément la marque du génie japonais de s'être toujours assimilé pleinement ce qu'il tirait du dehors, d'avoir su rendre sienne toute importation étrangère; et dans ce microcosme nous retrouvons ainsi, outre notre Europe, la Chine, la Corée, tout cet Extrême-Orient, qu'il semble presque inutile d'aller étudier ailleurs puisqu'il est là, par fortune, en raccourci, vivant, palpitant au sein de la race la plus souple qui fut jamais. » La géographie du Japon explique, en partie, son histoire. Le peuple japonais, fut divisé d'abord en deux clans : le *shimbétsw* ou « clan des Dieux » et le *Bambétsw* ou « clan des étrangers ». Plus tard ces deux clans se sont fondus en un seul « clan du souverain » ou *Kobétsw*. Ce fut un groupement de race simple, de sang pur, qu'aucune difficulté intestine, ni diplomatique ne vint troubler; une société s'organisa tout spontanément, les idées qui naquirent là, par une sorte de fermentation, sont le bien même du Japon : tels la constitution nationale et le shintoïsme. En 285 certains livres classiques, intitulés *Rongo*, furent offerts à la cour par *Kudara*, une nation très ancienne de la Corée; à cette époque le courant des idées d'outre-mer atteignit le Japon. En 552, le Bouddhisme y fut à son tour introduit. Les brillantes idées de la Chine, les idées profondes de l'Inde, se répandirent alors : toutes se pénétrèrent, leur mélange prit place dans le courant des idées japonaises, qui peu à peu le fit sien, tout en conservant, en laissant même s'accentuer les caractères qui lui étaient propres.

En 1853 un événement de la plus haute importance vint modifier la vie de ce paisible Eden : l'arrivée inattendue de navires américains. Après une hésitation le peuple japonais se rendit à la supériorité de la civilisation européenne, pour ce qui est, du moins, du progrès pratique, de l'activité sociale, de la vie intellectuelle. Il décida modestement de lui emprunter ce qui lui manquait encore ; et c'est à cette école qu'une civilisation nouvelle se développe, prête à réaliser l'idéal de l'empire des îles.

La société japonaise, on le voit, va toujours plus avant : les Japonais agissent, rien ne les effraie ; ils se rendent franchement, sans faux amour-propre, à l'évidence ; leur foi traditionaliste n'est point une barrière infranchissable aux idées venues de l'étranger. Une seule dynastie impériale, bien plus, une seule branche avait, par une admirable série unique dans les annales du monde, présidé à ces vingt-cinq siècles d'indépendance et d'isolement.

Connaissant le caractère du peuple et sa politique, on conçoit que l'étude des sciences nouvelles, qui sont indispensables au développement et au progrès de la société, n'a pas été négligée par lui ; ces hommes de demain n'ont refusé à rien leur zèle ; nous avons eu, ces vingt dernières années, de grands théoriciens et de grands praticiens, des moralistes, des physiciens. La sociologie même, encore très incomplète en Europe, fut introduite, de bonne heure, dans notre milieu scientifique; et pendant les quelques années qui ont vu cette science se renouveler, le Japon a produit de grands savants qui ont aidé à cette évolution.

Nulle part encore la sociologie n'a atteint un succès complet : c'est qu'il n'existe pas *un* grand système sociologique. Les sociologues se spécialisent, sans prendre le temps de régler les questions d'ensemble. Ward déplore ces circonstances dans son œuvre de *La Sociologie pure*. « Pour énumérer tous les systèmes actuellement existants en sociologie, écrit-il, nous n'aurions pas trop d'un gros volume » et encore M. Barth[1] a essayé, au but de son œuvre, de combattre les systèmes, mais le titre même de son livre trahit un système et des théories toutes personnelles. » (*Op. cit.*) Telles sont les conditions actuelles, mais, à n'en pas douter, avant qu'il soit longtemps, grâce à l'effort des grands sociologues, un progrès s'opérera : la tendance est manifestement dans ce sens. Le retard de la sociologie étonne pourtant en Allemagne où toutes les autres sciences ont atteint un si haut degré de perfection. A ce retard Ludwig Stein[2] voit deux causes :

---

1. M. Barth, *Die Philosophie der Geschichte als Sociologie (Erster Teil); Einleitung und kritische übersicht (Leipzig).*
2. Ludwig Stein : *Sociale Frage im Lichte der Philosophie, S. 23-24.*

1° Dans ses premiers ans, la sociologie, en France notamment, se présentait sous des apparences utopiques et causait fréquemment de violentes agitations : l'Allemagne en prit ombrage.

2° Depuis que la philosophie de l'histoire a vu le jour en Allemagne, les savants de ce pays la considèrent comme leur apanage; ils se refusent à reconnaître le besoin d'une sociologie, qui n'est, disent-ils à tort, que leur science sous un autre nom.

M. Takébé[1], professeur de l'Université de Tokio, dit aussi sa manière de voir : « Les savants allemands ont ceci de fort original, qu'ils n'hésitent pas à immoler la science à la politique nationale. Leur cerveau spéculatif et puissant fait fort bien sans doute la distinction entre la sociologie et la philosophie de l'histoire; mais ils préfèrent se livrer à l'histoire de la civilisation, à l'ethnologie et à la philologie comparées, à l'étude des arts, des proverbes, des religions, plutôt que de faire de la philosophie de l'histoire, leur trésor, l'esclave de la sociologie, qui, sous ses traits suspects de démocratisme social, ne saurait convenir au gouvernement impérial. »

Voilà bien les raisons qui font que l'Allemagne tient cette science en défiance, qu'elle discute son objet et sa méthode : elle a malgré tout, des sociologues et la sociologie, d'ici peu, y sera prospère comme le reste.

1. Tongo Takébé, *La Sociologie générale* (T. I, p. 317).

Mais au Japon la sociologie ne rencontre aucun des obstacles qui peuvent en arrêter le progrès dans les autres pays; il n'offre rien de semblable à ces conditions, pour ainsi parler, antisociologiques, toutes propres à l'Allemagne; il ignore les besoins urgents qui pressent la France, les préjugés religieux de l'Europe entière et de l'Amérique. Aussi depuis le jour où la sociologie y fut introduite, elle a accompli des progrès surprenants, et s'il faut dire toute notre pensée, l'avenir de cette science est de ce côté.

Une civilisation nouvelle s'élève aujourd'hui au Japon sur des fondements qui lui sont venus d'Europe. Pour la comprendre il est indispensable d'étudier préalablement l'ancienne civilisation, les traits propres au caractère japonais, ceux-là mêmes qui fournissent l'explication de la récente défaite de la Russie.

Le Play a écrit un ouvrage qui a pour titre *La Réforme sociale en France.* Son apparition n'eut pas grand succès, c'est seulement quelques années plus tard que pleine justice lui fut rendue; bien des savants s'en tiennent aux vues qui y sont exposées. Nous ne songeons pas à comparer à cet ouvrage la simple étude que voici, mais nous souhaiterions que quelqu'un se chargeât de nous donner sur le Japon une œuvre analogue à celle de Le Play : elle est nécessaire. Car la société ne fera pas table rase des institutions de l'ancienne : bien des belles choses demeureront.

LIVRE II

FACTEURS PHYSIQUES
DE LA SOCIÉTÉ JAPONAISE

CHAPITRE PREMIER

CONSIDÉRATIONS GÉNÉRALES

Nous avons vu dans le livre précédent que la nature, l'homme et la société collaborent à la civilisation. La nature donne naissance à l'homme, l'homme est une cellule de la société; on voit ainsi que la société est le produit de deux facteurs : la nature et l'homme.

La physiologie moderne tend à ramener tous les phénomènes biologiques, aussi bien sensibles ou intellectuels que végétaux, à des transformations ou à des combinaisons nouvelles de l'énergie physique. Les animaux puisent leur énergie dans leur milieu, et la dépensant, la restituent à ce milieu; c'est là le fond de la théorie de la conservation de l'énergie. Les sociétés, puisqu'elles sont des ensembles d'individus groupés pour la vie en commun, subissent évidemment l'influence du milieu et des phénomènes physiques, et l'on ne saurait aborder l'étude de l'une d'elles sans tenir compte de cette influence.

Mais si les sociologues doivent ne pas négliger l'examen des phénomènes de la nature, leur science ne se borne pas, comme le prétendent certains d'entre eux, matérialistes, à l'étude de la société, d'un point de vue biologique; les considérations de ce genre, utiles sans doute, ne sont, en somme, que des données; nous nous sommes d'ailleurs expliqués sur ce point au chapitre ii du livre I. Nous ne voulons pas ici entreprendre l'étude de l'influence de tous les phénomènes physiques, mais seulement des phénomènes géographiques; nous étudierons ensuite les races; ce sont là les deux facteurs principaux. Il serait facile d'expliquer par eux, l'évolution et le développement d'une société quelconque; c'est toujours en effet, soit la race, soit la région, qui déterminent les individus à se grouper en un corps uni.

A. — Géographie.

La nature est la source de la civilisation et le théâtre de l'activité des sociétés. C'est la nature qui donne naissance à l'homme, qui le fait vivre, qui nourrit son corps et son esprit, et qui par là, crée son activité psychologique. Recherche-t-on pourquoi une société s'est formée en un lieu donné, ce qui est caractéristique de son développement; on ne manque pas de constater que les causes en sont dans de certaines particularités géographiques.

Nous avons parlé déjà de races naturelles et de races

cultivées et dit que les premières sont esclaves de la nature, que les autres en sont maîtres : les unes subissent, les autres agissent. Or il semble bien que la passivité à l'égard des puissances naturelles caractérise la vie des races inférieures : les montagnes, les mers leur sont d'infranchissables barrières; sécheresse implique famine, et épidémie mort. Les races cultivées au contraire font des mers des voies de communication, elles percent les montagnes de tunnels, construisent des aqueducs qui préviennent la sécheresse, trouvent des remèdes contre les maladies : la vie y est rendue plus sûre. Mais au fond, la civilisation ne change rien aux lois naturelles, elle les exploite; l'homme, grâce au progrès de la société, résiste à la puissance de la nature, en sait même tirer parti, mais rien ne lui permet de s'en affranchir proprement.

Nous pourrions étudier les influences géographiques selon trois grandes divisions : 1° Le relief; 2° le climat; 3° la présence des substances inorganiques et organiques.

I. — INFLUENCE DU RELIEF.

Évidemment on ne peut songer à expliquer les différences de physionomie des peuples, uniquement par les différences de relief des régions; les causes en sont autrement nombreuses et complexes; mais à n'en point douter, celle-ci figure parmi elles.

L'influence du relief est grande sur l'industrie, sur la constitution et l'évolution sociales; en un mot sur la société entière. Nous allons le montrer dans ce qui suit; notons tout de suite que par relief d'un pays nous entendrons désigner également sa situation et la qualité de son sol.

a) il détermine l'étendue des pays où se sont développés les différents corps sociaux;

b) selon les cas, il isole les sociétés, ou au contraire les met en contact;

c) il détermine la direction des mouvements sociaux;

d) il détermine les métiers dont les individus s'acquittent dans les différentes sociétés;

e) selon les cas, il invite la société à garder son sang pur de tout mélange ou l'invite à se fondre; il détermine ainsi la puissance d'une société, puissance qui dépend grandement de l'union;

f) il détermine les mœurs d'une société;

g) il détermine le degré de civilisation.

Il est à peine besoin de revenir sur cette énumération : quelques mots seulement sur chacune de ces influences.

a) Pour les races non civilisées, tandis que les rivières sont des traits d'union entre les peuples de leurs deux rives, les montagnes sont de puissants obstacles à la communication; c'est ainsi qu'en Grèce plusieurs états isolés coexistaient, malgré l'unité de races. Les rives du

Nil au contraire, et celles de l'Euphrate furent des centres de fusion.

b) La Bohême est prise dans un cadre de montagnes, aussi son peuple est-il demeuré sans contact avec ses voisins. Si Rome a pris aussi vite une telle importance, c'est que le cercle de ses sept collines est coupé par une rivière, laquelle à cet endroit est parvenue presque au terme de son cours. Aujourd'hui même, beaucoup de grandes cités se trouvent sur le littoral des baies.

c) C'est une loi physique qu'un mouvement prend toujours la direction où la résistance la moins forte lui est opposée : les mouvements sociaux, comme les autres, évitent les obstacles et se propagent par les grandes voies de communication sociale et économique. Les caravanes, pour passer d'Égypte en Palestine, ou de Babylonie en Syrie, empruntent toujours les itinéraires tracés par la nature; les invasions suivent invariablement les mêmes voies; l'émigration même, d'un pays où la population est trop dense, en un autre où la vie est moins difficile, s'effectue par les régions où les obstacles sont le moins nombreux.

d) Le plateau, la plaine, les côtes constituent le relief. Le plateau se prête à l'élevage, la plaine à l'agriculture, les côtes enfin au commerce et à la pêche : ainsi se trouvent déterminés en gros par le relief les métiers dans une société.

e) Ce n'est là qu'un corollaire nécessaire des articles A et B. Le peuple d'une région facilement en communication avec l'extérieur se mélange nécessairement. Le peuple au contraire d'une région resserrée entre des barrières naturelles, a des chances de maintenir son unité, car, pendant longtemps il échappe à tout contact étranger : que l'on considère plutôt le Japon, l'empire des îles.

f) Les montagnards en effet sont durs, leurs vues sont étroites; les habitants des plaines sont généreux, leurs idées larges.

g) La géographie comparée a découvert un rapport étroit, entre le degré de civilisation d'un pays, et l'étendue de ses côtes. Le littoral européen est en effet, relativement à la superficie, très développé au rebours de celui de l'Afrique. La Grèce qui de tous les pays d'Europe est celui qui relativement présente la plus grande longueur de côtes, est aussi celui où la civilisation fleurit d'abord; ce ne sont pas là de pures coïncidences; la fertilité du sol d'autre part n'est pas sans jouer, dans la civilisation, un rôle considérable : les sciences, les arts, en effet, ne peuvent être prospères qu'à condition d'un certain loisir laissé aux hommes par les occupations matérielles de la vie.

II. — Influence du climat.

Avant Buckle et son école qui datent de peu, Hippocrate[1] au v° siècle av. J.-C., puis Aristote[2] quelque temps après, puis enfin Bodin[3], beaucoup plus récemment, s'étaient efforcés de trouver aux phénomènes sociaux une explication dans le climat. Il serait néanmoins arbitraire d'attribuer au climat une influence aussi grande qu'au relief; cette influence pour n'être pas primordiale, n'en est pas moins fort importante.

La lumière, la température, l'état hygrométrique, constituent le climat : chacun de ces éléments a son influence propre.

1. Hippocrate est considéré comme le fondateur de la médecine : il la fit, du moins, distinguer d'un art vague et tout de superstition. L'anatomie de son époque n'existait pas, mais dans son œuvre se manifeste une tentative vers elle. Il y est, en outre, fait allusion « aux influences du climat et du relief sur le corps humain » et à leur importance au point de vue social. Un climat qui ne présente aucune variété, dit-il, conduit l'homme à la paresse, un climat varié excite le corps et l'esprit : la forme du corps, la couleur de la peau, les dispositions psychologiques, sont, pour beaucoup, déterminées par le climat. Après un temps, les modifications qu'il a opérées se transmettent, même en l'absence de leurs causes. Notons que le premier, Hippocrate tenta d'expliquer l'origine des races.

2. Aristote a vraiment inauguré l'étude de l'homme. Son ouvrage intitulé : *Les Animaux*, se compose de 10 livres. Dans le 8° sont examinées les questions des aliments, de l'émigration, de la santé, des maladies des animaux, de l'influence qu'exerce sur eux le climat.

3. Bodin remarque que les habitants des régions tempérées sont plus énergiques, plus honnêtes que ceux des régions chaudes, moins énergiques, d'esprit plus ouvert que ceux des régions froides; que ces qualités les rendent plus aptes à organiser une nation.

1. *Influence de la lumière solaire.*

a) Le progrès de la civilisation n'est pas sans rapport avec la durée du jour et de la nuit.

b) La vie et les mœurs d'un peuple sont modifiées selon que les rayons solaires tombent, ou non, perpendiculairement et qu'il se trouve, ou non, quelque chose pour les intercepter.

2. *Influence de la température.*

c) Les êtres vivants ne se développent que dans certaines conditions de température, les animaux et les plantes indispensables à la vie de l'homme en particulier; celui-ci donc, selon la température, trouvera plus ou moins facilement à se nourrir.

d) Ainsi le progrès de la civilisation n'est pas non plus sans rapport avec la température.

e) Elle joue un grand rôle dans le développement physique et psychologique de l'homme.

f) Elle contribue à déterminer l'attitude d'un peuple.

g) A déterminer ses mœurs, ses coutumes.

3. *Influence de l'état hygrométrique.*

h) La santé d'un peuple dépend de l'état hygrométrique.

i) L'état hygrométrique, contribue, avec la température, à déterminer l'attitude d'un peuple.

j) La sécheresse favorise le progrès, la civilisation. L'humidité les retarde.

k) Les êtres vivants ne se développent que dans certaines conditions d'hygrométrie; les animaux et les plantes en particulier : l'homme donc, selon l'état hygrométrique, trouvera plus ou moins facilement à se nourrir.

En somme, l'influence du climat est grande surtout sur le développement physique de l'homme et de tous les êtres vivants : c'est par là qu'il joue un rôle dans la vie de la société. Quelques mots maintenant sur chacune des influences énumérées plus haut.

a) En certaines régions la durée du jour et de la nuit est brève, et constante à peu près, pendant l'année entière. En d'autres régions, le jour dure autant que le printemps et l'été, la nuit autant que l'automne et l'hiver; cet état de choses n'est pas sans de graves conséquences sociales. Ainsi, où en est la civilisation dans les régions polaires?

b) Un peuple exposé, comme dans les régions torrides, les déserts, sans arbre, sans abri, au grand soleil, en voit inévitablement sa vie, ses coutumes modifiées.

c) Là où les animaux, les plantes font défaut, ou du moins sont rares, combien plus pénible est la vie.

d) Ce n'est, en effet, ni dans les régions torrides, ni dans les régions froides que fleurit la civilisation, mais dans les régions tempérées (voir chap. I, livre I).

e) Pour de très basses températures, la taille de l'homme se raccourcit et son activité intellectuelle se ralentit. Dans les pays chauds, les enfants sont très précoces et la reproduction relativement plus active que nulle autre part : au Mexique par exemple. Le nombre des naissances varie même, dans une région quelconque, avec les saisons; il en est de l'homme comme des plantes.

f) Les habitants des pays chauds sont paresseux : la vie leur est si aisée! Les méridionaux, en particulier de l'hémisphère boréal, sont, tout à la fois, mous et facilement remuants et révoltés. Il est prouvé d'ailleurs qu'en une même région le nombre des maladies nerveuses et des crimes augmente pendant la saison chaude.

g) Dans les pays froids si l'homme se vêt et s'il se loge, c'est pour se préserver du froid uniquement. De là, on le conçoit, une grande différence entre ses mœurs et celles des habitants des régions tempérées ou chaudes.

h) Cette influence de l'état hygrométrique est particulièrement notable sur certaines côtes d'Afrique. A des étrangers non accoutumés à l'atmosphère de malaria qui règne dans ces régions, il semble que la vie y soit impossible. Si la densité de l'air vient à diminuer et sa sécheresse à augmenter, la gorge et le poumon en sont immédiatement affectés. Les physiologues n'ignorent pas que l'humidité de l'air nuit à l'évaporation aussi bien cutanée que pulmonaire; l'activité de la circulation se trouve alors diminuée et du même coup celle de l'esprit. C'est pour cette raison que les habitants des régions élevées et sèches sont plus résistants que ceux des plaines basses et humides.

i) Un vieux proverbe grec fait aux habitants des régions humides de Béotie une réputation de paresse et de licence. Il est certain d'autre part que la sécheresse rend l'homme actif et courageux, et cela pour les raisons physiologiques énoncées au précédent paragraphe; une évaporation active stimule toutes les fonctions organiques.

j) On constate, en effet, que les peuples anciens dont la civilisation fut remarquable habitèrent tous des pays secs. Les spécialistes de la géographie physique nous révèlent l'existence d'une zone qui ne reçoit point de pluie; elle s'étend de l'Afrique septentrionale à la Mongolie, recouvrant l'Arabie, la Perse et le Thibet. Or il semble bien que toutes les invasions aient pris naissance dans quelque région de cette zone de sécheresse ou non loin de ses limites : les Tartares, avant d'envahir la Chine et l'Inde, pénétrèrent dans les chaînes montagneuses du nord-ouest de cette zone, s'y établirent même pour quelque temps en plus d'un point.

Plus tard, ils poussèrent vers la partie ouest, à plusieurs reprises. L'invasion aryenne eut pour point de départ une région également située dans cette zone au nord-est de la Perse : elle se divisa en trois branches. La première s'établit dans l'Inde, la race actuelle des Hindous en descend; la seconde en Europe où elle donna les Européens; la troisième en Perse où elle donna les Perses. De l'Arabie et de la Syrie partirent les Sémites : ils se répandirent dans toutes les directions, fondant les grands empires d'Assyrie et de Babylone, subjuguant à diverses époques, l'Afrique septentrionale, l'Égypte, la Perse, l'Inde, et au delà de l'Asie Mineure, jusqu'à une partie de l'Europe; leur religion était le mahométisme. Il semble donc bien qu'on puisse attribuer la cause de toutes ces invasions à la sécheresse, qui rendit ces tribus courageuses et entreprenantes. L'histoire nous dit d'ailleurs que dans la suite elles s'amollirent ; c'est, sans doute, pour s'être établies dans des régions humides. Ainsi on peut affirmer une relation entre l'état hygrométrique d'un pays et l'attitude du peuple qui l'habite : bien d'autres conditions, cela va sans dire, contribuent à la déterminer. Sans compter que dans les régions humides, comme tout se décompose, se désagrège très rapidement, comme les maisons, les meubles, ne présentent aucune solidité, l'homme n'est point porté à l'économie, à l'épargne; le développement artistique est entravé et, par suite, le progrès général.

k) L'influence la plus lourde peut-être de conséquences, de l'état hygrométrique, est celle qu'il exerce sur les plantes : il décide, à proprement parler, de leur destin et par cet intermédiaire atteint la société.

Pour terminer l'énumération et la critique des influences du climat sur la société, il convient d'étudier s'ils est pour quelque chose dans les différences ethniques. On a considéré longtemps les variations que subit la couleur de la peau de l'homme selon les régions, comme le critérium des différences de races; on pensait alors, qu'en donner les raisons, serait expliquer du même coup ces différences, et ces raisons, on croyait les voir dans l'action du soleil.

C'était là une grave erreur; il est avéré aujourd'hui que la peau ne change pas proprement de couleur, pour être plus ou moins exposée au soleil. Il est vrai que le teint se brunit au soleil. Mais c'est alors la couleur seule de l'épiderme qui varie, tandis que ce qu'on entend véritablement par « couleur de peau » est déterminé par la quantité de matière pigmentaire contenue dans les cellules qui séparent le derme de l'épiderme. Selon que la quantité en est très considérable, moins considérable, ou relativement faible, la peau présente une couleur noire, jaune ou rose, car, dans ce dernier cas, les vaisseaux sanguins se laissent apercevoir à travers l'épiderme. C'est le fait de rencontrer des noirs et des jaunes dans les contrées chaudes, et des blancs dans les régions tempérées ou froides, qui a amené par induction bien des gens à l'explication fausse que nous avons répétée[1]. Car précisément ce fait est beaucoup plus une exception qu'une généralité. Sans doute les Européens qui vivent sur la côte septentrionale de la Méditerranée sont blancs, tandis que les Africains de la côte méridionale sont noirs ; mais, par contre, les Lapons habitent le nord de l'Europe et cependant ils ne sont pas blancs, et plus au nord encore on rencontre des Esquimaux noirs. Exemple assurément surprenant : dans certaines îles des mers du Sud les travailleurs sont bruns, et les nobles, qui vivent retirés dans leurs demeures, noirs. Au sud de l'Afrique, tandis que les Hottentots sont jaunes, les Bushmen sont noirs. Nous étudierons au paragraphe B « peuples » la formation des races.

III. — Influence des substances inorganiques et organiques.

Les substances inorganiques et organiques sont les facteurs sociaux, d'ordre géographique, qui se rencontrent en troisième lieu.

Il s'en faut de beaucoup qu'elles soient également réparties sur tous les points du globe ; comme elles

1. Blumenbach, *Natural varieties of man*, 1775 (chap. iii) ; et James Cowles Prichard, *Researches into the physical history of man*, 1813 (chap. iv).

sont partout également nécessaires, leur plus ou moins grande abondance exerce sur la société des influences très profondes, mais non pas très variées en somme. Sans elles point de vie, point de société. Nous ne séparerons pas comme plus haut l'énumération et l'examen de leurs influences, que nous classerons selon trois groupes : celle des substances inorganiques, celle des végétaux, celle des animaux.

a) *Influence des substances inorganiques.*

La présence de l'eau en quantité suffisante est indispensable : la vie des végétaux et des animaux ne saurait se soutenir sans elle. Les Grecs et les Babyloniens adoraient l'eau comme une déesse.

La répartition des minéraux, surtout des minerais, a pour la société une importance grave. Cela est si vrai que les anthropologistes désignent les phases du progrès humain par les expressions bien connues : âge de pierre, âge de bronze, âge de fer. La présence de l'argile qui sert à la poterie n'est pas sans importance; la répartition en est toutefois plus égale.

La prospérité industrielle d'un pays est de nos jours étroitement liée à la quantité de houille que lui peut fournir son sous-sol. La richesse de l'Angleterre en houille et en minerai de fer, fait sa grandeur; qu'elle s'appauvrisse de ce côté, que deviendra son industrie?

Aussi le gouvernement anglais, dès 1866, a-t-il chargé certains commissaires d'évaluer l'avenir de ses bassins houillers.

b) *Influence des végétaux.*

La présence de végétaux est au moins aussi nécessaire à la vie que celle de l'eau ; elle l'est davantage que celle d'animaux domestiques ou sauvages, car euxmêmes ne peuvent se développer que grâce à elle. En outre, elle a sur la société une autre influence, moins directe : d'une part une vie nomade ne saurait convenir à l'agriculture ; pour s'y livrer l'homme doit se fixer ; d'autre part, une étendue de terre peut fournir de quoi vivre à une population plus nombreuse, lorsqu'elle est cultivée, qu'elle offre ses propres fruits, que lorsqu'elle est employée pour l'élevage, comme pâturages. L'homme une fois établi, assuré de vivre, forme un système social. L'agriculture est donc à l'origine de tout progrès, et de tout État fondé sur le domaine.

c) *Influence des animaux.*

Cette influence tient d'une part, à ce que, comme les végétaux, certains animaux servent à la nourriture de l'homme. Le jour où l'idée vint à l'homme de domestiquer, pour s'en nourrir, des animaux, il se trouva sur le chemin de la civilisation : un second pas fut par lui accompli, lorsqu'il les dressa pour s'aider de leur force.

Mais d'autre part, certains animaux exercent une influence nuisible. Le danger que certaines plantes font courir à l'homme est négligeable; il n'en est pas de même des animaux féroces qui lui infligent, à lui et aux animaux domestiques, de tels dommages qu'on sait plus d'un cas où ils empêchèrent une société de se constituer. C'est ainsi qu'en Inde on a vu un tigre détruire 13 villages et ravager 256 milles carrés de pays. Dans l'Inde encore, le nombre des hommes piqués par des serpents venimeux atteint chaque année 25 000 en moyenne. Sans doute, de pareils accidents deviennent-ils de plus en plus rares; néanmoins il arrive encore fréquemment que les loups viennent troubler dans leurs travaux même les populations du Nord de l'Europe. En outre les bêtes féroces et les serpents venimeux ne sont pas seuls nuisibles : certains insectes causent aussi de grands dommages. En Écosse des nuées d'éphémères s'abattent parfois, qui obligent les habitants à demeurer enfermés; au Japon, pendant les nuits d'été tout travail est impossible à cause des moustiques. Les essaims de mouches font que les sauvages, paresseux de nature, abandonnent tout travail. Pas de civilisation possible dans ces conditions.

B. — Peuples.

Nous venons de voir que la nature est une des forces qui créent la société : l'homme en est une autre et, sans doute la plus importante, parce que la plus directe. C'est l'homme en effet qui constitue, à proprement parler, la société, qui en fournit les éléments. Il nous reste à l'étudier.

Par quel rapport l'individu et la société sont-ils unis? C'est là une des questions les plus graves que la sociologie ait à résoudre. Une théorie fait de l'individu le produit de la société; une autre de la société le produit de l'individu. La première est soutenue par de nombreux philosophes, Comte et Spencer en tête, qui par conséquent accordent à la société la place la plus élevée dans l'échelle des êtres organisés; la seconde est défendue surtout par Ratzenhofer qui réserve à l'homme cette place suprême : les uns et les autres partant de ce même principe : que le conditionnant ne saurait être placé au-dessous du conditionné. Si, d'ailleurs, ajoute Ratzenhofer, l'individu considéré comme tel est puissant, l'individu, partie d'un tout, est sans pouvoir[1].

Pour nous il nous semble, d'une part, que l'individu parfait ne puisse naître que dans une société parfaite,

----

1. Ratzenhofer, *Sociologische Erkenntniss*, p. 11.

ne se conçoive que comme un groupement d'individus parfaits. Ni l'individu ne saurait atteindre à la perfection si la société n'y a atteint déjà, ni la société être parfaite si l'individu ne l'est avant elle. Comment dans ces conditions établir la moindre hiérarchie? Nous ne pouvons ici nous étendre sur cette question. C'est à la sociologie proprement dite qu'il appartient de décider de l'influence de l'intelligence humaine sur la Société Nous nous bornerons à considérer l'homme comme partie composante, comme élément matériel de la société. Nous avons dans le chapitre i, étudié ses origines, sa naissance et ses progrès. Il nous reste à voir comment les races se sont différenciées, pour former les divers peuples, et quelles conséquences il est résulté de leur expansion.

I. — Formation des races.

Les caractères qui distinguent les races sont de deux sortes : 1° les caractères *a priori* : la physionomie, la constitution, et quelques traits du caractère; 2° les caractères *a posteriori* : tous ceux qui ont été déterminés après coup par le milieu physique et social. La science ne reconnaît pas d'ailleurs, même aux premiers, une fixité absolue. On constate en effet que des modifications physiologiques se produisent, qui avec le temps prennent une importance considérable. On ne peut donc pas affirmer d'une race : *tels sont ses caractères propres,* mais tout au plus *tels sont les caractères qui la distinguent aujourd'hui.* S'il en est ainsi, on est en droit de se demander si le nombre des races a toujours été ce qu'il est aujourd'hui. N'a-t-il pas soit augmenté, soit diminué? A première vue ces deux suppositions sont vraisemblables et les faits ne permettent guère de choisir entre elles[1]. De la critique seule des différentes solutions proposées à ce problème par les savants, peut jaillir celle qui doit prévaloir. Ici deux théories principales sont en présence; la première affirme que les races naquirent différenciées; la seconde les fait remonter toutes à une origine commune. Les polygénistes cherchent un appui dans la philologie; ils se demandent si les diverses langues, leurs vocabulaires, leurs syntaxes, présentent entre elles de véritables analogies, et c'est philologiquement qu'ils concluent à plusieurs sources distinctes. Les monogénistes, au contraire,

1. Exemples de la multiplication des races :

Dans l'Afrique méridionale, les « Basters » ont pris place entre les colons hollandais et les Hottentots; dans l'Amérique du Sud les « Capusos » ont pris place entre les Nègres émigrés d'Afrique et les Brésiliens indigènes; dans l'île de Mindanao (Philippines) des « Philippiens » entre les Espagnols et les Tagals; dans Hokkaïdo (Japon) une troisième race, entre les Japonais et les indigènes.

Quant à la diminution des races, si nous n'en pouvons vraiment citer d'exemples, du moins devons-nous l'admettre en théorie. Soit une race C produite par le croisement de deux races A et B; celles-ci peuvent perdre leurs caractères, le nombre des Aïnos (Hokkaïdo) diminue chaque jour. — Bientôt, peut-être, ils disparaîtront tout à fait, laissant la race nouvelle qu'ils ont engendrée avec les Japonais. — Il suffit que sa population subisse une diminution continue pour qu'une race périsse.

demandent la preuve de leur théorie aux caractères *a priori*. Sans doute, disent-ils, les détails de la structure physique varient assez sensiblement selon les races, mais combien plus frappante, cette ressemblance que, pour la forme générale du corps, elles présentent toutes.

En outre, toutes les races n'ont-elles pas des arts, au moins quelques dessins, quelques peintures, quelques chansons, quelques danses? Toutes n'ensevelissent-elles pas les morts, n'élèvent-elles pas des monuments, ne fabriquent-elles pas des ustensiles de quelque sorte?

La couleur de la peau varie relativement peu, moins encore celle des cheveux; la taille, la coupe de tête, demeurent sensiblement les mêmes. Cela est si vrai qu'on ne saurait jamais spécifier très rigoureusement quelles différences corporelles il existe d'une race à une autre. On aurait peine vraiment à concevoir comme de simples accidents de si frappantes analogies. Les races donc auraient une origine commune.

Mais ces deux théories sont-elles totalement opposées, s'excluent-elles nécessairement? Ne peut-on pas admettre la possibilité d'une opinion éclectique? L'homme sans doute emploie constamment la langue, mais l'homme n'est pas la langue. Aussi, parce que les langues paraissent avoir plusieurs sources, ne peut-on pas affirmer que les races ont également des origines diverses? Supposons par exemple qu'un jour le progrès de la philologie permette de reconstituer, par une méthode toute positive, les langues que parlaient les tout premiers hommes[1], et qu'on leur découvre une origine commune. On s'expliquerait fort bien alors cette contradiction apparente, à savoir que les races semblent remonter à une origine commune, tandis que les langues actuelles paraissent avoir eu plusieurs sources. C'est simplement que les langues tout à fait primitives ne nous ont pas été transmises et que celles que nous parlons aujourd'hui ont pris naissance dans chaque race, une fois la différenciation accomplie. Dans ces conditions, les faits sur lesquels s'appuient les deux opinions énoncées plus haut ne sont pas incompatibles.

En somme, que le nombre des races ne soit pas fixé encore, cela semble indiquer qu'il ait pu un jour n'y en avoir qu'une. Aussi la plupart des savants après avoir étudié d'une part la constitution physique des différentes races et d'autre part les différentes langues, concluent-ils pour les races à une origine commune et pour les langues à des sources distinctes.

L'homme, par conséquent, ne fut pas tout d'abord répandu à la surface de la terre ; parti d'une région bien limitée, il se distribua peu à peu dans les différentes contrées. L'émigration et la colonisation ne sont pas

---

1. Bleek et Geiger pensent que l'homme est d'une seule et même espèce et que le premier homme parlait déjà une langue. Schleicher et Fr. Müller croient à plusieurs espèces humaines dès l'origine, mais non à l'existence d'une langue primitive.

essentiellement modernes; elles remontent aux époques les plus reculées : les traditions et les légendes de chaque pays en font foi. L'homme a mis un nombre incalculable de siècles à atteindre tous les points du globe où on le trouve aujourd'hui, et à s'y établir. Au cours de ce mouvement comment les races se sont-elles différenciées? Nous avons vu déjà que l'étude des différences de couleur ne fournit aucune solution à ce problème.

S'il est un fait incontestable, c'est bien que dans la famille, dans tout groupement humain, il existe des différences entre les individus. Or, comme les dispositions reconnues propres à chaque race, ne sont pas communes à la race entière, autrement dit comme ses caractères ne sont que des caractères moyens, n'ont d'autre valeur que la valeur statistique, ne pouvons-nous pas considérer les différences entre races comme l'accentuation des différences entre individus? Pour prendre un exemple : les Anglais émigrés en Amérique ont donné une race nouvelle : les Américains; les différences entre Anglais et Américains nous apparaissent aujourd'hui très clairement; mais ces différences existaient probablement au moment de l'émigration. A ces différences d'ordre individuel[1] s'en viennent ajouter

1. L'anatomiste Quain, pour étudier les artères le plus largement communes à l'homme, dut disséquer 1 010 cadavres; Turner, bien qu'il ait examiné 50 cadavres ne put établir l'existence d'un seul muscle du pied, identique chez tous les individus; Wood, sur les muscles de

d'autres qui sont le résultat de la sélection artificielle et de la sélection sexuelle. En outre l'individu subit l'influence de la nourriture qu'il reçoit pendant la période de gestation. enfin sa constitution se trouve modifiée au cours de la vie par le milieu et les conditions d'existence. Voilà en gros comment se forment les caractères distinctifs des races. Il faut y ajouter encore les caractères *a posteriori* : langues, mœurs, coutumes qui, selon les régions se développent de différentes façons[1].

II. — DÉVELOPPEMENT DES RACES.

Ces différences entre races ne furent pas tout d'abord très marquées; c'est peu à peu que les caractères distinctifs s'accentuèrent, les langues, les mœurs progressant dans des directions divergentes. Enfin, après un temps considérable, les races historiques se trouvent constituées.

Somme toute, la relation de parenté semble être à la base même de la formation des races; elle en est le facteur intime. tandis que la constitution, les dispositions physiques et psychologiques, les langues, les mœurs n'en

35 cadavres put noter 293 points par où ils différaient de l'un à l'autre et sur ceux de 36 nouveaux cadavres, 558.

On voit comme chaque individu possède des caractères qui le distinguent.

1. Le temps nous manque pour nous attarder à cette question. On lira avec avantage :

E. Tylor, *Primitive Civilization*; et *Anthropology*;

J. Lubbock, *Origin of civilization*; et *Prehistoric man*.

sont que les facteurs extérieurs. Et nous voyons, à l'importance du rôle joué par la relation de parenté, deux raisons : d'une part, les individus qui ont des ancêtres communs présentent généralement entre eux quelque ressemblance, à la fois physique et morale : partant les relations sociales sont entre eux plus faciles et plus intimes. D'autre part, les enfants ont besoin pour se développer des soins de leurs parents; la vie en commun qu'ils mènent pendant ces années de jeunesse leur est un acheminement sûr vers la vie sociale.

Le nombre des individus unis par des liens de parenté va toujours augmentant; de grands groupes se forment qui par des liens de même sorte s'unissent à leur tour; la relation simple de parenté est ainsi le point de naissance de la race.

Lorsque deux races se groupent pour former une société commune, chacune d'elles garde d'abord ses caractères propres. Mais lorsque, après de longues années de vie en commun, des liens de parenté se sont établis entre les individus qui les composent, on peut dire qu'elles se sont pénétrées, fusionnées; leurs deux histoires n'en font plus qu'une, une grande race nouvelle est constituée. Il est donc légitime de distinguer des races naturelles ou préhistoriques et des races historiques. Nous avons vu déjà ce qui concerne les premières, il nous faut maintenant passer aux autres; les races indo-chinoises, et coréennes-japonaises par exemple, appartiennent à ce second groupe : elles sont le résultat de fusionnements sociaux.

Il est d'ailleurs des cas où le fusionnement, en dépit du groupement, ne s'accomplit pas; et cela si les deux races rapprochées sont trop profondément différentes, si elles ont toujours été dans le passé indépendantes l'une de l'autre et sans contact d'aucune espèce. Il existe alors entre elles une insurmontable antipathie. Ni les langues, ni les religions, ni les coutumes, ne se pénètrent dans cette société pourtant commune qui se sent à tous moments ébranlée par des heurts violents. Quel meilleur exemple de ceci que l'Autriche-Hongrie? La population de l'Autriche est composée d'Allemands, de Slaves, d'Italiens; celle de la Hongrie, de Magyars, de Slaves et d'Allemands; sans compter bien d'autres éléments encore. Aussi, la discorde règne-t-elle dans ce pays, et l'espoir d'en réaliser jamais l'unité a-t-il dû être autant dire abandonné. Pour des raisons analogues, des révolutions éclatent sans cesse dans les pays de l'Amérique centrale et du sud, tandis qu'aux États-Unis, peuples à l'origine de différentes races, mais toutes européennes, ayant même religion, coutumes analogues, une race nouvelle n'a pas eu de peine à se former. La fusion des races est donc réalisable dans certains cas; mais le seul fait qu'elle ne l'est pas toujours, prend aux yeux des politiciens une importance considérable. Spencer en particulier insiste sur la difficulté que présente le gouvernement de races résultant du mélange d'éléments trop essentiellement différents.

III. — LES PEUPLES.

Le progrès et le déclin d'une race ont, sans doute, des causes multiples et complexes, mais ils sont liés d'une façon plus particulièrement étroite aux variations, augmentation, ou diminution, de la population. C'est, d'une façon générale, l'abondance des aliments qui détermine le chiffre de la population. Celle-ci, en effet, se multiplie rapidement et, comme le fait remarquer Malthus, se multiplierait ainsi sans arrêt, si la terre de son côté pouvait produire, chaque jour, des quantités plus considérables d'aliments. Il n'en est pas ainsi; la production de la terre est limitée et par là aussi le nombre des animaux qui ont besoin de se nourrir. A moins donc que la reproduction de l'homme et des animaux se trouve empêchée de quelque façon, c'est, dans un certain délai, la famine inévitable. Ne voyons-nous pas bien déjà que deux ou trois races tendent à disparaître en raison de la production insuffisante de leur pays? Ce sont là sans doute des cas exceptionnels, mais il est vrai de toutes les races, qu'elles peuvent se multiplier, et qu'en fait, elles se multiplient infiniment plus vite que n'augmente la quantité d'aliments dont elles disposent. En outre les guerres, les épidémies, les avortements et tous les événements de ce genre qui retardent naturellement le développement de la population, se faisant de plus en plus rares, il faudra artificiellement mettre un frein à ce développement, au risque, toujours selon Malthus, de voir les races régresser au lieu de progresser.

Ce savant affirme que la population tend à se multiplier suivant une progression géométrique, tandis que la quantité des subsistances s'accroît, tout au plus, selon une progression arithmétique. Ceci n'est pas, sans doute, strictement exact; mais on conçoit que Malthus ait cru saisir une loi, si l'on considère que les statistiques modernes n'y contredisent point. Depuis, bien des savants se sont efforcés de formuler les lois de l'augmentation de la population en fonction de celle des subsistances, autrement dit, le rapport qui existe entre les capacités productrices de l'homme et les capacités productrices de la terre. Mais songeons à la multitude de circonstances dont dépend l'augmentation de la population et qu'on ne peut de ce côté arriver à rien de sûr et de précis par le seul raisonnement. Le second terme du rapport n'est pas plus aisé à établir; sans doute la surface dont peut disposer la culture est limitée; mais les inventions, le progrès rendent l'homme, en quelque façon, maître de la nature et il est permis de se demander si cette limite de production ne sera pas éternellement reculée. Aussi n'est-il pas peut-être de premier intérêt pour nous, de chercher à établir un rapport entre deux termes inconnus; mieux vaut revenir sur ce que l'on sait de façon sûre et en chercher l'importance sociale[1].

Il est incontestable toutefois que la population du globe a doublé en moins de vingt-cinq ans. Levasseur affirme que celle de Java a quadruplé; pendant les cent dernières années celle de l'Europe a doublé; les aliments ont donc jusqu'ici augmenté d'une quantité en rapport avec cette multiplication des individus.

Il y a deux façons d'étudier la population : en classant les individus selon le sexe, en les classant selon l'âge.

La sociologie doit se préoccuper de la relation qui existe entre le nombre des hommes et celui des femmes; de cette proportion dépendent la vie morale, intellectuelle et économique. Le mariage, étroitement lié à cette proportion, qui constitue un corps : la famille, est pour beaucoup dans l'unité de la constitution sociale. De plus la situation civile de l'homme marié et celle du célibataire diffèrent; la première présente des avantages que ne procure pas la seconde. Les statistiques témoignent encore que la longévité est plus commune chez les hommes mariés; les cas de suicide, d'aliénation mentale, sont fréquents surtout parmi les célibataires. La même proportion joue enfin un rôle important dans la reproduction; l'excès d'un sexe sur l'autre s'accompagne de troubles

---

1. Mayo-Smith, *Science of statistics* (part. I); *Statistics and Sociology* (pp. 377-78), 1890.

dans le mariage; il n'est pas jusqu'à la moralité de la société qui n'en soit atteinte.

L'étude de la population, fondée sur la classification par âge, n'est pas non plus sans importance. Si on examine les populations de différents pays, on remarque que dans celles où les naissances sont en excès sur les décès, qui par conséquent se multiplient, l'enfance relativement est très nombreuse, et, relativement, de moins en moins nombreuses les classes d'individus de plus en plus âgés; un triangle équilatéral figurerait assez bien une telle population : celles de la plupart des pays civilisés sont actuellement de ce genre. Au contraire, dans les populations où les décès sont en excès sur les naissances, les adultes et les vieillards, relativement, sont en grand nombre; d'une telle population une figure ogivale donnerait une idée : c'est le cas de la France. Si l'on étudie les populations des différents pays au point de vue de la classification des individus selon l'âge, on ne relève pas de l'une à l'autre de très notables différences, si ce n'est, en France cette minorité relative de l'enfance. C'est aux États-Unis, dans la terre de la Reine, et à peu près généralement dans les colonies, que la minorité relative des vieillards est la plus marquée. Les adultes sont, dans les villes, relativement plus nombreux que dans les campagnes, et parmi les enfants, les garçons plus nombreux que les filles; à ce point de vue, l'Angleterre et l'Autriche font exception. On pourrait presque juger d'une société par l'âge des individus qui en constituent la majorité relative. Il faut se garder pourtant de tirer de pareils faits des conclusions trop rapides. Les phénomènes sociaux présentent une grande complexité; souvent des phénomènes identiques ont des causes différentes. On peut assurer cependant que dans les populations où la proportion des vieillards ou celle des enfants est excessive, les devoirs sociaux pèsent plus lourdement sur les individus capables d'agir; qu'un pays où les naissances sont en trop petit nombre voit sa population décroître; que l'émigration porte atteinte à la puissance économique parce qu'elle éloigne des adultes, tandis que l'immigration a l'effet contraire pour la raison contraire; que la force militaire d'un pays est évaluée d'après le nombre d'hommes en âge de porter les armes, et l'augmentation de sa population d'après le nombre de femmes en âge d'avoir des enfants. En France, où la population demeure stationnaire, la classe des adultes est suffisante et celle des vieillards, nombreuse. L'enfance est en Irlande relativement plus nombreuse qu'en France, en raison du grand nombre d'adultes entraînés par l'émigration, et relativement moins nombreuse qu'en Angleterre et en Écosse, où par contre la classe des vieillards tient relativement moins de place. En somme, l'Irlande manque d'individus de trente à quarante ans, autrement dit la classe active et productrice est insuffisante.

Un examen plus minutieux permettrait de découvrir encore dans la population nombre de relations de rapports qui ne sont pas sans quelque influence sur la société. Le temps nous manque pour les étudier ici, en détail : notre étude de la population a été très générale.

Nous avons donc maintenant passé en revue, d'une manière tout abstraite, les influences géographiques et ethnographiques que subit la société. Dans les deux chapitres qui suivent, nous nous proposons d'étudier, plus spécialement, comment ont agi ces influences sur la société japonaise.

CHAPITRE II

GÉOGRAPHIE

Nous avons montré dans la première partie du chapitre précédent quelles influences la géographie exerçait sur la société en général. Nous allons étudier dans ce chapitre les influences de la géographie sur la société japonaise en particulier.

A l'est de l'Asie Continentale, au pays du *soleil levant*, au nord-ouest de l'Océan Pacifique, se trouvent d'innombrables îles, plus ou moins importantes. Elles forment comme un long feston, comme une grande digue protectrice, et enferment entre elles plusieurs mers intérieures, les unes larges, les autres plus étroites : ce sont elles qui composent l'Empire du Japon. Il s'étend de l'est à l'ouest, depuis l'extrémité occidentale de Formose, par 120° 15' de longitude Est, jusqu'à l'extrémité orientale de l'île de Shimuschu, par 156° 32 de longitude Est; du sud au nord, sur 29° 3' depuis la pointe méridionale de Formose, par 21° 53' de latitude Nord jusqu'à la pointe

septentrionale de l'île d'Araïte par 50° 56' de latitude
Nord.

Une théorie remarque que la civilisation s'est déplacée
à travers les siècles du sud vers le nord ; il est intéressant de faire observer que notre pays enferme précisément dans ses limites tous les degrés de latitude qui ont
servi d'échelons à ce progrès[1].

Quoi qu'il en soit, il est certain que de tous les facteurs géographiques qui ont une influence sur le développement d'un pays, la situation de ce pays vient au
tout premier rang. Si l'Afrique et l'Asie centrales sont
encore aujourd'hui à l'état barbare, c'est en grande
partie que toute communication avec elles est rendue fort
difficile par leur situation même à l'intérieur du continent, et au milieu du désert. Si la Grèce et Rome, au
contraire, ont eu chacune de bonne heure une civilisation remarquable, c'est à leur situation privilégiée
qu'elles l'ont due.

1. L'on peut remarquer, en effet, que la civilisation s'est avancée du
sud vers le nord par étapes successives.

Toute la civilisation antique était comprise entre les 20° et 30° degrés
de latitude Nord ; c'était en Orient la civilisation chinoise sur les rives
du Yang-tse-Kiang ; au centre la civilisation de l'Inde sur les bords du
Gange ; à l'Occident enfin la civilisation de la Mésopotamie et de
l'Égypte, le long du Nil. Puis à une époque moins reculée, la civilisation
se déplaça d'une dizaine de degrés vers le nord et se développa entre
le 35° et 45° degrés de latitude Nord ; ce fut en Orient la civilisation de
la Chine sur les bords du Hoang-tso et en Occident celle de la Grèce et
de Rome. Quant à la civilisation moderne, ne s'est-elle pas développée
en remontant davantage encore vers le nord, entre les 45° et 55° degrés
de latitude, c'est celle de l'Europe du nord-ouest, celle des États-Unis
d'Amérique, etc.

Jetons un coup d'œil sur la carte. Le Japon est baigné de tous côtés par la mer. L'Océan Pacifique le sépare à l'est de l'Amérique; la Mer du Japon, à l'ouest, des provinces maritimes russes; au sud-ouest, la Mer de Corée de la Chine; au nord, le détroit des Kouriles de la presqu'île du Kamtschatka; au sud enfin, l'Océan Pacifique de l'île Luçon. Le Japon occupe donc à l'extrême limite de l'Orient, une situation exceptionnelle qui ne peut guère être comparée qu'à la situation de l'Angleterre, tout à fait à l'ouest de l'Europe. Sans doute, si le Japon n'avait pas été isolé, comme il l'est, au milieu de l'Océan, les travaux et la sagesse de l'empereur Jimmu, de l'impératrice Jingû, de Kublaikhan, de Genghiskan et de Hidéyoshi, auraient pu donner à son histoire un caractère encore plus remarquable et l'auraient mis en relations plus étroites avec le continent; à ce point de vue sa situation fut quelque peu désavantageuse. Mais d'autre part, c'est à elle qu'il doit d'avoir été affranchi des guerres qui s'élèvent, sur le continent, entre les pays voisins l'un de l'autre et toujours désireux d'élargir leur territoire.

Si d'ailleurs avec l'étranger les rapports d'ordre diplomatique furent rares, il n'en fut pas de même des rapports d'ordre intellectuel; de bonne heure un grand nombre d'idées traversèrent le détroit et vinrent consolider la base de notre civilisation. Comment expliquer ce phénomène? Les relations internationales d'ordre diplomatique s'élèvent tout naturellement entre pays limitrophes, aux frontières artificielles; mais elles ne transgressent que malaisément les obstacles naturels. Malgré son génie et la bravoure de ses hommes, Hidéyoshi Toyotomi échoua dans son entreprise contre la Chine. Napoléon d'autre part renonça à franchir la Manche et organisa au contraire son expédition contre la Russie. Ne peut-on attribuer une même cause à ces deux faits historiques et les expliquer par la traversée difficile des détroits? Mais un bras de mer n'est rien pour un courant d'idées et n'empêche pas de souffler la brise assimilatrice de la civilisation, s'il nous est permis de parler de la sorte; il suffit qu'une nation veuille bien la recevoir pour qu'elle en puisse immédiatement recueillir les fruits.

On a souvent comparé — et nous-mêmes l'avons fait — la situation du Japon à celle de l'Angleterre; l'analogie est évidente. Il y a de plus une autre ressemblance entre les deux pays : l'énergie nationale, le développement même des deux peuples ont suivi la même marche ascendante et ce n'est pas sans raison qu'a été faite l'alliance anglo-japonaise. Mais malgré tout il est indiscutable que le Japon a ses caractères propres comme l'Angleterre a les siens.

Le Japon n'est pas très grand; il est cependant beaucoup plus grand que l'Angleterre; presque aussi grand que l'Allemagne ou que la France. Il se compose d'environ 4 000 îles ou îlots; mais, à vrai dire, il n'y en a guère que 5 importantes. Sa superficie totale est de 27 300 ri carrés; la longueur de ses côtes dépasse plus de 7 400 ri carrés et comparée à la superficie, c'est une longueur unique au monde. Les côtes de Honshu, de Shikoku et de Kiushu sont plus découpées que celles d'Hokkaido et de Formose, mais de toutes les côtes, les plus richement découpées sont celles de la mer intérieure de Séto. La côte est de Hondo, sur l'Océan Pacifique, est beaucoup plus longue que la côte ouest sur la Mer du Japon : cette différence explique la marche de la civilisation. Du reste, les baies, les presqu'îles, les caps, en très grand nombre, contribuent à rendre notre littoral plus long encore et exercent de ce fait une influence considérable sur la météorologie, la défense nationale, la production maritime. Il est par suite important que le Japon en soit si richement doté. Remarquons toutefois d'une manière générale que les édentations des côtes sont beaucoup plus nombreuses sur l'Océan Pacifique que sur la Mer du Japon et qu'aucune parmi elles n'a pu nous fournir un bon port naturel; c'est là un grand défaut.

Le Japon a la forme d'un croissant dont les pointes seraient orientées sud-ouest et nord-est. Son relief est constitué par deux grands systèmes de montagnes dont les structures suivent les confins du continent asiatique, et par plusieurs chaînes volcaniques importantes.

1. 1 ri = environ 2 milles et demi.

Le premier des systèmes de montagnes dont nous venons de parler, connu sous le nom de Kouen-Loun japonais, parcourt le pays du sud-ouest au nord-est; l'autre, la chaîne Sakhalienne et ses ramifications, prend naissance dans l'île Sakhalin et est orienté du nord vers le sud. Ces deux systèmes en se rencontrant forment un massif fort large, le plus élevé du Japon. Ils se décomposent eux-mêmes du reste en deux chaînes dont l'une forme sur la côte du Pacifique ce que l'on appelle la ceinture extérieure et l'autre, sur la côte de la Mer du Japon, la ceinture intérieure. Citons en outre trois chaînes volcaniques, qui viennent couper en trois endroits différents les systèmes précédents : la première les traverse précisément à leur point de rencontre; c'est la chaîne volcanique de Fuji; la seconde est celle de Kirishima dans Kiushu; la troisième est celle de Chishima dans Hokkaïdo. Faisons remarquer enfin que de nombreuses chaînes volcaniques, telle la chaîne d'Aso, parcourent Hondo dans toute sa longueur.

Nous appellerons Japon septentrional la partie du pays située au nord de la chaîne volcanique de Fuji, et Japon méridional, la partie située au sud. Dans le Japon méridional, citons dans le système que nous avons désigné sous le nom de ceinture extérieure, les chaînes de Shikoku, de Kii et d'Akaishi; et dans la ceinture intérieure, celles de Chugoku et de Kiso. Dans le Japon septentrional et dans la ceinture extérieure, signalons

les chaînes de Kitakami, d'Abukuma, et de Kwanto;
dans la ceinture intérieure, les différentes chaines de
versants qui servent de ligne de partage des eaux. —
Enfin, mentionnons dans les îles Riukiu et à Formose
les chaînes de Riukiu et de Formose dont les ceintures
intérieures font face à la Mer de Corée et dont les ramifications, partant des Pescadores se prolongent à travers
les îles et îlots jusqu'à la chaîne de Kirishima et vers
l'Ouest jusqu'à l'archipel de Tokara.

Le relief du Japon, on le voit, est assez compliqué.
D'une façon générale, l'on peut dire que les montagnes
sont nombreuses et élevées et que les grandes plaines
sont rares. Mais comparons de plus près le Japon méridional au Japon septentrional. Le premier n'a que très
peu de plaines et que très peu de volcans; les rivières
y sont courtes; le courant du Kuroshio en baigne la
côte sud. Le second, au contraire, a des plaines et des
volcans en très grand nombre; les fleuves y sont longs;
c'est la côte est, cette fois, que longe le Kuroshio. La
côte est de Honshu, la face antérieure de l'île par conséquent, se présente sous l'aspect d'un arc de cercle con-
vexe; la côte ouest, la face postérieure, sous l'aspect
d'un arc concave.

Sur la côte est, plus longue, le flux et le reflux sont
très marqués; les sols élevés sont nombreux; la pluie
tombe abondamment en été; l'on ne trouve que peu de
volcans; les couches de terrain sont régulièrement

disposées. Par contre, sur la côte ouest, les marées sont faibles, les sols affaissés ne sont point rares; c'est l'hiver qui est la saison des grandes pluies et des neiges; les volcans sont nombreux, les terrains se superposent en des couches irrégulières. Tous ces faits expliquent pourquoi la civilisation s'est développée plus rapidement au Japon méridional, et dans les régions de l'Est, qu'au Japon septentrional et sur les côtes de l'Ouest.

Les volcans du Japon sont célèbres : l'on en compte environ 200, dont plus de 50 en activité. Presque toutes les montagnes connues sont des volcans. Dans un pays volcanique comme le nôtre, les sources thermales et les solfatares ne peuvent manquer d'être nombreuses. L'on ne cite d'ailleurs — heureusement — depuis l'époque historique que très peu de volcans déversant leurs laves sur les contrées avoisinantes. Le plus souvent l'éruption a lieu au Japon d'une manière spéciale. Les vapeurs contenues à l'intérieur du volcan s'échappent généralement à travers ses fentes en en détruisant les parties les plus faibles. De cette façon les cendres et les pierres brisées qui se sont échappées ne sont pas des laves à proprement parler, mais de simples morceaux arrachés au corps de la montagne.

Aussi les géologues japonais distinguent-ils cette sorte d'éruption de l'éruption véritable en lui donnant le nom d' « explosion ». Comme exemple d'explosion citons celle du Bandai. Les roches ainsi arrachées ne sont pas projetées aussi violemment que le sont les laves. Mais il est vrai d'ajouter que l'explosion est soudaine, qu'il est impossible de la prévoir et qu'à cet égard elle est souvent plus redoutable que la véritable éruption. L'existence de la société n'a, du reste, jamais été compromise.

Les tremblements de terre sont eux aussi célèbres; ils sont fréquents; l'on en compte un important environ tous les douze ans.

Nombreux, comme ils sont, les volcans et les tremblements de terre ne peuvent pas rester sans influence sur le caractère et les mœurs du peuple. Mais voyons-en d'abord les effets directs, immédiats, sur le sol. Les explosions volcaniques sont évidemment très funestes et dangereuses, mais ce sont elles qui ont donné au pays son relief accidenté et les beautés sauvages de ses paysages tels que nous les voyons aujourd'hui; c'est la force volcanique, violente, qui a fait surgir du sol nos montagnes élevées et escarpées, qui comprennent, de leur pied à leur cime, des zones climatériques fort diverses : la zone demi-torride, la tempérée, la demi-glaciale, la glaciale, et par suite, une faune et une flore très variées. Au seul point de vue du climat, les montagnes par conséquent agrandissent le Japon; elles l'agrandissent aussi à proprement parler, puisque leurs flancs sont plus larges que la plaine. À cet égard, les volcans sont pour le pays un précieux avantage.

Mais ce n'est pas tout : les volcans ont une influence sur le peuple. S'il faut en croire l'histoire, Rome qui fut la source de toute la civilisation européenne d'aujourd'hui était bâtie sur des roches volcaniques et c'est là que sont nés, qu'ont accompli leurs œuvres, d'innombrables héros. Pays volcanique, comme l'était Rome, le Japon comme elle, est appelé à remplir une mission civilisatrice; ii doit être à l'avenir la source de toute la civilisation orientale.

La forme géographique du Japon est étroite et allongée : nos montagnes sont escarpées; aussi nos rivières sont-elles le plus souvent des torrents que l'on ne peut rendre navigables et dont on ne peut user pour le transport des marchandises comme l'on use des grands fleuves continentaux. La pente rapide du sol, dont l'effet est encore accentué par des pluies abondantes et soudaines, se trouve être la cause de fréquentes inondations. Ce sont là de graves désavantages. Mais les inondations pourtant ont suscité plusieurs exemples de belle conduite; les peuples japonais, souvent, au mépris de leur vie et s'armant d'un rare courage, ont uni leurs forces contre le flot envahissant pour sauver un village ou un canton menacé, et l'on peut dire qu'à cet égard les inondations jouent un rôle salutaire. Outre cela d'ailleurs, les rivières, à l'aspect très pittoresque, contiennent beaucoup de poissons; leur puissance peut être utilisée par des industries hydrauliques; leurs eaux peuvent servir à l'irrigation; sur leurs bords, les plaines sont fertiles; les deltas, à leurs embouchures, sont généralement très peuplés. Les rivières, à côté de leurs inconvénients, présentent donc aussi des avantages; de tout temps, depuis l'antiquité, elles ont servi de centres à la culture japonaise. Les rivières se répartissent sur six versants : 1° le versant de la Mer d'Okhotsk (Tokorogawa, etc.); 2° celui de l'Océan Pacifique (Tonegawa, etc.); 3° celui de la Mer de Corée (Chikugogawa, etc.); 4° celui de la Mer du Japon (Ishikarigawa, Shinanogawa, etc.); 5° celui de la mer intérieure de Seto (Yodogawa, etc.); 6° celui du détroit de Formose (Tansuigawa, etc.). C'est au versant du Pacifique et à celui de la Mer du Japon qu'appartiennent les rivières les plus importantes; c'est en effet dans ces régions que les plaines sont le plus étendues et qu'il pleut le plus abondamment.

De même qu'il n'a pas de grands fleuves, le Japon n'a pas non plus de grands lacs; mais, par contre, il en a de nombreux et d'origine fort diverse. Tantôt ce sont des rivières qui sont venues se heurter à une digue de terre et de sable entassée par les vents — les marais qui se trouvent en grand nombre dans Hokurikudo sont de ceux-là —. Tantôt ce sont d'anciens cratères aujourd'hui comblés, tel le lac Ikeda dans la préfecture de Kagoshima; tantôt ce sont des cours d'eau que l'éruption d'un volcan a arrêtés. tels les lacs qui se trouvent au pied du Fuji. Ce ne sont du reste pas là les seules espèces de lacs; il y en a d'autres. On exploite les uns et les autres de différentes façons, en les faisant servir comme le Biwako au drainage par exemple.

Les mers qui baignent un pays ont une influence sur son climat, la nature de ses industries et les mœurs de ses habitants. Nous n'aurions donc qu'une connaissance très imparfaite de la géographie du Japon si maintenant nous ne nous attachions à l'étude de ses mers. Ces mers ne sont pas prises par les glaces, l'hiver, si ce n'est sur une faible partie, autour d'Hokkaïdo. L'été, elles sont toutes fort calmes et favorables à la navigation, mais pendant la mauvaise saison, il en est quelques-unes qui sont très dangereuses; la mer du Japon par exemple, le détroit de Formose qui voit de nombreuses tempêtes — les mers proches des Pescadores où le vent souffle si violemment que dans les îles mêmes les plantes ne peuvent pousser, les mers enfin proches d'Hokkaïdo où les brouillards sont si épais que l'on ne peut plus y voir à quelques pas devant soi.

Le détroit de Soya, celui de Corée et celui de For-mose sont assez peu profonds. Il suffirait d'un surélè-vement de 100 shaku[1] pour que la pointe nord d'Hokkaïdo rejoigne l'île Sakkali; de 200 shaku pour que les Pescadores soient reliées à la Chine, et de 400 shaku pour que Tsushima ne soit pas séparée de la

1. 1 mètre = 3,3 shaku.

Corée. Toutefois il y a de très grands fonds ; c'est ainsi qu'à l'est des îles Kouriles, la profondeur la plus grande atteint 28 000 shaku ; dans la baie de Suruga, il est un endroit profond de plus de 6 000 shaku et dans le détroit de Naruto où le courant de la marée, très rapide, a creusé le fond jusqu'à 600 shaku, les grands navires peuvent facilement venir jusqu'au rivage.

La hauteur de la marée varie beaucoup de ce que nous avons appelé tout à l'heure la face antérieure du Japon à la face postérieure. Sur la côte de l'Océan Pacifique il y a en moyenne une différence de 7 à 8 shaku entre la marée haute et la marée basse, tandis que sur les côtes de la Mer du Japon cette différence n'est guère que de 1 à 2 shaku. Cette variation donne naissance dans les détroits à de rapides courants, dans la mer intérieure de Séto, par exemple, et surtout dans le détroit de Naruto, où, s'ils ont à lutter contre eux, les navires n'avancent que très lentement. Les différences de marée, on le voit, sont en rapport direct avec la navigation d'un pays et, par suite, avec sa culture tout entière.

A côté des courants dus à la marée, il faut parler des courants marins proprement dits, qui ont, eux, une tout autre origine. Parmi ceux-ci, ceux dont l'influence se fait le plus sentir sur le Japon sont le Kuroshio — courant chaud — et le Oyashio — courant froid. Nous allons en étudier bientôt les effets sur le climat. Mais dès maintenant faisons remarquer que les mers où coule le Kuroshio produisent beaucoup de bonites et que les pays avoisinants sont humides et chauds. Tandis que les mers sillonnées par l'Oyashio contiennent beaucoup d'algues et que les contrées proches sont sèches et plutôt froides.

Le sol du Japon présente une grande variété de composition; les roches volcaniques, comme les granits ou les gneis, dominent et assurent à la nature une très grande beauté qui entretient le peuple dans d'excellentes dispositions morales : des sites sauvages, beaucoup d'eau, un ciel serein, un air pur où les bactéries ne se développent pas. D'après les géographes, l'Italie est un des pays les plus pittoresques d'Europe; mais son sol est pauvre en granits et en gneis. Il ne contient généralement, surtout autour de Milan et de Florence — les centres de l'art — que des calcaires grisâtres, et la Lombardie, célèbre depuis longtemps déjà par sa production de chaux, a un aspect lugubre et triste sous les reflets du soleil. Cela explique pourquoi, depuis les anciens temps, jusqu'à aujourd'hui, les montagnes n'ont jamais inspiré aux poètes et aux peintres italiens que des idées mélancoliques, à Dante en particulier, ce grand génie qui excelle dans les descriptions de la nature. Si l'Italie avait été plus riche en granits et en gneis, l'érosion eût été plus violente, les monts plus escarpés, les paysages plus sauvages. Par suite aussi

les poëmes qui les eussent décrits, les tableaux qui les
eussent représentés, auraient été plus sublimes et plus
grandioses. Les granits, les gneiss, les roches volcaniques, se trouvent abondamment dans tout le Japon;
c'est une grâce de la nature et les Japonais doivent lui
en savoir gré.

Le climat japonais présente des exemples de tous les
phénomènes atmosphériques ordinaires : différences de
température, pluies, neiges, vents. Tous ces phénomènes
ont des causes complexes : la latitude, l'altitude, la composition du sol, la situation du pays, l'influence des
mers, la direction des courants maritimes et atmosphériques, etc. Parmi ces causes, il en est que nous avons
déjà examinées. Nous allons dire quelques mots maintenant de la température, des courants maritimes, des
vents et des pluies.

Une très faible partie du Japon, son extrémité méridionale, s'avance dans la zone tropicale; une partie
plus importante, son extrémité septentrionale, dans la
zone glaciale; mais en somme, l'on peut dire que le pays
est presque tout entier situé dans la zone tempérée de
l'hémisphère nord. Entouré par les mers de tous côtés,
son climat, tout naturellement, est doux, surtout si on
le compare à celui des régions orientales de l'Asie,
telles que la Mandchourie. Parmi les courants, ceux qui
ont l'influence la plus nette sur le climat japonais sont
le Tsushima et l'Oyashio. Le Tsushima, courant chaud

que forme un bras du Kuroshio, longe la côte nord-ouest du Japon en traversant le détroit de Corée et adoucit dans ces régions la rigueur de l'hiver en faisant s'élever un vent de nord-ouest chargé de pluie et de neige. Le courant froid de l'Oyashio, se dirige, lui, vers le sud-ouest, touche à la côte méridionale et occidentale d'Hokkaïdo, à la côte nord-est de Honshu, et abaisse la température, surtout en été, dans ces différentes contrées. Quant au Kuroshio proprement dit, qui longe la côte méridionale de Honshu, bien qu'il soit beaucoup plus large que les précédents et que sa température soit fort élevée, il n'a pour ainsi dire pas d'influence sur la température de l'île dont il est proche. En hiver en effet, le vent nord-ouest qui s'élève empêche l'air, chauffé par le courant, de pénétrer dans l'intérieur du pays et en été la terre, suffisamment chauffée, ne peut l'être davantage par l'air qui a traversé le Kuroshio et qu'amène un vent de Sud-Est.

La température s'abaisse à mesure que l'on s'avance vers le nord, mais cet abaissement tient moins à la différence de latitude qu'à ce que vers le nord les terres sont morcelées; partant, l'influence des mers moins sensible. La température moyenne de chaque saison ne diffère pas beaucoup selon les régions; toutefois c'est pour l'hiver qu'elle est le plus sensible (elle atteint alors 23°,4) et pour l'été qu'elle l'est le moins (elle n'atteint que 21°,5).

Les courants atmosphériques ont pour cause des changements de température; à chaque changement brusque de la température, correspond une saute des vents. Le Japon se trouve être situé entre le continent et l'Océan; les changements sont nombreux dans la température et par suite dans la direction des vents, changements qu'accentue encore la disposition des montagnes, des îles et des mers. Aussi ne peut-on arriver en cette matière à établir des règles fixes; on observe toutefois que les vents les plus fréquents sont des vents du nord-ouest, du nord et de l'ouest; les plus rares, des vents du sud et de l'est. Peut-être est-ce parce que le Japon est baigné au sud et à l'est par l'Océan Pacifique, tandis qu'au nord et à l'ouest, il n'est séparé du continent que par un étroit bras de mer qui forme couloir. En tout cas c'est en été que soufflent les vents du sud et du sud-est; les vents du nord-ouest ou du nord dominent au contraire pendant tout l'hiver (le Japon a de fertiles rizières, c'est sans doute à la mousson de juin, chaude et humide, qu'il doit sa fécondité).

Aux mois où la saison chaude succède à la saison froide et réciproquement, c'est-à-dire en mars et en septembre (en septembre surtout), s'élèvent fréquemment des vents violents, de véritables tempêtes funestes aux agriculteurs et aux fermiers. Ces tempêtes sont des sortes de tourbillons dont le centre se trouve généralement dans les Philippines ou au voisinage de

Formose. Elles se dirigent vers le nord-est, parcourent les deux îles de Kiushu et de Shikoku, traversent obliquement celle de Honshu et vont se perdre dans celle d'Hokkaïdo.

Comme le Japon est entouré par les mers et comme un courant chaud, le Kuroshio, longe ses côtes, ces tourbillons sont toujours chargés d'humidité; comme, d'autre part, les chaînes de montagnes s'étendent au milieu du pays comme une sorte d'épine dorsale, n'opposent pas d'obstacles aux moussons du sud-est et du nord-ouest, les pluies tombent abondamment, comme nulle part ailleurs dans les zones tempérées; aussi la terre est-elle très facilement irriguée et des sources d'eau pure jaillissent de tous côtés. Des observations précises, portant sur plusieurs années, ont d'ailleurs fait connaître que les hauteurs d'eau varient avec les régions et les saisons. Parmi les différentes régions, celles où les pluies sont les plus abondantes sont la partie orientale de Formose, la partie sud-est de Kiushu, la côte méridionale de la préfecture de Wakayama, la partie septentrionale de celle de Gifu et le littoral de celle d'Ishikawa. Les régions où l'on a au contraire constaté les hauteurs d'eau minima sont la mer intérieure de Seto, les îles d'Ou et d'Hokkaïdo. Si l'on peut facilement extraire le sel de la mer de Seto, c'est que précisément il n'y pleut que rarement, et si les régions que baigne la mer du Japon reçoivent pendant l'hiver des pluies et des neiges abondantes, c'est que les moussons du nord-ouest, arrivant de la mer, viennent se heurter à de hautes chaînes de montagnes; c'est ainsi par exemple que la neige tombe abondamment à Takada (Échigo). Parmi les saisons, les plus pluvieuses sont les mois de juin et de septembre. En juin, une pression atmosphérique très faible s'établit en différents points du Japon en même temps que la température s'élève. Cette pression fort basse ne se déplace que très lentement et est la cause de pluies fréquentes. En septembre, comme nous l'avons dit, de violents tourbillons s'abattent sur le pays, accompagnés de pluies torrentielles. En résumé, c'est en été qu'il pleut le plus abondamment sur la côte est, et en hiver sur la côte ouest.

Concluons. Le Japon s'étend sur 30' de latitude environ et son relief est accidenté. L'on pourrait croire dès lors que son climat est très différent d'une région à une autre; en réalité il n'en est rien; le climat japonais est un climat tempéré qui ne varie guère du Sud au Nord, beaucoup moins en tout cas que sur le Continent et cela par suite de circonstances que nous avons expliquées. Ce climat tempéré a eu une influence considérable sur le développement de la culture japonaise; c'est à lui qu'est dû le caractère égal et gai du peuple. Les montagnes, on le sait, sont fort nombreuses. Ce peuple ne se lasse jamais d'admirer leur aspect grandiose, changeant avec les saisons et le temps, tantôt clair, tantôt sombre, tantôt orageux, et depuis l'antiquité, croit qu'elles sont le lieu d'habitation des esprits. D'une façon générale d'ailleurs, les Japonais adorent la nature et il n'est pas rare de trouver aux sommets élevés des monts ... des temples consacrés aux dieux tels que Daïgongé, et Myojin.

Nous avons eu déjà l'occasion de dire que la composition du sol variait beaucoup. Le Japon est riche en cuivre, en antimoine, en soufre et en houille, assez riche même pour pouvoir exporter une partie de sa production; il contient également beaucoup de minerais de fer. Il est pauvre par contre en or, en argent et en pierres précieuses. Le Japon occupe le troisième rang par sa production de cuivre, et le premier par sa production de soufre et d'antimoine. C'est de plus celui des pays orientaux qui produise le plus de houille. Ajoutons que l'on a récemment trouvé dans un district d'Hokkaïdo de la poudre d'or en assez grande quantité. Enfin le Japon contient des minéraux de toute sorte et surtout de l'argile; ses porcelaines sont célèbres dans tout l'univers.

Pays étroit et allongé, s'étendant, comme nous l'avons déjà vu, du sud au nord sur plusieurs degrés de latitude, entouré par les mers, montagneux, fertile, humide, le Japon nécessairement possède une flore abondante et variée. Le bois, dont on se sert pourtant depuis les temps les plus reculés pour le chauffage et la construction des maisons, ne fait pas encore défaut : les forêts, en effet, sont nombreuses et couvrent en particulier toute l'île d'Hokkaïdo. Les plantes, très différentes, varient avec les régions; énumérons-en les diverses espèces en commençant par le Sud. On trouve des figuiers (arbres des banians) dans Formose et Riukiu, et des camphriers en grande quantité dans Formose également, Kiushu et dans Shikoku. Honshu a de jolis bois de pins, de cèdres et de cyprès japonais; elle a aussi des « sherabes », mais seulement dans ses régions un peu élevées. Hokkaïdo a des « Togamatsu » et au sommet de ses plus hautes montagnes des pins-pumila. On retrouve des pins-pumila dans les plaines des îles Kouriles. Les plantes curieuses ne sont pas rares et les Gionghobioloba, qu'on ne rencontre en Europe qu'à l'état de fossiles, croissent en tous lieux. Quant aux produits agricoles les principaux sont le riz et le blé; on cultive aussi une espèce de fève (*Soja-hispada*), du millet, une variété de millet (*Panicum frumentaceum*), du *Panicum miliaceum*, du sarrasin, du maïs, des racines tubéreuses comme la pomme de terre, etc. On trouve également du thé, du coton, du chanvre, une espèce de radis (natané), de l'indigo, du tabac, des mûriers, etc. Les fruits, d'autre part, sont variés : oranges, raisin, kakis (Diospyros Kaki), poires, nèfles japonaises (Biwa), pommes, etc. Tous ces produits ont, de tout temps, été une source de richesses pour l'État et aujourd'hui, quelques-uns, parmi eux, sont des articles importants d'exportation. Ajoutons que les plantes marines et entre autres, les algues et véroniques aquatiques sont, elles aussi, fort abondantes.

Le Japon formant un archipel dans l'Océan Pacifique n'est sans doute pas très éloigné du Continent, mais malgré tout s'en trouve isolé. De plus, pays fort étroit, il n'a point de régions montagneuses reculées où l'on n'ait jamais pénétré, sans compter que le défrichement s'est beaucoup généralisé. Pour toutes ces raisons, les animaux féroces ne se développent guère au Japon; d'une façon générale les espèces animales ne sont que peu nombreuses et il n'y a que quelques contrées agricoles qui aient à craindre leurs ravages. Le Japon a des sangliers, des singes, des lièvres, des renards, tous animaux communs; comme animaux sauvages, il n'y a guère que des ours et des loups, comme animaux rares, des baleines et des salamandres. Toutefois les oiseaux sont nombreux. Le Japon, en effet, est sur la route que suivent les oiseaux de la zone glaciale et ceux de la zone tropicale lors de leur migration. Aussi en compte-il 381 espèces. Sur ce nombre 145 espèces appartiennent à la zone glaciale, 97 à la zone torride, les 139 autres sont particulières au Japon, ce qui semble prouver que Darwin et Wallace avaient raison quand ils soutenaient que les îles donnent naissance à des espèces nouvelles d'êtres vivants. Les mers qui baignent le Japon sont célèbres dans le monde par leur production de poissons;

traversées par des courants chauds et des courants froids
elles contiennent surtout en très grande quantité des
bonites, des thons, des maquereaux, des sardines, des
sèches. Elles contiennent aussi des harengs, des sau-
mons, des masus (espèce de saumon). La production de
brèmes, de carrelets et de mollusques n'est pas non
plus à négliger. Enfin, aux environs des îles Kouriles
l'on prend abondamment des loutres de mer, des veaux
marins et autres animaux de ce genre.

Avant de terminer ce chapitre, nous allons maintenant jeter les yeux sur les paysages du Japon, car
les paysages, ne l'oublions pas, sont le produit de
l'action combinée du climat et des êtres vivants. Les
différents sites d'un pays sont des peintures ou des
sculptures naturelles disposées à la surface de la
terre, et les pinceaux, les ciseaux qui leur ont donné
naissance ne sont autres, encore une fois, que l'atmosphère, les pluies, la température et le travail des êtres
vivants. L'influence de ces divers éléments sur l'écorce
terrestre se manifeste de différentes façons selon la
composition du sol et son degré de transformations,
mais nulle part, sans aucun doute, aussi nettement
qu'au Japon. Le Japon, pays étroit, mais allongé,
s'étend sur les trois grandes zones géographiques; la
zone glaciale, la zone tempérée et la zone torride, un
courant chaud et un courant froid viennent se confondre
dans ses mers. Ses montagnes élevées, de leur pied à

leur cime, comprennent toutes les variétés possibles du climat; bref les phénomènes météorologiques varient à l'infini. Les Japonais, pourrait-on presque dire, ne seraient pas surpris d'entendre des singes crier sur des bambous couverts de neige, alors que les Indiens ou les Africains ne pourraient même pas se représenter ce phénomène dans leur imagination. « Pruniers, pêchers, abricotiers et sumonos, tous les arbres indistinctement fleurissent en même temps et toutes les fleurs éclosent à la fois », dit un vers de Kassai Yence. « Ah! fable! L'été à Koshi, au milieu des fleurs », dit un vers de Fusen.

L'humidité, les nombreux volcans, la violence de l'érosion, auxquels il convient d'ajouter la diversité du climat ont donné aux sites japonais une beauté élégante et majestueuse à la fois. Parmi les paysages célèbres citons le Fugisan, volcan isolé qui « tient renversé son éventail blanc », le Higashiyama, longue chaîne de terrains sédimentaires, dont « la forme est semblable à celle d'un homme étendu sous des couvertures », le Musashino, vaste plaine quaternaire « éclairée par la lune qui s'élève de ses herbes et qui vient ensuite s'y recoucher ». Citons encore les petites îles graniteuses de la mer intérieure de Seto « semées çà et là, comme autant d'émeraudes et ressemblant à des bijoux étalés sur un plateau », Yabakéi « aux roches monstrueuses dont le chaos forme un pittoresque ensemble », Matsushima qu'a produit l'érosion de la mer, Ama-no-Hashi-daté, qui est une longue pointe de sable, Itsukushima qui doit son charme au flux et au reflux, le lac de Biwa et celui de Fujisan, tous deux d'une égale beauté.

Le caractère japonais doit beaucoup à ces paysages, grandioses et charmants tout à la fois.

« Si quelqu'un me demandait de définir le caractère du peuple japonais, a dit le poète Norinaga Motoori, je lui répondrais qu'il ressemble à un cerisier tout fleuri sous le soleil matinal. » C'est là un vers bien connu de tous les Japonais. Certes le cerisier n'est pas un arbre particulier au Japon, mais ses fleurs qui s'ouvrent toutes à la fois et qui peu de jours après tombent comme des flocons de neige, ont quelque chose de pathétique et d'émouvant qui fait songer à la mort des Samuraï ou des Bushi japonais. « Comme les cerisiers sont parmi les fleurs, les Bushi sont parmi les hommes », dit un proverbe dont le sens est le même que celui du vers de Motoori. Comme lui, il admire ces chevaliers qui « savent mourir sans regret » — ces chevaliers de l'honneur, et fait parfaitement comprendre quel peut être leur caractère.

Pour définir le caractère japonais, on s'est d'ailleurs servi d'autres comparaisons avec les plantes et c'est ainsi par exemple qu'on l'a comparé à un arbre conifère. Les arbres conifères poussent naturellement dans les zones tempérées et demi-glaciale, et sont très nombreux au Japon. L'hiver ne les flétrit point et leurs troncs s'élèvent droit au ciel, bravant la violence des ouragans, symboles de justice, de courage et de sévérité, symboles aussi de la vie des hommes loyaux et de l'inflexible fidélité des femmes vertueuses. « L'histoire de la Suisse tout entière, a dit un historien, est celle d'un peuple ivre d'indépendance; c'est celle du peuple des trois cantons de Schwitz, d'Uri et d'Unterwalden, et ce sont des pins qui ont nourri, façonné le caractère de ce peuple. C'est ainsi que Guillaume Tell, le héros de ce peuple, sorti des sombres forêts, s'est attaqué à la despotique adminis-tration de l'Autriche et que ses concitoyens ont dénoncé, les premiers de tous les Suisses, l'injustice des ecclésias-tiques et du pape. » « Les anciens Normands et les Slaves modernes, ajoute cet historien, ont eux aussi, comme les Suisses, forgé leur caractère, ferme et courageux, sous des forêts de pins. » Les pins, on le voit, ont une influence importante sur le caractère du peuple. Or le Japon est abondamment doté d'arbres conifères, d'espèce fort variée et à cet égard il n'est pas loin de tenir le premier rang parmi les différents pays. Les Japonais pour ainsi dire ont un plus juste titre à s'enorgueillir de leurs pins que les Anglais de leurs

---

1. Guillaume Tell est un personnage fictif. Mais il est certain que les circonstances, à cette époque, avaient donné naissance à des individus formés à son image.

chênes, les Écossais de leurs hêtres, les Italiens et les Espagnols de leurs oliviers.

Les pins du reste ne sont pas seuls à agir sur le caractère du peuple. La nature tout entière est fort belle et chacun des paysages exerce sur lui une influence à laquelle il ne peut se soustraire.

M. Barnet a fait des études sur la « question des pauvres ». Dans l'Inde, dit-il, il est impossible de secourir les pauvres. En Chine, très grossiers et sans aucune moralité, ils ne sont pas dignes d'intérêt. En Amérique on a tenté de leur porter aide, mais toujours sans résultat. Mais au Japon, ajoute-t-il, chaque pauvre espère et comprend ce qu'est la vie sociale. Pourquoi en est-il ainsi? C'est d'abord parce qu'il n'existe pas de grands propriétaires; il n'y a pas de grandes richesses, mais il n'y a pas non plus de grandes misères. Chaque Japonais a sa terre qui le nourrit. Mais ce n'est pas là, la seule raison. Il faut faire intervenir ici précisément l'influence de la nature. Le Japonais est épris de la nature, de la campagne, et sait se contenter de ce qu'il possède.

La Grèce montagneuse donna naissance à plusieurs petits peuples indépendants les uns des autres. La Perse, pays couvert de déserts, donna naissance à des peuples nomades. Les îles et les pays côtiers donnèrent naissance à des peuples colonisateurs ou commerciaux. Quel est donc en définitive le peuple qu'enfanta la nature japonaise?

L'Esprit, grand et juste, répandu par l'Univers,
S'est condensé en essence dans le Pays des Dieux.
Il s'est fait Montagne du Fuji en s'élevant vers le ciel
Et depuis des temps infinis domine majestueusement.
Il s'est fait Océan sans limites
Et entoure les huit îles de ses ondes bleues.
Il s'est fait cerisier couvert de mille fleurs
Auprès desquelles pâlissent toutes les autres fleurs.
Il s'est fait acier cent fois trempé dans l'eau froide
Et sa lame tranchante peut couper chaque chose.

Les hommes : des tigres et des ours.
Redoutables soldats qu'on pourrait prendre pour l'Ennemi.
Quel est le souverain au pays des dieux ?
C'est Ténno (mikado) que vénère chaque génération ;
Il domine l'Univers, comme le vent les herbes,
Et sa vertu brille comme le soleil.

. . . .

Les hommes meurent, mais l'Esprit toujours survit :
Il est la source de toutes les vertus.

Qu'est-ce qui maintient dans la loyauté et la fidélité les
{sujets de la famille impériale ?
Qui les fait humbles et respectueux devant les dieux ?
Qui inspire le poète et arme le soldat ?

. . . .

(Tóko Fujita.)

Les termes sont courts, mais le sens est profond, et de longues et nombreuses phrases ne pourraient peut-être pas dire plus que ces quelques mots.

En somme le peuple japonais est un peuple pratique, propre, prompt, exécutif, assoiffé de progrès, courageux, aux idées optimistes, à l'esprit positif. Quelques-uns ont parfois prétendu que le pays, étroit, dépourvu de longs fleuves, de larges plaines et même de montagnes élevées, comme on en voit sur le continent, devait avoir une population sans noblesse et sans largeur d'esprit, bref que la nature en quelque sorte étriquée, devait avoir communiqué au peuple quelque chose de sa mesquinerie. C'est la condamnation de l'esprit des îles. Laissons-les dire. Nous avons déjà montré que les phénomènes naturels ne suffisent pas à eux seuls à expliquer le fond même de la société. Nous conseillerons seulement à ceux qui soutiennent de telles théories, et qui de temps en temps même, osent s'abriter derrière de prétendus faits historiques, nous leur conseillerons de relire maintes et maintes fois, dans leur intégrité, les vers cités par nous à l'instant.

CHAPITRE III

PEUPLES

Nous avons vu dans la dernière partie du chapitre 1 de ce livre, qu'il n'y avait pas à l'origine plusieurs races, que leur différenciation est un phénomène social et qu'il n'en existe pas de classification rigoureusement scientifique. Le peuple japonais d'aujourd'hui, en particulier, est lui aussi ce que l'ont fait des influences historiques et géographiques, séculaires et toutes spéciales.

A quelles races appartinrent ses ancêtres, d'où sont-ils venus? Les opinions des savants sont très partagées, très vagues encore, et il est vraisemblable qu'elles ne se préciseront de longtemps. Il ne nous appartient pas ici d'examiner ces questions et nous nous contenterons de rechercher les différentes races d'où est sorti le Japon actuel. D'après le *Shinsen Shôshiroku* (livre des généalogies), par Mata Shinno, le peuple japonais descend de trois castes :

« La postérité des dieux du ciel et de la terre est dite *Shimbetsu*; les descendants des empereurs et des princes impériaux sont dit *Kobetsu*, les tribus de *Daïkan* (Chine) et de *Sankan* (Corée) sont dites *Banbetsu*. »

D'après le *Shôshiroku* chacune de ces castes se divise en un certain nombre d'*uji* ou clans. Kobetsu en comprend 333, Shimbetsu 404, et Banbetsu 328. Il faut ajouter à cela 117 clans d'origine incertaine, et qui ont dû subir des croisements, ce qui porte à 1 182 le nombre des clans. Il est à remarquer que Banbessu, c'est-à-dire la caste des étrangers naturalisés, entre pour un tiers dans la composition de la population, et qu'il n'est question dans le *Shôshiroku* que des provinces avoisinant Kioto. Il est donc permis de penser que le nombre des clans étrangers était plus élevé que ne le dit le *Shôshiroku*. C'est en l'an 814 de l'ère chrétienne, c'est-à-dire il y a plus de mille ans, que parut le *Shôshiroku*. Depuis lors la population s'est multipliée et l'immigration, considérable, a eu pour résultat de mêler au sang japonais des sangs étrangers. Mais le peuple japonais s'est si parfaitement assimilé ces éléments étrangers qu'il n'en reste plus trace, même dans les noms patronymiques. La tendance à la fusion se manifeste de bonne heure et le fait que Inkyo-Tenno (Tenno-l'empereur) fut obligé de remédier à la confusion des noms de famille par le serment de l'ordalie de l'eau chaude (Kuga-dachi) en est la preuve ; les peuples d'origine étrangère établis au milieu des Japonais préféraient ne pas conserver leurs noms étrangers. Cela du reste ne devait pas nuire à l'unification des peuples au point de vue administratif; mais à cette époque où la société était divisée en castes, on pouvait craindre pour l'ordre social. Le nombre des castes fut fixé à huit sous le règne de Temmu-Tenno; sous celui de *Konin-Tenno* il le fut à trois, les trois « Betsu » que mentionne Mata-Shinno; plus tard enfin à quatre. Mais les populations d'origine étrangère, mécontentes de ce système, s'approprièrent frauduleusement les noms de certaines familles célèbres, ce qui rendit leur identification incertaine. Depuis ce temps-là, les castes ont plusieurs fois encore changé de nom; à une époque ultérieure la population fut divisée de la manière suivante : les maisons des princes impériaux (Shinnō-Ké); les maisons des nobles de la Cour (Kô-Ké), les maisons des guerriers (Bu-Ké ou Samuraï), les commerçants (Chōnin), les cultivateurs (Hva Kusho) et les parias (Éta). Après la révolution d'Ishin (meiji 1848), la nation fut divisée en quatre classes :

1° Famille impériale (Kôzoku).

2° Familles des nobles (Kwazoku).

3° Familles des gentilshommes (Shizoku).

4° Peuple (Héimin).

Mais ces familles ne sont plus à proprement parler des castes séparées; elles ne constituent plus guère que les degrés d'une hiérarchie sociale; des liens de parenté les unissent, et font de la société japonaise un tout.

Quels peuples se sont groupés pour donner la race actuelle des Japonais? Il est malaisé de le dire. Il semble qu'on peut ramener à ceux-ci les éléments qui la constituèrent.

<table>
<tr><td rowspan="5">PEUPLE JAPONAIS</td><td>1° Tribu Yamato.</td><td rowspan="5">Banbetsu.</td><td>Kobetsu</td><td>postérité d'Amaterasu-Ômikami,</td></tr>
<tr><td>2° — Kumaso-Hayato.</td><td rowspan="4">Shinbetsu</td><td>postérité des dieux du ciel (Amatsukami)</td></tr>
<tr><td>3° — Tsuchikumo.</td><td rowspan="3">postérité des dieux de la terre (Kunitsu-Kami).</td></tr>
<tr><td>4° — Ezo (Ainu).</td></tr>
<tr><td>5° Les peuples immigrés, de Corée, de Chine et d'autres pays.</td></tr>
</table>

Il faut ajouter à ce tableau les habitants de l'âge de pierre; les uns pensent qu'ils constituaient la tribu Tsuchikumo, ou les peuples de Shukushin; d'autres veulent que la tribu Ezo remonte à cette époque; d'autres enfin, croient que les Colobockles, une tribu spéciale, a été celle des habitants de l'âge de pierre. Les opinions les plus puissantes sont les deux dernières; il ne nous appartient pas de prendre parti ici; mais il est certain qu'une tribu spéciale habitait Honshu il y a environ trois mille ans.

L'origine de l'homme remonte à environ deux cent mille ans. Si nous admettons que les hommes primitifs aient appartenu à la même souche, il faut admettre aussi que les tribus qui peuplaient le Japon à l'époque la plus reculée, étaient venues d'ailleurs, à moins que le Japon n'ait été précisément leur berceau. Nous n'avons aucune tradition à cet égard. Les vestiges que l'on retrouve de ces époques lointaines, sont rares dans les régions du sud-ouest, plus nombreux dans les régions de Kwanto, et ils diminuent à mesure que l'on avance vers le nord-est. On ne peut affirmer que ces vestiges soient tous dus à la même tribu, mais il y a entre eux beaucoup d'analogies, et il semble bien qu'ils appartiennent à une même tribu légèrement différenciée. En résumé, les restes de l'âge de pierre sont peu nombreux au sud; ils le sont davantage vers le nord, ceux du sud sont grossiers de main-d'œuvre et plus raffinés au nord; dans le midi on les trouve enfouis à une assez grande profondeur; ils le sont moins profondément en avançant vers le nord : aux environs de Kwanto, on les trouve à deux ou trois pieds de profondeur, et à Hokkaïdo ils sont à la surface même du sol. On pourrait conclure de ces faits que les peuples de l'âge de pierre avançaient du sud-ouest vers le nord-est et qu'ils finirent par se cantonner dans le nord. On ne retrouve parmi ces ruines aucune trace de métal, il semble bien par conséquent que ces peuplades n'en aient pas connu l'usage. Au contraire la tribu Yamato, dès son installation au Japon, sut exploiter les mines et fit usage des métaux. Si donc les peuples de l'âge de pierre avaient vécu à la même époque et dans une même région que la tribu Yamato, il est probable que des échanges entre ces deux peuples auraient eu lieu, qu'ils se seraient fait la guerre, qu'ils se seraient mutuellement pillés, et que l'on retrouverait parmi leurs vestiges des objets propres à la tribu Yamato, ce qui n'est pas. Ces deux faits indiquent bien que les peuples de l'âge de pierre ne fusionnèrent pas avec les ancêtres des Japonais et qu'ils ne vécurent ni à la même époque, ni dans la même région que ceux-ci. C'est pourquoi nous ne les avons pas comptés parmi les éléments qui, combinés, ont donné le peuple japonais.

D'autres peuples encore ont été exclus du tableau précédent, qui cependant, aujourd'hui, font partie du peuple japonais; ce sont les populations de Formose et des Pescadores, annexées au Japon depuis peu, à la suite de la guerre sino-japonaise; ce sont d'une part des Chinois, d'autre part des sauvages, quelques-uns cannibales encore. Leur naturalisation récente ne leur a pas permis encore de fusionner avec la race japonaise, mais ce fusionnement ne peut manquer de se produire d'une manière absolue, comme l'ont prouvé déjà des précédents historiques. Ce fusionnement n'ayant pas encore eu lieu, nous n'avons pas cru devoir faire figurer dans le tableau précédent ces populations.

Le nombre des Européens et des Chinois devenus Japonais par la naturalisation ou le mariage a toujours été en s'augmentant, celui des Coréens[1] également, surtout

1. La Corée dépend maintenant du Japon, et commence à s'assimiler à celui-ci.

depuis la guerre russo-japonaise, et il y a tout lieu de penser que ces liens se resserreront tous les jours davantage. Il n'est pas douteux que tous ces éléments étrangers ne s'assimilent, avec le temps, de plus en plus à la population japonaise, qu'ils n'en prennent l'esprit et les mœurs, et qu'ils ne contribuent pour leur part à la prospérité de l'État, comme le firent naguère les « betsu ». Toutefois ne serait-il pas sage d'enfermer ce mouvement dans de certaines limites? Rappelons-nous des faits qui se sont produits sous les empereurs *Keiko* et *Jingu*, de *Kônin* et de *Kwammu*; rappelons-nous qu'à ces différentes époques, il fallut intervenir pour rétablir l'ordre compromis précisément par des éléments étrangers insoumis; rappelons-nous qu'il faut « fermer les fenêtres et les cimenter avant que la pluie tombe ».

Examinons brièvement les éléments proprement dits du peuple japonais, mentionnés au tableau des populations, et voyons quelle a été sur la société l'influence de la fusion de ces divers éléments.

I

Selon *Shôshiroku* le clan *Yamato* se divise en *Kobetsu et Shimbetsu*. Les descendants d'*Amaterasu Ômikami*, les dieux du ciel (Amatsukami) et les dieux de la terre (Kunitsukami) ont donné naissance à ce clan.

« Les dieux de la terre », c'est ainsi que s'appelaient les peuples qui habitaient notre pays avant que le petit-fils d'Amatersu Ômikami y fût descendu. Lorsque le petit-fils céleste y descendit de Takamagahara (Ciel), ils le reconnurent maître de la terre et d'eux-mêmes, car il était du sang de leur patriarche. « Les dieux du ciel, c'est ainsi que fut désigné le cortège du petit-fils céleste. »

Où se trouvait le Takamagahara, berceau du peuple japonais et à quelle race appartenait le clan Yamato? questions difficiles à résoudre. Selon les uns, Norinaga-Matoori et son école en tête, Takamagahara se trouvait dans le « Ciel bleu »; d'autres, comme Teijo-Ishe, Haku-shéki-Arai, Nanrei-Tada, pensèrent qu'il faisait partie du territoire du Japon. De nos jours les érudits inclinent à croire que c'était un pays d'outre-mer, tel que la Corée, la Chine, ou encore une partie de l'Inde ou de l'Océanie. Quant à la race, les uns veulent que ce soit celle des Aïnu (Ezo), d'autres les Tartares ou les Asiatiques occidentaux, d'autres encore les Coréens ou les Chinois ou les Malais, ou bien encore les deux races des Malais et des Magels. Il serait malaisé de dire qui a raison, mais cela importe peu quant au développement et à la formation de la société japonaise.

Il est dès maintenant acquis qu'il faut placer hors du Japon le berceau du peuple japonais. Il semble que le

Japon fut envahi à deux reprises différentes, et par deux régions différentes ; l'une de ces régions fut Idzumo dans Chugoku, l'autre fut Tukachiho dans Kiushu.

Ces deux peuples envahisseurs appartiennent à une même race ; l'histoire de *Shindaï* ou de l'époque des dieux n'est autre chose que l'histoire de l'hostilité et de la réconciliation de ces deux peuples. Ils entrèrent en lutte à plusieurs reprises ; mais deux dieux, Futsunushi et Takemikazuchi, étant descendus à Idzumo, porteurs d'un ordre d'Amaterasu Ômikami, le souverain d'Idzumo, Ôkuninushi no Mikoto, se soumit aussitôt. De ce moment, l'unification du pays était commencée. Le petit-fils d'Amaterasu Ômikami, Ninigi no Mikoto, descendit sur terre un peu plus tard, et Jimmu-Tenno subjugua ensuite la partie orientale du pays. C'est ainsi que la société japonaise sortit de la tribu Yamato, pour suivre le courant de la civilisation. La tribu Yamato est donc bien le centre du peuple japonais et pour emprunter à l'astronomie une comparaison, elle est le soleil dont toutes les autres tribus sont les planètes.

II

La tribu *Kumaso* et la tribu *Hayato*. Quelques-uns pensent que ces deux noms désignent une même tribu, d'autres qu'ils désignent deux tribus différentes. Les partisans de la première opinion font remarquer que c'est précisément à l'époque où le nom de Kumaso disparut, que le nom de Hayato apparut dans la même région, et que de plus la tribu qui le porta se montra hostile au gouvernement comme l'avait été celle de Kumaso.

La seconde opinion prétend que la tribu Hayato descend de Honosusori no Mikoto; le *Shoki*, l'un des plus anciens ouvrages historiques, et le *Shoshiróku* autorisent cette opinion : la tribu en effet y est mentionnée comme faisant partie de Shinbetsu; or ceci prouverait bien qu'elle diffère de Kumaso et qu'elle appartient à la tribu Yamato. Kumaso contracta avec Yamato de nombreuses unions, et à un moment donné elle fut assez puissante à Kiushu. Mais une fois subjuguée par Jingu-Kogo, elle perdit peu à peu sa puissance et sa personnalité et finit par se fondre dans la tribu Hayato. La première version est celle qu'admettent les érudits; ils pensent que les partisans de la seconde acceptent sans un contrôle suffisant les documents anciens et que les faits rapportés dans le *Shoki* et le *Shoshiroku* ont pu être ajoutés à une date postérieure dans l'intention, déjà, d'expliquer l'origine de la tribu Hayato.

La question qui se pose maintenant est celle-ci : à quelle race les tribus Kumaso et Hayato appartenaient-elles et d'où venaient-elles? Là encore nous nous heur-

tons aux mêmes difficultés, les opinions sont multiples,
et aucune d'elles ne paraît définitive. Les uns veulent y
voir des Coréens, d'autres les peuples désignés sous le
nom de Wajin, dans le *Shinsho* (histoire de Shin, une
des dynasties de la Chine) qui « se tatouent le visage
et le corps, et se disent les descendants de Taihaku »;
d'autres encore pensent que ce sont eux, qui partis de
l'Océanie, sous l'action du courant marin, avaient été
amenés au Japon. Cette dernière opinion est celle de
M. Yonekichi Miake, et c'est l'une des plus plausibles.
« Il arrive souvent, dit-il, que poussés par le courant
marin, les habitants de l'Océanie abordent aux côtes
d'Osumi et de Satsuma, et le docteur Baeltz remarque
que les habitants de ces contrées ont en effet beaucoup
d'analogies avec les populations de l'Océanie; il se pourrait donc que la tribu Kumaso soit venue de l'Océanie. »
En résumé, Kumaso et Hayato se distinguèrent par leur
bravoure et leur humeur batailleuse; elles occupèrent
Osumi, Satsuma et les îles avoisinantes, et furent continuellement en lutte avec le gouvernement. Ces révoltes
furent réprimées par Keiko-Tenno en personne, par
Yamatotaké no Mikoto et par Chuai Tenno, et elles aboutirent à l'expédition de Jingu Kogo en Corée[1]. Celle-ci mit
fin aux rébellions de Kumaso dont le nom disparut alors
de l'histoire. Cent ans après la répression de Kumaso,
sous le règne d'Inkyo-Tenno, Hayato se souleva à son

1. An 200 av. J.-C.

tour; sous les règnes de Seinei et de Kimmei[1], elle commença sa soumission, et depuis lors, à part quelques insurrections, elle se disciplina insensiblement. La cour du reste prit soin de l'y aider par des dons nombreux et en lui donnant accès à certains grades. C'est ainsi que les Hayato commencèrent à faire partie de la tribu Yamato. Un certain nombre d'entre eux furent appelés à la cour, d'autres vinrent se fixer dans la capitale. On ne sait à quel moment précis fut institué par la cour *Hayato Tsukassa* (gouverneur de Hayato), à qui la surveillance des Hayato au service de l'empereur était confiée. Mais le fait que le *Nihon Shoki* parle de certains pages Hayato à la cour de Richu-Tenno prouve que cette institution remonte à une époque assez lointaine. Le nombre des Hayato au service du souverain et le nombre des fonctions auxquelles ils pouvaient avoir accès sont indiqués aux paragraphes de Emonfu dans *Taihoryo*. Les premiers temps, les Hayato qui furent ainsi en service se fixaient dans la capitale, mais ils retournaient ensuite dans leurs provinces; ils finirent cependant par se fixer définitivement dans la capitale, et perdirent peu à peu leurs caractères essentiels, renonçant à leurs coutumes, contractant des unions avec la tribu Yamato et ils finirent enfin par s'absorber dans celle-ci. Cependant ceux qui demeurèrent dans leurs provinces gardèrent au contraire leur personnalité et

1. 480-3 av. J.-C.

leur caractère indépendant et brave ; aujourd'hui encore, malgré certaines transformations que leur a imposées la civilisation, ils sont dignes de porter le nom glorieux de *Satsuma-Hayato*.

III

La tribu *Tsuchikumo*. Le mot Tsuchikumo signifie : qui s'enferme dans la terre et désigne d'une façon générale les troglodytes. Un passage du *Settsu Fudoki* (topographie de Settsu) que cite *Shaku Nihonki* (commentaires de Nihonki) en donne une preuve. « Ces peuples, dit le passage en question, vivaient dans les cavernes ; c'est pourquoi l'empereur les qualifia de Tsuchikumo ». Dans son manuel de l'histoire du Japon, M. Yonekichi Myaké dit d'autre part : « Ces peuples appartenaient à la race des Malais, ou en tout cas à une race voisine de la race nègre. Ce sont eux qui ont laissé au Japon des vestiges de l'âge de pierre. » Cette opinion ne paraît pas tout à fait fondée et n'est pas digne, par conséquent, d'être généralement acceptée ; mais il n'en est pas moins vrai que de tous les anciens peuples du Japon, ce sont ceux-là qui ont le plus de points communs avec les peuples de l'âge de pierre ; comme les peuples de l'âge de pierre, ils se sont en particulier, répartis sur une très vaste partie de territoire. Il n'est pas douteux, en effet, qu'ils se soient répandus largement dans l'île de Kiu-Shu, dans les provinces proches de la capitale, et plus loin, dans les provinces orientales et du nord-est. Les preuves n'en manquent pas, et nombreux sont les ouvrages d'histoire ancienne, les descriptions topographiques qui en font foi ; nous nous dispenserons de les citer ici. Quant à la question de savoir ce que devint cette tribu des Tsuchi-kumo, elle est fort obscure et les recherches historiques n'ont pu l'élucider. Il est probable qu'elle remonta peu à peu vers le nord et qu'elle finit par s'anéantir, au moment où la tribu des Aïnus reflua, elle aussi, vers le nord, en s'assujettissant à la tribu des Yamato, en s'assimilant complètement à elle et en perdant aussi ses caractères propres.

IV

La tribu *Eso* (Aïnu). Reconnaissons-le tout de suite : l'histoire généalogique de cette tribu est aujourd'hui encore très obscure. « Le peuple japonais a son origine dans la tribu des Aïnus, prétend un Américain, M. Griffis. Les différences très considérables, ajoute-t-il, que l'on relève aujourd'hui entre ces deux peuples, proviennent de causes géographiques ; les différences de civilisation tiennent à ce que les Japonais proprement dits restèrent au sud, dans des régions chaudes et fertiles, où ils se développèrent largement, où la vie économique fut tout naturellement intense, où les progrès venant du continent asiatique purent facilement pénétrer. Quant aux différences corporelles, elles tiennent à la différence de climat et à ce que les Japonais, dans les régions méridionales où ils s'étaient fixés, prirent l'habitude d'un bain quotidien. » Mayori Kurokawa parle, lui aussi, de la tribu Ezo. « Le mot Ezo, dit-il, est le synonyme du vieux mot japonais *émishi*, sous lequel on désignait jadis tous ceux qui ne se soumettaient pas à l'autorité de l'empereur, qui bravaient ses ordres avec audace, qui se refusaient à payer les impôts; bref, tous ceux qui manquaient à leurs devoirs de citoyens. Le mot *émishi*, par conséquent, qualifie certaines personnes, mais il n'est pas le nom d'une race, et par conséquent aussi, les Aïnus d'aujourd'hui sont des Japonais qui autrefois se sont retirés dans les provinces du nord et dont la civilisation depuis est restée stationnaire ou même regressa. » Quant à nous, nous estimons que les différences que l'on relève entre la tribu des Aïnus et le peuple japonais sont trop nombreuses et trop considérables : différences de langue, différences de mœurs, différences physiques de corps et de visage, pour qu'on puisse les attribuer à des influences géographiques et économiques qui ne se seraient en somme exercées que pendant un temps relativement court. Aussi M. Baeltz, ex-professeur à l'Université impériale de Tokio, soutient-il que les deux peuples appartiennent à deux races différentes et que celle des Aïnus est plus proche de la race européenne que de la race mongole. Il n'est pas seul de cet avis, mais personne n'a pu préciser encore à quelle race appartiennent les Aïnus, ni de quels pays ils venaient quand ils se sont installés au Japon. C'est pourquoi, il nous semble qu'il convient d'en faire une race indépendante, sans les vouloir rattacher à quelque autre race.

Dans toutes les histoires du Japon, depuis « Nihonki », sont étudiés avec netteté les rapports du gouvernement avec les Emishi; depuis l'époque où Ohiko-no-Mikoto fut envoyé à Hokurikudo et où son fils Takénukamawaké le fut à Tôkaidô, jusqu'à l'époque où deux mille ans plus tard, après la révolution d'*Ishin* (1868), le gouvernement japonais décida que le territoire occupé par la tribu *Ezo*[1] s'appellerait désormais *Hokkaïdô* et que ce territoire deviendrait l'équivalent d'un grand département. L'histoire de ces rapports constitue donc bien en effet une partie importante de l'histoire du Japon.

Voici la liste des principaux événements auxquels Ezo fut mêlée, avec leurs dates et celle des principaux chefs qui y jouèrent un rôle :

[1]. Avant l'époque d'*Ishin* le nom d'*Ezo* s'appliquait à la fois à la province et à la tribu de ce nom. Depuis cette époque, la province est désignée sous le nom d'*Hokkaïdo* et la tribu sous celui d'*Aïnu*. C'est à tort que les géographes français continuent de désigner cette province sous son nom ancien d'*Ezo*.

ÈRE CHRÉTIENNE	COMMANDANTS	REMARQUES
95	Takeuchi-no-Sakune.	
110	Yamatotake-no-Mikoto, Kibitshiko.	
	Ōtomo-no-Takéhi.	
138	Mimorocake-no-iço.	
367	Kamitsukeno-Tamichi.	Tamichi mourut dans la défaite.
637	Kamitsukeno-Katana.	Katana fut mis en déroute.
658	Abe-no-Hirafu.	
659	Abe-no-Hirafu.	On établit le Shiribeshi-gōri; c'était le commencement d'une organisation politique en Ezo.
709	Kose-no-Maro.	La barrière de Deva fut construite.
721	Tajiki-no-Maoito.	Kamibatano-no-Hirohito, qui remplissait la fonction d'Azeki, fut tué en 722. la barrière de Teya fut construite.
725	Fujiwara-no-Uai.	Saiki-no-sakune-no-komaro fut tué.
773	Ōtomo-no-Surugamaro.	Cette époque vit l'apogée de la puissance d'Ezo.
776	Ki-no-Hirozumi et Saiki-no-Kurumaro.	Hirozumi fut mis en déroute; en 780, il fut tué. Alors, la cour nomma Fujiwara-Tsugunawa général, puis le remplaça en vain par Fujiwara-Oguromaro.
784	Ōtomo-Yakamochi.	
788	Ki-no-Kosami.	Il fut rappelé après avoir été mis en déroute.
791	Ōtomo-Kayamaro et Sakune-no-Tamaramaro.	En 794, ils revinrent et remportèrent des succès.
810	Sakanoue-no-Tamuramaro.	En 811, il construisit le château d'Izawa à Michinoku et y transporta le siège de la défense (Chinjufu).
812	Fumiya-no-Watamaro.	Depuis lors, les tumultes des sauvages de l'est cessèrent entièrement.
878	Ono-no-Harukaze et Fujiwara-Yasunori.	Les sauvages de l'ouest s'apaisèrent depuis.
1056-62	Minamoto-Yoriyoshi et Minamoto-Yoshiei.	Ce fut le tumulte de Abe-Yoritoki; parmi ses hommes il y avait beaucoup d'Ezo. Cette guerre dura près de neuf ans.
1457-59	Takeda-Nobuhiro.	
1512	Kōno-Suémichi, etc.	Tous furent mis en déroute; on fut alors pendant longtemps impuissant à apaiser Ezo; de 1522-31 la lutte fut la plus acharnée.
1581	Takeda-Sadhiro, le petit-fils de Nobuhiro.	Il répara le château de Matsumai par l'ordre de Hideyoshi.
1670	L'époque de Shōgun-Ietsuna.	

Les Ezo, on le voit, formèrent au Japon, un peuple barbare fort puissant et semèrent pendant longtemps, sous les règnes différents, l'inquiétude et la révolte. Comment, si puissants, ont-ils fini par s'assimiler complètement à la tribu Yamato? Ce fut, sans doute, sous l'influence du développement de la société de beaucoup supérieure, mais ce fut aussi en grande partie sous l'influence de la politique des empereurs successifs, qui traitèrent les captifs avec beaucoup de douceur en les envoyant dans les régions intérieures, et qui de la sorte contribuèrent largement à leur soumission. Voici pour le montrer un passage extrait du chapitre de Keikō-Tennō dans le *Nihon-Shoki* :

« Les Ezo captifs que l'on avait retenus à Ise, dans le temple consacré à Jingu, furent si bruyants, si irrévérencieux que Yamato-Himé fut forcé d'ordonner qu'on les conduisît à la cour auprès de Mimoro-Yama. Ils n'y étaient pas depuis longtemps qu'ils saccagèrent la montagne sainte et menacèrent les habitants des villages voisins. L'empereur en apprenant ces nouveaux désastres et comprenant leur caractère indiscipliné, se rendit compte qu'il était impossible de garder les Ezo aux environs de la capitale et leur distribua selon leurs désirs des terres dans les régions éloignées. Ces Ezo furent les ancêtres des *Saékibé* qui habitent actuellement les cinq provinces de Harima, Sanuki, d'Ise, d'Aki et d'Awa. » Ce texte n'est du reste pas le seul à nous prouver que les Ezo furent de bonne heure répartis dans les régions intérieures; il y a, pour nous le dire, plusieurs autres documents. Tous ils nous font connaître que l'on gouvernait les Ezo en les soumettant à l'autorité de chefs de sections (*Bucho*) et en leur confiant des terres à cultiver. C'est ainsi que peu à peu cette tribu, au début si violemment indépendante, finit, sous l'influence civilisatrice de la tribu Yamato, par s'assimiler à elle, ainsi que nous l'avons déjà dit, pour constituer l'un des éléments les plus importants de la population japonaise. De bonne heure du reste, dès qu'ils consentirent à abandonner leurs mœurs barbares, ces peuples furent traités comme les peuples civilisés. Ceci nous est prouvé par un passage du chapitre de Saga-Tenno dans le *Nihonkōki* :

« Les sauvages fidèles ou captifs furent par un décret du 1ᵉʳ décembre 815 répartis dans des provinces déterminées. Mais comme les fonctionnaires et les habitants de ces provinces continuèrent à les désigner encore sous les noms de prisonniers ou de sauvages, comme ceux-ci d'autre part, familiarisés déjà avec des mœurs plus civilisées, en furent fort humiliés, une ordonnance fut promulguée par laquelle il fut interdit de les désigner désormais sous ces noms et décidé qu'on leur donnerait leurs titres, et à défaut de titres, leurs noms de famille. »

En prenant cette mesure aussi conciliatrice, le gouvernement pensait bien hâter l'assimilation des Ezo à la tribu Yamato; mais quand même il ne l'eût pas prise, un certain nombre d'Ezo auraient spontanément sollicité la faveur de devenir des citoyens japonais. Il est en effet deux catégories d'Ezo : les montagnards et les cultivateurs; ce sont ces derniers, civilisés de meilleure heure et dont les noms se trouvaient déjà inscrits au *Saimeiki* qui auraient offert de payer les impôts, réclamé le droit de cité et revendiqué des noms de famille, ayant honte de leur origine barbare.

Le gouvernement avait besoin des Ezo pour défricher et cultiver la terre; aussi sa ligne de conduite à leur égard fut celle-ci : encourager leur immigration en servant leurs intérêts, en flattant leur ambition, et si parfois il fut contraint à les réprimer à main armée, le plus souvent une politique généreuse, tout en n'étant pas dépourvue de fermeté, suffit pour gagner leur fidélité et adoucir leurs mœurs. Les dons qu'on leur fit, les dignités qu'on leur accorda, les noms qu'on voulut bien leur octroyer, finirent par les gagner entièrement au gouvernement et ils s'assimilèrent enfin si complètement à la tribu Yamato qu'ils ne laissèrent d'eux aucune trace.

V

1. Les *étrangers naturalisés*. — Les étrangers naturalisés furent surtout des Chinois et des Coréens; ils furent

désignés de noms différents selon les époques où ils arrivèrent et selon les régions d'origine. Ce furent par exemple les peuples de Shiragi, de Koma, de Mimana, de Shin, de Kan, de Gi, de Go, de Zui et de Tô. L'histoire les mentionne tous et les décrit avec précision ; tous furent légalement naturalisés. D'autres peuples abordèrent sur les côtes du Japon, poussés par le courant marin. La naturalisation n'est pas essentiellement moderne, mais elle est sûrement devenue plus commune à mesure que les relations internationales sont devenues plus faciles. Les peuples naturalisés dont il est question ici ne sont donc que ceux qui contribuèrent le plus à la formation de la race japonaise actuelle.

Quelle fut la ligne de conduite suivie par le gouvernement vis-à-vis de ces peuples naturalisés? Il est naturel qu'un gouvernement aussi généreux pour les sauvages que le fut le gouvernement japonais, nous l'avons vu, fût également bienveillant aux citoyens naturalisés; l'immigration d'ailleurs ne pouvait avoir pour les Japonais qu'une heureuse influence en élargissant leurs connaissances, en contribuant à étendre leur société. Les régions les moins peuplées et les moins cultivées, *Kwankyo* (région peu peuplée), furent choisies pour leur établissement; ceci nous explique comment, malgré de nombreuses exceptions, nous les trouvons surtout installés dans les provinces orientales où les *Kwankyo* étaient en plus grand nombre. Les citoyens naturalisés chargés d'instruire les Japonais dans les arts et les sciences furent établis aux environs de la capitale. Les individus ainsi naturalisés étaient tenus de rester dans les concessions que leur avait assignées le gouvernement; on leur donnait une habitation, et ils ne pouvaient se déplacer sans y être autorisés. « Taihoryo », le premier recueil de lois, en fait foi.

Cependant, le principe directeur, toujours le même, de générosité et d'assimilation, rendit très rapidement les mesures restrictives dont les naturalisés étaient l'objet, moins rigoureuses, et d'années en années celles-ci devinrent plus douces. On les dota de champs, on leur fournit les semences nécessaires, les instruments agricoles; bientôt ils furent exemptés de corvées de toutes sortes et retournaient-ils à leur pays natal, une indemnité de voyage leur était accordée. Puis on leur accorda des noms de famille, des dignités aussi, et il arriva qu'ils furent appelés aux fonctions publiques, même les plus élevées. C'est en raison du respect où les Japonais tiennent leur race et tout ce qui est de chez eux, qu'ils ont dans les premiers temps pris diverses mesures restrictives à l'égard des naturalisés. C'est aussi, en grande partie, par crainte. Le gouvernement eut peur quelque temps que les peuples naturalisés, depuis peu sous sa protection, ne se fussent pas encore attachés au pays ». Ils sont naturalisés en la forme, pensait-il, mais dans les cœurs couve encore le germe de la rébellion. Qu'une invasion ait lieu et ils nous trahiraient. » Et en fait, quelques rébellions éclatèrent, mais rares; peu à peu, ils s'assimilèrent les mœurs japonaises, les unions se multiplièrent entre eux et la tribu Yamato, et les enfants, nés en grand nombre de ces unions, se fondirent en une seule grande tribu.

La race japonaise n'est donc pas simple : c'est le produit de divers peuples venus de pays étrangers, pour lesquels le Japon fut une sorte de creuset où tous fusionnèrent. Il en sortit un peuple nouveau d'une grande unité malgré tout, d'une unité à peu près unique au monde. « Il n'est sous la voûte céleste aucune terre qui n'appartienne au roi, sur aucune côte d'aucun pays, il n'est un homme qui ne soit sujet du roi », l'idée qu'exprime cette phrase proverbiale n'est pas fausse. Cette assimilation merveilleuse est due à plus d'une cause, en particulier aux anciens édits impériaux, mais aussi aux conditions naturelles et géographiques où se trouve la société japonaise. Sous le règne de Tenchi-Tenno, les enfants chantaient : *Les baies de Tachibana croissent sur des branches différentes, il nous est pourtant permis de les enfiler sur un cordon unique.* Cette ballade était à la louange du règne sous lequel les naturalisés de *Kudara*, malgré leurs origines diverses, étaient traités par le souverain commun dans la patrie commune de la même manière que les purs Japonais. Le poète Sanyo-

Rai chantait : *Quand par une matinée de printemps, l'on aperçoit l'adorable spectacle du Miyoshino, quand la lumière naissante tombe sur les cerisiers en fleurs, les Chinois ou les Coréens même sentiraient s'éveiller en eux l'esprit de Yamato.* La psychologie japonaise tient dans ces quelques lignes.

Le nombre des races qui se trouvent dans un pays est pour beaucoup dans son unité. Si un pays n'est formé que d'une seule race, l'unité de l'État et de la société demeure entière, car l'esprit et les mœurs du peuple sont uniformes. Par contre, s'il y a plusieurs races dans un pays, les fondements de l'État ne peuvent être solides, des troubles dans la société sont inévitables. Au Japon pourtant, bien qu'il y ait eu à l'origine diverses races, venues de points différents, la politique à la fois sévère et généreuse de la race Yamato qui en fut le centre, et la supériorité des conditions naturelles, ont produit une fusion complète, une race nouvelle et vaillante, destinée à jouer à travers les âges un rôle important, le Japon.

Si la force d'une société dépend de l'unité de la race, la constitution physique, le caractère et les sentiments de l'individu entrent pour une large part eux aussi dans le développement de la société. Ces qualités dépendent en grande partie, nous l'avons dit en passant, dans le précédent chapitre, où nous avons étudié les différentes influences qu'a subies le Japon, de la nature même du pays. Nous n'y reviendrons donc pas, nous nous contenterons de dire un mot seulement de la constitution physique des Japonais, nous parlerons ensuite de la population. Si nous allons, pour le moment, laisser de côté la psychologie du peuple japonais, qui pourtant logiquement trouverait sa place ici, c'est que d'une part cette question demande un développement long et détaillé que nous nous proposons de faire dans un chapitre spécial, le chapitre I du livre III; c'est que d'autre part la psychologie d'une nation en général est une chose fort complexe, résultat d'une foule de phénomènes.

La constitution physique des individus a sur le développement de la société une influence considérable qui, sans parler de celle du caractère, vient immédiatement après celle de l'état de pureté ou de mélange du sang. La société dont les individus sont robustes et capables de fournir un long effort, promet un développement sain. Une société, au contraire, dont les individus sont chétifs et faibles, est incapable de supporter un travail prolongé et si elle se surmène, cet effort a un contre-coup sur la reproduction qu'il ralentit. Une société composée de tels éléments doit renoncer à jamais à se développer. D'une façon générale, lorsqu'on essaie d'introduire la civilisation chez les peuples sauvages, leur population décroît; c'est sans doute parce que leur corps n'est pas fait pour ce nouveau genre de vie. Or, au Japon les individus sont de petite taille et leur force physique n'est pas très grande; mais la nature de leur civilisation est en harmonie avec leur constitution. Dès l'antiquité, ils furent laborieux et diligents; c'est par leur travail qu'ils ont pendant trois mille ans soutenu leur pays et qu'ils ont amené la société au degré de civilisation où elle se trouve. C'est surtout depuis l'ouverture du pays, il y a cinquante ans, et depuis la révolution qui eut lieu quinze ans plus tard, que les Japonais se sont approprié au prix d'un effort considérable la civilisation européenne, résultat de plusieurs siècles d'exp'rier es cruelles. Cela tient sans doute à divers facteurs, mais cette activité est loin de déterminer au Japon une diminution de la population, qui, au contraire, s'accroît sans cesse. Longtemps cependant les patriotes se sont demandé avec inquiétude si la petite taille des Japonais et leur peu de force ne les empêcheraient pas de rivaliser avec les autres nations. Les succès nombreux que le Japon a remportés récemment ont prouvé le contraire. Il faut que les Japonais se disent bien que la petitesse et la faiblesse du corps sont des infériorités, tout au moins dans le cas où les deux nations comparées possèdent, d'autre part, toutes les mêmes qualités. Nous voulons dire qu'une race quelconque de taille et de force supérieures à celles de la race japonaise, par exemple, ne peut être considérée comme lui étant absolument supérieure qu'à condition de présenter toutes les autres qualités physiques et intellectuelles qui lui sont propres.

Or le corps est un fruit de l'esprit et les Japonais ont déjà récolté un beau fruit intellectuel; d'ici peu, ils récolteront un beau fruit matériel, car leur corps est propre au travail. Un corps grand et vigoureux joint à un esprit excellent, serait comme des fleurs sur un brocard; les effets sur la société en seraient inestimables. Il ne nous est pas donné d'agir immédiatement sur les proportions du corps qui dépendent de plusieurs facteurs, mais il est aisé de développer notre force physique et c'est un devoir pour tout Japonais de tendre vers ce but.

Nous avons déjà à la fin du chapitre i de ce livre étudié au point de vue sociologique la question générale de la population, voyons comment elle se pose au Japon. La population d'une société, nous l'avons déjà dit, varie avec l'émigration et l'immigration sans compter les causes naturelles, telles que la mort et les naissances.

Le Japon a de tout temps été un lieu de migration, puisque les Japonais sont les descendants de peuples venus de l'étranger; de plus la fécondité de la tribu indigène était remarquable, comme l'indique le nom ancien *Améno-Masuhito* (peuple qui se multiplie). Nous n'avons cependant sur la population de l'antiquité aucune donnée exacte, à cette époque lointaine, les pays occidentaux mêmes ignoraient la statistique. Seuls, pour une période de mille ans, deux ou trois documents nous ont été transmis, qui aient pu être contrôlés approximativement, et ce que nous avancerons ne saurait donc être rigoureusement exact, mais nous donnera un aperçu de ce que fut la population du Japon pendant l'antiquité.

La vérification la plus ancienne de la population du Japon date de l'an 610 de l'ère chrétienne; d'après *Taishi-Den* (biographie de Shôtoku-Taishi), elle était de 4 988 882 âmes. *Ho kushi Wako-kuden* (le chapitre du Japon), nous apprend que le Japon est divisé en 120 *kuni* (département); qu'un *kuni* est la réunion de 10 communes et une commune celle de 80 familles. Nous pouvons conclure de là, qu'il y avait alors au Japon 120 *kuni*, 1 200 communes, 96 000 familles, soit 4 800 000 âmes. Ceci nous confirme bien que la population à l'antiquité était d'environ 5 000 000 d'âmes. En 736, d'après *Jugen-Iko* (œuvre posthume de Jugen), elle est d'environ 8 000 000 d'âmes, et ce serait par conséquent accrue de 3 000 000 d'âmes. Nous pourrons nous faire une idée de la population à l'époque Héian d'après *W'amyo-Shô* (Commentaire des substantifs japonais); cet ouvrage nous donne le nombre des arrondissements et celui des communes : 592 arrondissements, 735 communes. D'autre part, dans un rapport que fit à l'empereur, sur le *kuni* Samuki, dont il était gouverneur, Sugawara-Michizané, en l'an 888, il est question de « 89 communes et 200 000 âmes ». Il ressort de ceci

que la population d'une commune est en moyenne de
2247 âmes; multiplions ce nombre par celui des communes, nous obtenons le chiffre de 8 393 000.

Si nous en croyons le bonze Chenén qui voyagea en
So (nom de la Chine sous la dynastie de So) et dont
l'histoire de So rapporte la parole, le nombre total des
communes dans une province, autour de la capitale et
dans 7 do (réunion de plusieurs provinces) est de 3 722;
multiplions par ce nombre la population d'une commune en 888, et nous obtiendrons celui de 8 474 400 habitants. *Wamyosho* est de la même époque que Shohei
de Shujaku-Tenno, 931-937, l'histoire de So est de 982
environ; nous pouvons en tirer cette conclusion qu'au
milieu de l'époque de Héian la popula--- -du Japon
s'élevait à 8 500 000. Au temps de Tekt ··· ·· statistique a fait quelques progrès. Nous savons de
source exacte par *Kyúchú Hisaku*, secrétaire de la cour,
qu'en 1744 la population atteint le chiffre considérable
de 25 680 000. Nous pouvons inférer de ce qui précède
que dans l'intervalle de mille ans qui sépara le règne de
Shomu-Tenno de Tokugawa la population du Japon a
triplé. D'après *Shokoku-Ninzucho* (cahier de la population des diverses provinces) paru douze ans plus tard,
en 1756, la population était de 26 060 000 habitants et
en 1828 elle était de 27 200 000. Ceci, malgré de nombreuses erreurs sans doute, nous donne une idée de
l'accroissement si considérable de la population du

Japon, depuis l'antiquité jusqu'à la fin du règne de Tokugawa. Après la révolution d'Ishin, au commencement de Méïji, on fit au Japon un recensement officiel, d'après lequel la population était en 1872 de 33 110 000, en 1889 elle s'élevait à 40 042 020. Après la guerre avec la Chine, le Japon s'accrut de Formose, ce qui augmenta sa population de 2 800 000 âmes; elle fut alors de 47 000 000 et en 1901 elle atteignit 50 000 000.

Pour nous résumer, la population du Japon s'est décuplée dans l'intervalle d'un millier d'années qui sépare le règne de Suiko-Tenno de celui de l'empereur actuel; elle ne cesse du reste d'augmenter et l'appellation de *Améno-Masu-hito* ne se dément pas. Le tableau suivant a été établi d'après les chiffres qui précèdent.

A. — TABLEAU (avant 1868).

Ère.	Population.	Multiplication par cent.
610	4 988 812	
736	8 000 000	0,43
931	8 393 000	0,03
981	8 476 400	0,02
1711	23 680 000	0,27
1756	26 060 000	0,12
1828	27 200 000	0,06
1872	33 110 000	0,49

B. — TABLEAU (après 1868).

Date.	Jour de vérification.	Population.	Multiplication par cent.
1872	le 29 janvier.	33 110 825	
1873	le 1er janvier.	33 300 675	0,57
1874	—	33 625 678	0,07
1875	—	33 597 440	1,11

B. — TABLEAU (après 1868) [*suite*].

Date.	Jour de vérification.	Population.	Multiplication par cent.
1876.	le 1ᵉʳ janvier.	34 338 404	1,00
1879.	—	33 768 584	4,16
1880.	—	35 929 060	0,45
1881.	—	36 358 994	1,20
1882.	—	36 700 118	0,94
1883.	—	37 017 302	0,86
1884.	—	37 431 764	1,17
1885.	—	37 868 987	1,11
1886.	—	38 154 217	0,73
1916.	le 31 décembre.	38 507 177	0,93
1817.	—	39 069 691	1,46
1818.	—	39 607 234	1,38
1819.	—	40 072 020	1,17
1820.	—	40 453 464	0,95
1821.	—	40 718 677	0,66
1822.	—	41 089 940	0,91
1823.	—	41 338 313	0,73
1824.	—	41 813 213	1,03
1825.	—	42 270 620	1,09
1826.	—	42 703 264	1,04
1827.	—	43 228 864	1,22
1828.	—	43 763 855	1,24
1829.	—	44 260 642	1,14
1830.	—	44 813 980	1,24
1831.	—	45 437 032	1,29
1832.	—	46 022 476	1,29
1833.	—	46 732 844	1,54

Le tableau A est dû à nos calculs, le tableau B a été dressé d'après les statistiques officielles de l'Empire du Japon. Les chiffres donnés pour l'année 736 indiquent une augmentation particulièrement surprenante, il se peut que le chiffre de 8 000 000 ne soit pas d'une exactitude rigoureuse, il indique néanmoins un accroissement rapide de la population depuis Suiko jusqu'à l'époque de Nara, et d'une manière générale, ces tableaux nous

montrent la tendance constante de la population du
Japon à s'accroître. Si nous nous fondons sur l'augmentation de la population entre les années 1822 et 1831
donnée au tableau B, la population doublerait en
63,3 ans. Toutefois les faits ont démontré dans divers
pays, que la population n'augmentait pas suivant les
termes d'une progression mathématique; il y a à cela de
nombreuses raisons : crises financières, épidémies,
famine, guerre, etc.; de plus l'accroissement de la population ralentit forcément à mesure que sa densité est
plus élevée. Malgré tout si l'on compare le Japon aux
pays suivants, il est incontestable que sa population augmente relativement vite[1].

Angleterre.	1,04 p. 100	France	0,09 p. 100
Autriche.	1,17 —	Hongrie.	1,21 —
Belgique.	1,00 —	Allemagne	1,11 —
Italie	1,21 —	Hollande	1,49 —

Ces chiffres ne peuvent pas infirmer notre raisonnement parce qu'ils ne portent que sur une année. Mais
voici le temps que dans les pays suivants la population
mettrait à doubler. Pour arriver à ces résultats, nous
avons fait des calculs fondés sur l'augmentation de la
population pendant dix ans dans ces différents pays,
nous constaterons que notre observation se trouve à peu
près vérifiée :

1. Tableau de recensement de 1898 pour la France; 1899, pour les
autres pays.

Angleterre. . . . . 78·9 ans. | France. . . . . 323·0 ans.
Allemagne. . . . . 460 — | États-Unis d'Amérique. 35·6 —

Si nous comparons la densité de la population par mille carré, à celle des autres pays, nous trouvons :

Belgique . . . . 588,7 p. 100 | Allemagne . . . . . . 270,0 p. 100
Russie d'Europe. . . 51,0 — | Angleterre . . . . . 341,6 —
Autriche . . . . 233,8 — | États-Unis d'Amé-
Japon (sans Formose). 302,8 — | rique . . . . 21,4 —
Russie (tout entière). 13,3 — | France . . . . 190,7 —
Hongrie. . . . . . . 159,5 · | Italie . . . . 203,5 —

Le Japon pour la densité de sa population vient immédiatement après la Belgique et l'Angleterre. On ne peut pas, de la densité élevée de sa population, conclure sans précautions à la supériorité d'un pays, cela ne constitue en effet une supériorité que si d'autres conditions sont remplies. Aujourd'hui du moins, il n'en est plus comme dans l'antiquité. La nature n'impose plus aux sociétés comme jadis une limite au delà de laquelle leurs populations ne peuvent pas s'accroître sans courir le risque de manquer d'aliments. Grâce au développement de l'industrie et des différents moyens de communications une population peut vivre, quelle qu'en soit la densité et même si les moyens de subsistance dans le pays font défaut, pourvu qu'elle soit riche pour acheter au dehors tous les aliments nécessaires ; c'est ce que prouve l'Angleterre qui importe d'outre-mer les trois quarts de sa nourriture.

Nous pouvons donc nous féliciter pleinement de l'augmentation de notre population, symbole du déve-

loppement de l'énergie et de l'extension nationales. Il
nous reste à étudier l'influence directe de la population
sur l'organisation sociale. La proportion des sexes, par
rapport à la population, est la même au Japon qu'en
Italie, en Grèce, aux États-Unis et en Serbie. Les
hommes y sont en plus grand nombre que les femmes. La
population, calculée d'après les registres de l'état civil, est
à la fin de 1903, pour le pays entier, de 23 131 270 femmes
et de 23 601 571 hommes. Il est difficile de dire quelles
seront les conséquences de ce fait; d'une façon générale
une population où le nombre des hommes est égal à
celui des femmes constitue une condition favorable au
développement de la société. Mais si le maintien de cette
société exige une puissance économique considérable, il
est préférable que le nombre des hommes excède celui
des femmes. Aussi les statistiques de la population japonaise nous révèlent-elles une tendance plutôt avantageuse.
En Europe le nombre des hommes est inférieur à celui des
femmes dans les pays du nord, mais il tend à devenir
supérieur à mesure que l'on avance vers le sud. L'annuaire statistique du Japon nous fait voir que c'est
l'inverse qui se produit et que c'est dans les provinces
septentrionales que les hommes sont relativement plus
nombreux que les femmes. La proportion des sexes dépend
de la naissance, de la mort, et de l'émigration. Si les
hommes sont plus nombreux que les femmes dans les
provinces du nord et surtout à Hokkaïdo, il faut en attri-

buer la raison à l'immigration; il en est de même pour l'Amérique qui fut la terre des colons, et si les femmes sont plus nombreuses en Europe, c'est sans doute parce qu'un grand nombre d'hommes s'expatrient et émigrent vers le nouveau monde. En Amérique le nombre relativement faible des femmes fait qu'on les respecte; il en est de même à Hokkaïdo.

Voici d'après l'annuaire des statistiques, d'âge en d'âge, la proportion des sexes :

Age.	Nombre d'hommes pour 100 femmes.
0-5	102,22 p. 100.
6-10	102,21 —
11-15	102,15 —
16-20	101,89 —
21-30	102,19 —
31-40	101,17 —
41-50	106,61 —
51-60	103,89 —
61-70	92,72 —
71-80	80,32 —
81-90	61,50 —
91-100	51,65 —
101-	31,52 —

Nous voyons d'après le tableau précédent que les individus du sexe mâle sont relativement plus nombreux que ceux du sexe féminin jusqu'à l'âge de cinq ans; ensuite la proportion diminue peu à peu et de seize à vingt ans le nombre des hommes est à peu de chose près égal à celui des femmes. Puis il s'élève de nouveau et c'est entre quarante et un et cinquante ans qu'il atteint son maximum. Pendant les années qui suivent, il recommence à baisser. C'est une circonstance très heureuse pour un état, que l'excès des hommes sur les femmes, précisément, aux années où ceux-ci sont le plus propres à la reproduction, de vingt et un à cinquante ans; et c'est peut-être ce qui au Japon contribue au développement de l'énergie nationale. Si dans les années qui suivent, et qui sont celles de la vieillesse, la proportion des femmes redevient supérieure à celle des hommes, c'est d'une part que les travaux plus pénibles de ceux-ci les exposent davantage aux accidents de toutes sortes, et d'autre part qu'ils se laissent fréquemment entraîner dans des circonstances qui abrègent leur vie, telles que le dérèglement et le crime. Il en est de même partout. Comparons à présent la population des villes à celles des campagnes. Tous les pays civilisés des temps modernes voient leur population augmenter; et dans toutes les sociétés quelles qu'elles soient, c'est dans les villes que cette augmentation est la plus considérable. Il en est ainsi en Angleterre, en Allemagne, en Amérique et même en France où cependant l'augmentation est très lente. Le développement de la cité caractérise les sociétés d'aujourd'hui, le Japon ne fait pas exception à cette loi.

	DATES		+ AUGMENTÉ — DIMINUÉ
	1894	1898	
Habitants des cités et des communes dont la population est au-dessous de 10 000 en proportion par cent de la population totale	84,36	* 82,36	—
Habitants des cités dont la population est 10 000-20 000. . .	4,11	4,39	+
Habitants des cités dont la population est 20 000-50 000. . .	3,51	3,85	+
Habitants des cités dont la population est 50 000-100 000 . .	1,98	1,70	—
Habitants des cités dont la population est 100 000-200 000. .	0,74	0,93	+
Habitants des cités dont la population est 200 000-300 000. .	0,48	1,01	+
Habitants des cités dont la population est 300 000-400 000. .	0,76	0,78	+
Habitants des cités dont la population est 400 000-500 000. .	1,14	manque	
Habitants des cités dont la population est de plus de 500 000.	2,89	4,93	+

Il ressort de ce tableau que les villes du Japon suivent la tendance générale à l'augmentation. Tokyo, la capitale du Japon, occupe par sa population le cinquième rang parmi les capitales. En examinant la répartition de la population dans les communes où le nombre des habitants en 1898 est inférieur à 10 000, nous avons pu faire une constatation intéressante; la voici. Les statistiques suivantes :

RÉPARTITION DE LA POPULATION DANS LES COMMUNES	De moins de 500 habitants.	0,44 p. 100		
	De 500 à 2 000	13,20	—	82,36.
	De 2 000 à 5 000	53,80	—	
	De 5 000 à 10 000	14,92	—	

nous apprennent qu'il y a au Japon un nombre considérable de communes dont la population varie entre 2 000 et 5 000. Comment cela se fait-il? C'est que ces petites villes, restes du régime féodal, dont l'abolition est encore assez récente, n'ont pas encore eu le temps de disparaître; mais il est évident, étant donné le développement rapide des grandes cités, que celles-ci sont destinées à disparaître.

Nous aurions encore beaucoup de questions à envisager : la question de la criminalité, celle du mariage, etc., etc.; mais nous pensons que les limites de ce chapitre nous l'interdisent et nous en remettons l'étude à plus tard. Il est nécessaire toutefois que nous expliquions par quoi les statistiques de la population japonaise sont parfois inexactes.

L'histoire de l'Europe nous fait voir que les affaires concernant le mariage, la naissance et la mort étaient du ressort du clergé; jamais l'État n'osa intervenir. Par suite les registres où ces affaires furent consignées sont restés les archives de l'église. Il importe cependant, à l'État et à la société d'être tenus au courant de ces questions dont dépendent en grande partie les obligations où l'État est tenu vis-à-vis des individus. Aussi, au cours du développement de l'idée nationale, du perfectionnement des institutions et de tous les organes de l'État, du ressort du clergé dont relevaient auparavant ces affaires, elles passèrent peu à peu à celui de l'État. Bientôt il appartint à l'État seul de les régler; l'église à son tour n'intervint plus que dans l'accomplissement de la cérémonie. La valeur juridique ne fut réelle qu'après le décret de l'État; dès lors ces affaires furent consignées dans les registres de l'État, tenus ave cinfiniment plus de soin. Il en est ainsi actuellement dans la plupart des pays civilisés.

Que la société japonaise se soit trouvée avant la révolution dans les mêmes conditions que les sociétés européennes d'autrefois, à cet égard, rien que de très naturel. Mais, qu'au Japon désormais civilisé, aucun recensement n'ait encore été effectué de façon précise, c'est là une notable infériorité. La société japonaise, dira-t-on, n'a guère eu le temps, jusqu'ici d'aborder une telle entreprise, appliquée qu'elle était aux remarquables progrès qu'elle a accomplis, dans des domaines très divers, depuis ces quelques dernières années : les statistiques du Japon n'en demeurent pas moins imparfaites.

Au début du règne actuel, un recensement direct et régulier fut effectué, mais depuis, chaque année, on se contente d'en rectifier les résultats par des additions et des soustractions approximatives, si bien qu'avec le temps des erreurs si graves se sont produites, que l'exactitude des chiffres est aujourd'hui tout à fait insuffisante.

Et voici pour quelles raisons :

1° Bien des gens, chaque année quittent le pays sans faire la déclaration de leur départ, s'échappent pour ainsi dire. Parmi eux beaucoup meurent, qui, sur le registre, restent portés comme vivants. Par contre bien des gens qui se sont « échappés », mais dont le départ a été découvert, sont, en vertu d'une loi sur le recensement, rayés du registre comme morts, qui vivent peut-être quelque part.

2° On constate chaque année qu'un nombre considérable d'individus viennent s'inscrire, dont on avait négligé de déclarer la naissance, ou dont les noms avaient été, sur les registres, objets d'erreurs; ce qui conduit à penser qu'on ignore encore bien des existences.

3° On omet chaque année de déclarer la mort de plusieurs milliers d'individus; d'autres, s'apercevant qu'ils ont été enregistrés deux fois, viennent réclamer la suppression d'un des deux noms; il est donc permis de penser qu'il existe encore nombre d'erreurs de ce genre.

4° A l'occasion du mariage ou des déplacements on change de registre, les noms; en cas de naissance ou de mort, c'est après la déclaration qui se fait de vive voix, et parfois aussi par l'intermédiaire de la poste, qu'on apporte aux registres des rectifications. Il arrive qu'en raison de la distance ou de la lenteur des opérations de bureau des noms rayés dans une région ne se trouvent, pas encore, au jour de la vérification générale, inscrits dans une autre ou que certaines déclarations ne sont pas parvenues; de là, de nouvelles erreurs.

En résumé le chiffre total ne peut pas être exact.

Il existe une autre forme de recensement, le recensement à demeure. Le ministère de l'Intérieur fait relever, chez eux, le nombre des individus, afin de savoir le nombre total des individus logés. Ce nombre encore est inexact, car les déclarations le sont et voici par quelles raisons :

1° Déclaration de séjour. La déclaration de séjour n'est jamais rigoureuse, et il est difficile d'exiger qu'elle le soit. L'erreur est d'autant plus considérable que la ville est plus, une ville où l'on passe. Au total elle atteignait récemment 1 000 000.

2° Les déclarations de mariage, de divorce ou d'adoption ne sont pas faites aussi tôt qu'il faudrait. Il arrive ainsi que les individus ne sont pas enregistrés à leur nouveau domicile; la même erreur se produit à l'occasion des naissances et des décès.

3° Pour les criminels emprisonnés, ils sont enregistrés à la fois à leur domicile et en prison, si toutefois leur condamnation n'a pas encore été prononcée; leur nombre sur les registres se trouve ainsi doublé.

Les chiffres statistiques sont de deux sortes : absolus et relatifs. Les premiers ne sont pas sans importance, l'importance des autres est néanmoins plus considérable. Celle surtout, de ceux qui permettent d'établir une comparaison entre les chiffres de la population et certains phénomènes en rapport avec elle. La plupart de ces phénomènes sont propres à des régions déterminées; les chiffres statistiques relatifs ont par conséquent pour autre terme de leur rapport le chiffre de la population totale dans ces mêmes régions. C'est ainsi que les statistiques financières, par exemple, qui portent sur les conditions de productions commerciales, de répartition et de consommation, que les statistiques morales qui portent sur les crimes et les suicides, font saisir les mouvements de ces différents phénomènes suivant les époques et les contrées, mais toujours par rapport au chiffre de la population aux époques correspondantes et dans les mêmes contrées.

Des statistiques relatives peuvent de la même manière être établies entre les diverses nations. On le voit : le chiffre de la population est toujours à la base des calculs; dès lors tant qu'il sera inexact, qu'il soit le résultat du recensement direct ou du recensement à domicile, les statistiques relatives, inexactes elles aussi, ne sauront être appliquées aux sciences. Il est donc nécessaire que les statistiques japonaises soient faites avec exactitude et qu'une vérification rigoureuse ait lieu. Il est très heureux, par conséquent, que le gouvernement japonais ait promulgué en 1902 une loi réglementant le recensement et sa vérification. Aux termes de cette loi cette vérification devait commencer en 1905 et se faire régulièrement tous les dix ans; exceptionnellement la seconde devait avoir lieu cinq ans après la première. L'objet de cette vérification n'a pas été exactement délimité; il le sera bientôt sans doute, par décret particulier, mais il est évident qu'elle porte sur le chiffre de la population. La première vérification aurait dû être faite cette année, la guerre ne l'a pas permis, nous espérons qu'elle aura lieu aussitôt la paix signée.

Le progrès ou le déclin d'une nation sont liés aux variations de la population; de nos jours tous les pays civilisés à deux exceptions près : la France, et l'Irlande, voient leur population augmenter. En France la population reste stationnaire, en Irlande elle diminue. La principale raison de cette infériorité de l'Irlande, est, nous l'avons vu au chapitre premier du livre II, l'émigration. Pour la France les raisons sont multiples et compliquées; de nombreux sociologues, des économistes, des savants, des écrivains, s'en sont préoccupés.

Émile Zola est du nombre; dans *Fécondité* il a exposé sa théorie contre Thomas Malthus, et engage avec véhémence à la procréation les jeunes gens que la paternité effraie.

Voici, d'autre part, à peu près ce que disait dans un de ses numéros la *Revue du Commerce et de l'Industrie* : « Nous ne demandons pas que des modifications soient apportées dans l'organisation ni dans la législation de la famille. Mais, si le progrès du commerce est insuffisant, ce n'est pas que le besoin de luxe ne se fait pas sentir dans toutes les classes de la société, c'est bien que nous manquons d'hommes à envoyer à l'étranger, et dans les colonies, tandis qu'en Angleterre et en Allemagne la population, que le territoire ne suffit plus à contenir, s'expatrie et peu à peu ses descendants fondent une nouvelle patrie. »

D'une façon générale les gens compétents pensent que cette diminution de la population est le résultat :

1° Des appréhensions politiques.

2° De plusieurs révolutions et de plusieurs guerres.

3° De l'augmentation des taxes, contributions; du service militaire obligatoire.

4° De la vieillesse de la race.

5° De la répartition des biens.

6° De l'émigration des campagnes vers les villes.

7° Du développement de la prostitution.

8° Des avortements.

9° Des naissances avant terme.

10° De l'augmentation du luxe.

11° De la cupidité excessive et des besoins de luxe.

12° De l'alcoolisme.

Voici comment ils pensent qu'on puisse remédier à cet état de choses. Il faut :

1° Protéger et surveiller l'enfance; lui faire éviter les travaux pénibles et les fardeaux trop pesants.

2° Imposer les célibataires (hommes et femmes).

3° Priver de droits politiques les célibataires.

4° Attirer les étrangers en France (La terre de France peut suffire à une population de 53 millions).

5° Imposer les veufs.

6° Encourager en leur donnant une subvention, les familles nombreuses.

7° Fixer un minimum d'enfants et récompenser qui le dépasse.

8° Donner droit de vote double au père do plus de deux enfants.

9° Fonder des ligues anti-alcooliques.

La statistique suivante permettra de se faire une idée de l'augmentation de la population des pays civilisés :

Pays.		Augmentation p. 100.	Diminution p. 100.
Allemagne,	1890-1895	1,11	
—	1895-1900	1,56	
Écosse,	1891-1896	0,73	
—	1896-1901	1,40	
Japon,	1888-1893	1,14	
—	1893-1900	1,23	
Angleterre,	1891-1896	1,13	
—	1896-1901	1,11	
Italie,	1896-1900	0,74	
Russie d'Europe,	1885-1897	1,20	
France,	1891-1896	0,02	
—	1896-1901	0,06	
Irlande,	1881-1891		0,75
—	1891-1901		0,42

En Allemagne et en Écosse l'augmentation de la population est ainsi plus rapide encore qu'au Japon même, dont quelques personnes trouvent la population trop élevée : celles-ci préconisent alors pour ce pays le système *Zweikinder* (deux enfants) : ce serait à notre sens une erreur au point de vue sociologique.

Nous l'avons constaté, de tout temps la population du Japon a augmenté, et les empereurs furent nombreux qui encouragèrent cette augmentation, il est nécessaire pour la réalisation de notre idéal de progrès et de puissance que cette marche ascendante se poursuive. M. Roosevelt, président des États-Unis, disait le 6 décembre 1904 :

« Voir naître peu d'enfants et voir la plupart mourir n'est pas bon signe, il ne vaut guère mieux les voir survivre, faibles de corps et d'esprit : tout peuple ainsi constitué, inévitablement doit tomber en décadence quelles que soient sa richesse et ses ressources matérielles; de tels biens durent peu. » Nous ne dirions pas autrement.

LIVRE III

PSYCHOLOGIE
DE LA SOCIÉTÉ JAPONAISE

CHAPITRE PREMIER

CONSCIENCE NATIONALE DES JAPONAIS

Ce qu'on désigne par « phénomènes psychologiques »
se confond avec ce qui est entendu par « phénomènes
conscients » puisque aussi bien la conscience est insépa-
rable de l'activité psychologique.

Certains psychologues considèrent la conscience
comme un phénomène; d'autres comme un épi-phéno-
mène : il ne convient pas d'entreprendre ici la critique
ni l'examen de ces théories.

Quoi qu'il en soit la conscience est un élément essentiel de l'activité spirituelle. Il est malaisé de la concevoir directement, par suite, de la décrire et de la définir.
Nous saisissons à peu près les phases de son développement, mais son origine demeure inexpliquée; elle est,
dit M. Wundt[1], enveloppée de ténèbres. Sa nature aussi
est inconcevable, et l'étude du mécanisme cérébral ne
saurait la faire découvrir[2].

1. Wundt, *Grundzüge der physiologischen Psychologie.*
2. Du Bois-Reymond, *Reden, über die Grenzen des Naturerkennens.*

Elle se développe, s'intensifie, s'éclaircit peu à peu, prend une vie centrale, agit sur le monde extérieur : c'est en quoi consiste l'activité consciente.

La société également possède une activité consciente : il est nécessaire toutefois de revenir à cette question. Nous avons indiqué (ch. ii du livre I") la comparaison souvent établie entre la société et l'homme : nous avons vu naître la psychologie des peuples, puis la psychologie sociale. Nous avons reconnu, au moment de donner de la société une définition, que de parler d'un organisme, d'une conscience sociale, et de relever une analogie entre la société et l'être vivant ou même l'homme, permet d'en mieux comprendre le caractère. Nous désirions surtout au chapitre ii esquisser une idée générale de la société et notre intention n'était point de toucher au grand problème encore irrésolu par les sociologues d'aujourd'hui.

Nous voulons, ici, dire notre opinion à ce sujet :

Nous croyons qu'il est facile de répondre à cette question : faut-il considérer la société comme un organisme? La réponse dépend de la signification donnée à « organisme ». Le mot organisme est, à l'origine, un terme technique de biologie. Si l'on prend ce mot dans le sens où il est pris par les biologistes, la théorie qui fait de la société un organisme nous paraît fausse, et nous ne voulons reconnaître qu'une très faible anologie, qu'il est commode de remarquer. Mais si on élargit le sens du mot, si on lui fait désigner essentiellement l'être vivant, alors il est juste de considérer la société comme un organisme, car malgré les différences, la société et l'être vivant présentent bien des traits communs. Ainsi la société, selon nous, sera ou non un organisme selon ce qu'on entendra par organisme. Mais nous reconnaissons que le second sens est un peu détourné : aussi au lieu d'organisme avons-nous préféré dire, corps organisé pour définir la société.

Mais, par contre, quoi qu'on entende par conscience, la comparaison de la société à un corps conscient nous paraît justifiée ; nous y voyons mieux qu'une comparaison imaginaire, fondée sur une simple analogie. Tandis que le sens biologique d'organisme est très net, très précis, la signification de conscience, nous l'avons vu, est étrangement complexe, indéfinissable. Mais, pour nous, une fois encore, nous pensons qu'il faut reconnaître l'existence d'une conscience sociale, dont est vrai ce que nous avons pu dire de la conscience humaine au début de ce chapitre : il n'y a pas seulement analogie ; la société est, en fait, un corps conscient.

Quel rôle les savants attribuent-ils à l'activité psychologique dans la formation d'une société : Gumplowicz considère, comme le phénomène fondamental, le choc, la réunion et l'assimilation mutuelle de différentes tribus ; Novicow, la mitigation du choc par le choc et par l'alliance des groupes ; De Gréef, le contrat ; Durkheim, une sorte de contrainte qui de l'extérieur s'exerce sur l'esprit de l'individu, sa vie intellectuelle, affective, en un mot sur son action; Tarde, l'imitation; Le Bon, la psychologie des foules; Giddings la conscience de l'espèce et la socialisation. Nous n'entreprendrons point de critiquer chacune de ces opinions, toutefois nous dirons quelques mots de la théorie de l'imitation de Tarde et de celle de la conscience de l'espèce de M. Giddings, car ces deux théories se complètent pour ainsi dire l'une l'autre.

Voici en un mot l'essentiel de la théorie de l'imitation : la relation entre les individus n'est autre chose que la relation entre les esprits; or lorsque deux esprits entrent en contact, ils s'imitent nécessairement. Analysez par exemple le langage de chaque jour : est-il une phrase, un mot qui ne soit imitation pure? il n'en va pas autrement de l'idée, de l'action; tout acte est déterminé par l'imitation.

Cette théorie présente un point faible : il est douteux que cette imitation, si elle est toute mécanique, ait été le point de départ de l'organisation sociale actuelle. Une telle imitation n'est point l'imitation au vrai sens du mot; elle est toute superficielle, une sorte de « mot à mot » qui ne peut guère entraîner d'importantes conséquences. L'imitation vraie est par-dessus tout sympatique.

La théorie de la conscience de l'espèce semble compléter la précédente : selon elle, l'imitation la plus socialement effective se produit lorsque des êtres de même espèce entrent en contact, car alors il y a entre eux, sympathie. Mais, d'autre part, si on en entreprend l'analyse, le phénomène de la conscience de l'espèce paraît bien complexe : il semble que les êtres semblables ne se cherchent, ne s'aiment, ne s'aident, qu'une fois groupés en société. Aussi il faut dans la psychologie sociale ne tirer parti de ce phénomène de la conscience de l'espèce, qu'avec une extrême circonspection. On concevrait volontiers la conscience de l'espèce comme la conséquence de l'activité sociale : mais dire que la société est le résultat de cette conscience, voilà qui semble bien renverser la relation de cause à effet.

Ce qu'il faut retenir de cela c'est qu'à la base de la conscience de l'espèce se trouve la sympathie. L'imitation, d'une part, précède dans la conscience sociale la sympathie, mais, d'autre part, elle demeure sans effet, tant qu'elle n'en est pas accompagnée. D'où il semble résulter que le principe essentiel de la conscience sociale, est bien la sympathie. Reste à savoir s'il est possible de distinguer absolument sympathie et imitation.

La sympathie selon Darwin est une émotion primitive; et, à son développement, ce savant attribue toutes les émotions qui se manifestent dans la société : on soulève aujourd'hui contre cette opinion de sérieuses objections.

Il n'en reste pas moins, que la sympathie précède les diverses émotions. A l'étudier, il semble bien qu'on puisse distinguer : la sympathie physiologique, et la sympathie psychologique. La première est une pure répercussion physiologique : on pourrait lui donner encore le nom de sympathie inconsciente. Cette sorte de sympathie est-elle autre chose que l'imitation, celle en particulier de Tarde, et qu'étudiait exactement Bordwen? La seconde est une répercussion de conscience à conscience; on pourrait lui donner le nom de sympathie consciente : c'est cette sorte de sympathie qui rend parfaite l'imitation, c'est-à-dire socialement effective. En un mot, nous voyons que le rapport est étroit entre sympathie et imitation : l'imitation n'est que le nom donné à la sympathie envisagée de l'extérieur, et la sympathie n'est que le nom donné à l'imitation envisagée de l'intérieur; autrement dit, la différence entre la sympathie et l'imitation est uniquement du subjectif à l'objectif : nous pourrions par conséquent affirmer que leur développement est simultané.

C'est l'imitation qui rend possible le progrès. C'est ainsi qu'avant nous, qui vivons aujourd'hui, nos ancêtres ont découvert, inventé; et les efforts qu'ils ont faits, nous n'avons pas à les répéter aussi intenses; nous nous assimilons les résultats par eux atteints, et faisons avancer d'un pas la science : tout cela grâce à l'imitation. Dans le même ordre d'idées, la sympathie n'a pas une importance moindre : l'esprit du siècle est le résultat d'un fort long développement et c'est par la sympathie que l'homme profite directement de l'expérience de ceux de ses semblables qui l'ont précédé. Par là on voit que sympathie et imitation, outre qu'elles permettent le progrès, effectuent encore l'unité sociale : elles sont inséparables et constituent à proprement parler les sources de l'activité sociale. Si l'on nous demande laquelle nous paraît plus essentielle, fondamentale : la *sympathie*, répondrons-nous.

Enfin nous voulons prouver qu'il existe une conscience sociale : la plupart des théories qui en nient l'existence, se croient fortes, de ce qu'il n'y a dans la société rien qui corresponde au cerveau humain; à les en croire la conscience sociale ne peut par conséquent être autre chose que la somme des consciences individuelles, le nom d'une collectivité. Ceci, parce que bien des savants attribuent trop de valeur aux faits matériels, et trop peu aux idées générales où l'on arrive par abstraction psychologique. C'est là un défaut que la philosophie et la science n'ont su éviter que très tard.

Par *conscience sociale* nous n'entendons pas, sans doute la conscience de quelque géant appelé société et vivant d'une vie propre : et néanmoins l'existence d'une conscience sociale ne fait pas de doute pour nous : nous lui trouvons parfaitement un substratum objectif; nous

nous faisons fort de prouver qu'elle existe, par celle des grandes opérations intellectuelles qu'on voudra : abstraction, induction, déduction.

Qu'est donc la conscience sociale; son essence, son origine? C'est la conscience, à proprement parler, de la société, unifiée au-dessus des consciences individuelles. Sans doute elle a ses fondements même dans les consciences individuelles, ou, mieux, elle est l'unification des développements et des progrès conscients individuels; mais une fois constituée, elle se retourne et règne sur les consciences individuelles. Bref le rapport est le même entre conscience individuelle et conscience sociale, qu'entre individu et société. Comme celle de la conscience individuelle, l'origine de la conscience sociale est bien obscure, à peu près inconcevable. Et cependant, bien que son essence et son origine échappent à l'esprit, il n'est pas un seul des phénomènes sociaux qui ne procède d'elle : c'est un phénomène dernier, directement inexplicable, mais fondamental : elle suit un développement analogue à celui de la conscience individuelle, modifiable et stimulable. Comme la conscience individuelle elle se perçoit, a conscience d'elle-même, autrement dit, il y a un « moi » social, comme il y a un « moi » individuel. L'activité sociale tout entière se concentre en ce moi : il est le lieu de tous les phénomènes sociaux, il fait l'unité de la conscience sociale; nous pourrions dire qu'il est la conscience sociale.

Voici en quels termes Hume exprime ses doutes sur l'existence du moi :

« Si une impression donne naissance à l'idée du moi, elle doit se continuer invariablement la même dans tout le cours de la vie puisque c'est ainsi qu'on suppose que le moi existe. Mais il n'existe point d'impression constante et invariable; la douleur, le plaisir, la tristesse, la joie, la passion, les sensations succèdent les unes aux autres et n'existent jamais toutes en même temps. Ce ne peut donc être ni d'une de ces sensations, ni d'une autre que l'idée du moi est dérivée : et par conséquent une telle idée n'existe pas. Pour moi quand je pénètre au plus intime de ce que j'appelle moi-même, c'est toujours pour tomber sur une perception particulière ou sur une autre : une perception de chaud ou de froid, de lumière ou d'obscurité, d'amour ou de haine, de peine ou de plaisir. Je ne puis jamais arriver à me saisir moi-même sans une perception, et jamais je ne puis observer autre chose que la perception[1].

Ce doute est raisonnable : si nous cherchons en nous quelque chose d'invariable, d'immuable, nos recherches sont vaines : à plus forte raison en est-il ainsi du moi social : alors, pourquoi les savants en reconnaissent-ils l'existence? C'est qu'ils se placent à un autre point de vue : sans doute, les excitations font-elles varier à chaque instant le contenu de la conscience; sans doute, la con-

1. Hume; *Treatise on Human Nature*, p. 313-531.

science est-elle un perpétuel devenir dont les éléments naissent, se modifient, meurent. Mais ne peut-on concevoir un élément invariable relativement à tous ces éléments variables. Ce qui une fois s'est éclairé de la conscience reste caché à l'état subconscient, et bien que semblant périr, demeure, et peut aisément reparaître : il y a donc des éléments relativement invariables ; l'activité psychologique en fait un tout : et ce tout, c'est le « moi ». On voit par là que le « moi » n'est pas invariable absolument : d'ailleurs on s'aperçoit sans peine que si le « moi » ne pouvait du tout se modifier, aucun développement ne serait possible. D'autre part, Höffding dit fort bien : « Si le moi est identique à quelque élément particulier de la conscience (sensation, perception ou sentiment) — même supposé constant — il faut admettre que tous les autres (sensations, représentations, ou sentiments) du moment qu'ils ne peuvent se fondre complètement avec l'élément constant, tombent en dehors du moi ; et alors comment se fait-il que nous les ayons ? »

S'il y a des gens pour nier l'existence de la conscience individuelle, ceux-là sont en droit de nier celle d'une conscience sociale.

Mais si l'on admet l'existence de la conscience individuelle, il faut admettre également que la société est un corps qui a une existence psychologique propre.

Au cours de l'histoire du Japon, l'esprit de la société,

la conscience du peuple se sont conservés parfaitement, permettant ainsi à la conscience sociale de se manifester avec une rare clarté : c'est un exemple sociologique type.

La première grande scène qui marque le développement de la conscience sociale japonaise, est la prophétie d'*Amaterasu Ômikami* : et les trois mille années d'histoire qui l'ont suivie, ne sont qu'un long effort vers sa réalisation. Et comme la prophétie embrasse un avenir illimité, la société japonaise éternellement poussera son développement dans la même direction, tendant chaque jour à réaliser de façon plus complète, la prophétie.

Amaterasu Ômikami, dit à son petit-fils Nini-gi-no Mikoto : « Nos descendants seront souverains du pays d'Ashihara où nous récolterons éternellement, à l'automne, de beaux épis. Toi, mon petit-fils, va et sois-en le maître ! Va ! La dynastie impériale durera autant que le ciel et que la terre. »

Ainsi la conscience sociale du Japon reste la même et telle qu'elle a été livrée, par Amaterasu Ômikami, d'abord aux ancêtres impériaux, puis au peuple japonais. C'est par là qu'elle est si différente de toutes les consciences sociales étrangères : aucune d'elles ne s'est, depuis l'antiquité, développée sur un fond immuable : toutes ont, avec les siècles, subi de grandes modifications.

Sans doute, la prophétie de Judée a exercé sur le peuple juif une influence capitale ; la croyance à l'apparition du Messie, court à travers son histoire ; sans doute, cette prophétie est grandiose, elle a été le point de départ d'un mouvement tel qu'aucune autre prophétie ne saurait en importance être comparée à celle-ci. Mais après l'apparition des seize prophètes, et celle enfin du Christ, le terme fixé par la prophétie se trouva atteint, et sa salutaire influence cessa de s'exercer.

Il y eut également une prophétie de l'Inde : la prophétie de Vichnou : à l'époque des ténèbres, certains esprits sous diverses formes, sauveraient le monde. Quelque influence qu'elle ait eu sur la race indienne, elle lui ouvrait une carrière de dimensions moins vastes encore que ne faisait la prophétie de Judée au peuple juif.

Dans l'histoire d'aucun autre pays on ne remarque de telles prophéties : ce sont tout au plus, des prophéties dont l'influence ne s'exerce que superficiellement, et pendant des espaces de temps relativement courts : telle par exemple, en Allemagne, la prophétie de la réapparition de Barbarossa. En Chine la prophétie ne porte point sur l'avenir. Les Chinois placent leur idéal dans le passé auprès de Iao et de Chun : aucune apparition de saint n'est sensée avoir lieu désormais.

Ce que les prophètes annoncent à un peuple, devient son idéal, l'objet de son inlassable espérance et de sa foi. C'est ainsi que les paroles d'Amaterasu Ômikami, introduisirent dans la conscience sociale des Japonais un solide élément d'immutabilité : elles en constituent pour ainsi parler le noyau.

Le développement de ce noyau fut tout particulièrement favorisé par le *Kaminagara no michi* qui se manifeste sous la forme du shintoïsme et consiste essentiellement dans le culte des ancêtres et des héros : c'est à cet esprit qu'est dû le système patriarcal et l'union du culte et du gouvernement. Si bien que dans la société japonaise, dès l'antiquité, la morale se confondait avec la religion, et la religion avec la politique : d'où une force, une cohésion, une unité parfaites à la fois dans la société et dans la conscience sociale. Les dispositions géographiques et ethnographiques concourraient cependant au même résultat.

C'est pourquoi, à l'époque où plus tard, des idées étrangères, celles de la Chine, de l'Inde, s'introduisirent au Japon, elles s'incorporèrent au courant des idées japonaises, sans que l'esprit du Japon s'en trouvât le moins du monde altéré; bien plus, il continua de s'accentuer : et aujourd'hui enfin, que le caractère japonais s'est enrichi des idées Européennes récentes, il se trouve comprendre tout à la fois la morale antique et la science moderne. Le *Yamatodamashi* ou *Bushido* est l'essence même de cette fermentation qui s'est opérée dans la conscience nationale.

Ainsi l'importation des idées étrangères n'avait eu sur la conscience nationale qu'une influence superficielle,

elle en avait temporairement augmenté l'activité, et lui avait donné une nouvelle direction : les petites guerres civiles, de province à province, n'avaient pas eu d'autre influence.

L'Empire du Japon, tout entier composé d'îles ne fut le théâtre d'aucune invasion que celle des Mongols : circonstance favorable à la conservation de l'esprit national. Mais cette torpeur de la conscience nationale, où la paix en se prolongeant la laissait, présentait, en revanche de graves inconvénients. Les trois cents années surtout, de la dynastie Tokogawa Bakuhu dont la politique consistait à fermer le pays aux étrangers, furent marquées d'une paresse, d'une mollesse générales : le peuple s'enivrait des plaisirs de la paix; en un mot la conscience nationale se laissait gagner par le sommeil; elle n'aurait pas manqué de dégénérer totalement, si cet état de choses s'était prolongé : mais c'est alors que, de la façon inattendue que l'on sait, arrivèrent les navires américains, réclamant du commerce : la conscience nationale qui s'était faite à l'immobilité, reçut un coup de fouet : ce fut une effervescence générale. L'idée de constitution nationale, le sentiment de patrie surgirent dans les cœurs. A cette époque se placent le décret de l'expulsion des étrangers, la doctine du dévouement à l'empereur, et la grande réforme *d'ishin*. Dans la conscience nationale ainsi stimulée, l'activité se tourna bientôt en héroïsme: le projet de soumettre la Corée, fut reçu avec enthousiasme : il flottait sur le pays entier une atmosphère d'hostilité. Sur ces entrefaites, quelques fonctionnaires civils, revinrent d'un voyage qu'ils avaient fait à travers l'Europe et l'Amérique : ils entreprirent de vanter la civilisation occidentale, et, croyant la guerre peu sage, résolurent de s'y opposer. Ils firent si bien qu'ils persuadèrent la cour, et réprimèrent l'héroïsme national bouillant, et sur le point de déborder. Dès lors, le Japon se fit humble, et se voua à l'adoration des étrangers : chacun mettait sa fierté à imiter, en façade du moins, la civilisation occidentale; il s'ensuivit un progrès matériel des plus considérables; le pays devint pays civilisé, mais par contre il sembla que l'esprit japonais avait cessé d'être, et selon toute apparence, ne se réveillerait jamais plus. Il devait, au contraire se réveiller bientôt; ce n'était là qu'une réaction temporaire et sociologiquement inévitable contre l'adoration impériale et les dispositions anti-étrangères, en un mot, l'antithèse de l'état d'esprit précédent, qui avait été la thèse[1] : la synthèse ne pouvait se faire attendre : et de fait, la guerre Sino-Japonaise l'annonça; elle donna à la conscience nationale un nouveau coup de fouet, qui lui rendit toute sa vigueur. Pendant les années qui s'étaient écoulées depuis la première révolution, les Japonais avaient apporté à leur constitution de grandes modifica-

1. Voir Hegel.

tions, ils avaient établi leur commerce avec le dehors, la société japonaise avait été stimulée, et s'était engagée dans une nouvelle voie, mais l'esprit essentiel du Japon, qui pendant trois mille ans s'était maintenu sans défaillance, n'avait perdu aucun de ses caractères : il s'est activement manifesté au cours de la dernière guerre entretenant dans la conscience nationale, l'espérance.

Connaissant le passé de la société japonaise, que sommes-nous en droit d'attendre d'elle pour l'avenir? Il faut s'attacher à l'essentiel de la conscience nationale, et sans cesse l'affermir; et pour cela il est nécessaire tout à la fois de poursuivre le développement des sciences et la civilisation pratique en tirant profit du progrès mondial, et cependant d'encourager le culte des ancêtres et des héros, de mettre la propriété à portée même des pauvres, afin d'entretenir dans tous les cœurs les idées de famille et de patrie, de prendre le plus grand soin des lieux célèbres, de tout ce qui reste du passé, de cultiver enfin la disposition du peuple au pèlerinage vers les lieux saints comme *Ishé*, afin d'entretenir l'idée nationale et l'amour du passé, afin aussi d'étendre les connaissances populaires.

CHAPITRE II

CARACTÈRE DU PEUPLE JAPONAIS

Nous avons dit déjà que la classification actuelle des
races ne peut pas être considérée comme originelle, elle
est historique. Les caractères qui servent aujourd'hui à
établir la classification des races sont, soit des particularités d'ordre physique que l'hérédité perpétue; soit
des analogies philologiques d'ordre généalogique; soit
encore des différences ou ressemblances d'ordre religieux, artistique ou politique. Mais il est un élément de
classification qu'aucun des précédents, même les
derniers, ne comporte mais qui, caché en eux, en détermine le développement; c'est le caractère national. Le
caractère national est du domaine de la psychologie
sociale. La conscience nationale des Japonais, dont
il a été question au chapitre précédent ne constitue
qu'une partie de leur caractère national, mais à coup
sûr la partie fondamentale. Nous ne reviendrons pas sur
cette question. Il nous reste maintenant à considérer la

psychologie sociale japonaise d'un point de vue synthétique.

L'hérédité, l'éducation et le milieu contribuent à former au bout d'un temps plus ou moins long le caractère national d'un peuple. Le mot hérédité n'est d'ailleurs pas pris ici dans sa signification rigoureusement scientifique; nous entendons seulement par là l'ensemble des influences ancestrales psycho-physiologiques. Quant à la société, ce sont les événements historiques, le développement de la culture, et le climat qui agissent sur elle : nous l'avons montré dans les deux livres précédents en ce qui concerne la société japonaise. Il nous reste à étudier le caractère du peuple japonais.

En raison même des nombreuses influences qui concourent à la formation du caractère national, il est difficile, impossible même de l'appliquer, comme on a cru pouvoir le faire, à chacun des individus. Certains individus sont à ce point différents des autres, qu'on les pourrait plutôt rapprocher de certains étrangers; on peut donc presque dire qu'il y a une même difficulté à définir le caractère national qu'à établir une classification des races. A l'intérieur même d'un peuple, aux différentes régions correspond un caractère différent. Ces différences sont sensibles même au Japon, malgré la situation isolée de ce pays, bien qu'une société unie s'y soit constituée de bonne heure, guidée qu'elle était par un intérêt commun, toutes circonstances faites pour atténuer ces différences. Elles sont sensibles et il conviendrait d'en faire un examen approfondi qui, pour chaque province, porterait non seulement sur le présent mais encore sur le passé. Personne cependant n'a tenté de le faire jusqu'ici; nous n'avons que quelques descriptions faites par des voyageurs, à des époques différentes, et par suite difficilement rapprochables et comparables. Seul le *Jinko-kuki*[1] (les provinces du Japon et leurs populations) nous donne une description d'ensemble, fort simple du reste.

« Sans doute, comme dit Taira-Soko, les mœurs et les coutumes sont de nos jours très différentes de celles d'autrefois; mais malgré tout il subsiste des vestiges de celles-ci. Le caractère des peuples est comme une plante; sa vie est liée intimement au milieu physique où il se développe; tout ce que l'on peut faire, c'est de le cultiver, de façon à l'amener à son plein épanouissement. C'est ainsi que l'on trouve des différences de caractères entre les peuples du nord et ceux du midi : c'est ainsi que les habitants des contrées fertiles sont en général peu intelligents, ceux des régions stériles épris de justice, ceux des montagnes honnêtes et âpres, ceux des plaines et du littoral plus civilisés. Toutes ces qualités, on le voit, dépendent étroitement du climat et de la constitution du sol; elles ne font que varier en intensité avec les époques. Aussi le *Jinko-kuki* n'est-

1. Jinko-kuki ou Sinko-kuki.

il pas seulement la description des mœurs anciennes;
il trouve en outre, aujourd'hui encore, des applications
pratiques et l'on peut en tirer d'utiles renseignements
pour l'administration. »

Il est vrai; les caractères des peuples actuels ne sont
pas tout à fait semblables à ceux que nous présente
le *Jinko-kuki*; peut-être même dans cet ouvrage se
trouve-t-il quelques erreurs, mais peu importe, on y
peut puiser encore une foule d'enseignements et les
différences signalées par exemple entre les citadins et
les campagnards, entre les montagnards et les habitants
de la plaine, sont encore exactes aujourd'hui.

Depuis la révolution, le régime féodal a été aboli
et remplacé par le régime préfectoral; les *Sékisho*,
barrières où tout passant était arrêté pour être examiné
par les agents du gouvernement, ont été supprimées;
les routes anciennes ont été réparées, de nouvelles ont
été établies; le développement du pays a été favorisé
par la création de tous les moyens de communication
possibles : chemins de fer, bateaux à vapeur, tramways
électriques, poste, télégraphe, téléphone; les voies
ferrées sillonnent le pays; il n'est de village si lointain
qui ne jouisse des avantages de la télégraphie et l'aspect
du pays est bien différent de ce qu'il était naguère.
Aussi les dialectes des différentes provinces tendent-ils
de jour en jour à disparaître, et la langue pure se
répand de plus en plus. Les provinces perdent les

coutumes qui leur étaient particulières et l'on peut dire que les différents caractères se fondent lentement. Mais cette fusion est encore loin d'être complète. Dans les grandes villes où les peuples des régions les plus diverses se trouvent réunis, ces différences de caractères sont moins sensibles que dans les campagnes. D'une manière générale les habitants de la ville sont intelligents, ils ont l'esprit ouvert et curieux, mais ils sont aussi légers et insouciants et trop préoccupés de leur bien-être; ceux des campagnes sont moins vifs, mais ils sont persévérants, de goûts simples, sincères et courageux. Il est banal, mais il est exact de dire que la profession, la condition sociale, l'éducation ne cesseront jamais d'influer sur le caractère; aussi, bien que tous de même nationalité, ne peut-on définir d'un trait, le caractère des Japonais. Il en est de même pour eux tous que pour les habitants d'une région restreinte, ou encore que pour les membres d'une famille qui présentent souvent les plus frappants contrastes. Il n'en est pas moins vrai qu'on peut dans le caractère d'un peuple relever des traits généralement communs.

Les savants occidentaux parlent des Japonais en des termes étrangement variés; un grand nombre de leurs observations sont insuffisantes du reste mais il en est quelques-unes généralement acceptées et d'ailleurs indéniables.

On dit ainsi : les Japonais sont fiers, vindicatifs, bons

et sagaces, diligents et chevaleresques, très polis, profonds et réservés, stricts et méfiants, belliqueux et patriotes.

Nous avons dit les raisons de ces caractères; rappelons entre autres la situation du pays, la pureté de la race, l'unité de la dynastie.

C'est le *Yamato-damashi* (Patriotisme des Japonais) qui a fait prendre aux étrangers la prudence et l'amour-propre japonais pour de la fierté. Si l'on considère que les Anglais sont connus pour chanter la louange de leur pays, on peut se demander si l'orgueil ne caractérise pas les peuples insulaires.

On peut énumérer un certain nombre d'inclinations dont les racines depuis l'antiquité la plus reculée plongent au plus profond du caractère japonais.

1° *Amour de la propreté*. — Nous en pourrions citer comme témoignage les exhortations, comme celle d'Omisogi, *Izanagi-no-Mikoto* (baigne-toi dans l'eau); celle de Kojiki *Chikura-Okido* et *Susa-no-o-no-Mikoto*. C'est là le principe dominant du shintoïsme, et nous trouvons dans les *Norito* (sortes d'hymnes) la phrase *harahé, tamahé, kiyomé tamahé* (chasse et purifie).

Voici des exemples de ce culte des Japonais pour la propreté; dans l'antiquité, les maisons étaient de bois blanc et sans ornements, les poteries n'étaient pas émaillées, on aimait les objets d'une simplicité presque grossière, mais propres. On profitait de chaque événement, heureux ou malheureux, pour construire une maison nouvelle, quand on recevait un noble chez soi, quand on donnait une épouse à son fils, quand il mourait quelqu'un, quand une femme accouchait. Pour la même raison la résidence impériale changeait avec chaque avènement.

De ces vieilles coutumes, beaucoup de vestiges sont restés dans les pratiques du shintoïsme, dans les rites impériaux, dans les cérémonies de mariage, les funérailles, les diverses fêtes et célébrations religieuses. Le culte du beau, si développé chez les Japonais, et celui de la lumière viennent du même sentiment; dans l'antiquité les vêtements étaient presque uniquement blancs ou rouges. C'est autour du soleil que gravite toute la mythologie du Japon, il y est à peine question des astres de la nuit; une fois seulement dans les trente livres de *Nihon-Shoki* il s'agit d'étoiles, et si nous y trouvons le nom de *Tsukiyomi-no-Mikoto* (dieux de la lune, de la nuit) il désigne des divinités secondaires et imparfaites. Les exemples seraient nombreux à l'appui de ce fait. En résumé, plus que tout autre peuple les Japonais ont le culte de la propreté, ils l'étendent aux moindres détails de leur vie, à leurs vêtements, leur nourriture, leurs habitations; il leur arrive de prendre plusieurs bains dans la même journée. Ces mœurs remontent à la plus haute antiquité, et comme le culte du beau, celui de la propreté doit sans doute beaucoup à la beauté même de la nature au Japon.

2° *Respect de la fécondité.* — De ceci il a été question déjà, au chapitre de la population, c'est un effet de la douceur d'un climat où la vie est facile et les produits naturels abondants.

3° *Amour de l'action.* — Les Japonais joignent à un esprit vif, un grand besoin d'action et beaucoup de courage.

4° *Militarisme.* — On trouve de nombreux exemples de ce trait distinctif du caractère japonais, et de son influence sur la société japonaise dans le *Kojiki* et le *Nihon-Shoki* qui étudient l'un et l'autre les origines du pays.

5° *Nationalisme.* — La constitution nationale du Japon, absolument unique, a développé cet esprit. Partout, croyons-nous, les relations entre le souverain et le peuple, sont celles de forts à faibles, et non point un lien d'affection. Au Japon, au contraire, la Constitution nationale, toute patriarcale, fait du pays une grande famille, où les rapports entre le souverain et ses sujets, sont exactement ceux qui unissent un père à ses enfants. C'est sous cette heureuse influence que s'est développé le nationalisme, le patriotisme des Japonais.

Le loyalisme et le patriotisme, c'est bien là ce qui caractérise en effet le peuple japonais. Les Américains ont très vif le sentiment de la patrie, mais leur patriotisme est une abstraction, et n'a rien de commun avec ces deux traits essentiels du peuple japonais. La plupart des chants populaires anciens sont inspirés par ce double sentiment.

6° *Culte des ancêtres.* — Le culte des ancêtres dans la famille, rend plus fort l'amour du nom, l'orgueil de la race et le culte des héros; il a eu lui aussi une influence prépondérante sur le développement de la société au Japon et sur la formation de l'Empire. Spencer[1] dans ses *Principes de sociologie* prétend que le culte des ancêtres disparaît à mesure que la civilisation devient plus parfaite. Il se peut que cette constatation s'app. que aux sociétés européennes, mais il n'en est pas de même pour le Japon, qui aujourd'hui encore demeure profondément attaché à ses ancêtres et à ses héros.

7° *Utilitarisme.* — Les Japonais sont utilitaires. Les *Norito* en font foi; il y est en effet fréquemment question « d'offrandes en échange d'une intervention ou d'une protection divine ». Les Japonais en effet pensent que le bonheur social, les joies et les peines viennent des dieux, de leur bienveillance ou de leur colère. Le souci principal de leur vie aussi bien privée que publique est de plaire aux dieux par la prière. C'est pourquoi des fêtes religieuses, périodiques ont été instituées à la cour : on prie les dieux, par exemple, pour que l'année

---

1. Avec le progrès de la civilisation, l'idolâtrie, selon Spencer vient remplacer le culte des ancêtres. Au Japon le culte des ancêtres fut le point de départ du shintoïsme : *San-shu-no-shinki* où les trois souvenirs divins, ne sont point des idoles, c'est du Bouddhisme que provient au Japon l'idolâtrie.

soit prospère, pour apaiser les vents, pour prévenir l'incendie, pour que les voyages que l'on entreprend soient heureux; citons aussi la fête de *daïjoé*. Le peuple à l'imitation de la Cour a ses cérémonies. C'est sur une idée d'utilitarisme que reposent également l'adoration des ancêtres et celle des héros. On divinise chaque bienfaiteur de la patrie et cela amène les peuples à se sacrifier pour le bien général. Le Japonais n'a d'autre idéal que d'acquérir le bonheur immortel, d'être éternellement fêté et c'est avec joie qu'il s'immole à son pays et renonce à la vie d'ici-bas. Le *Shokonsha* (le temple où l'on célèbre la mémoire des soldats morts sur le champ de bataille) est la représentation matérielle de ces idées. Le capitaine de frégate Hirosé n'est-il pas appelé déjà « dieu de la guerre »?

8° *Optimisme.* — Leur utilitarisme conduit tout naturellement les Japonais à un très grand optimisme; c'est par là qu'ils diffèrent des Indiens qui depuis le brahmanisme le plus ancien présentent un caractère très pessimiste. Selon la légende, les dieux pour égayer et distraire la déesse *Amaterasu-Omikami* dans la grotte d'*Ama-no-iwao*, se livraient à des divertissements multiples. La fertilité de leur pays, la douceur du climat et la grâce des paysages, la facilité de la vie ont développé cet optimisme des Japonais.

9° *Esprit pratique.* — Il est facile de conclure d'après ce que nous venons de voir que les Japonais sont pratiques et qu'ils ne s'abandonnent pas aux spéculations stériles ni à la méditation. Dans les pays où les phénomènes naturels se manifestent violemment le peuple pour échapper à la souffrance, à la douleur physique, cherche des consolations dans la vie subjective et se réfugie dans les pensées vagues. Mais dans un pays comme le Japon, où la nature est prodigue de ses faveurs, où la culture suffit à nourrir toutes les bouches, les individus se contentent de pourvoir à leur subsistance, d'administrer leur pays sans avoir jamais d'autres préoccupations.

« Le pays des beaux épis et des roseaux est le pays, où les peuples étant dieux eux-mêmes n'invoquèrent pas les dieux. » C'est ainsi que Kaki-no-Moto-no-Hitomaro, chante joyeusement l'Ami-no-Uzume-no-Mikoto, devant la grotte. Nous pouvons par ces mots nous faire une idée de l'esprit pratique des Japonais.

10° *Progressivité graduelle.* — Pour être actifs et pratiques les Japonais n'en sont pas moins méthodiques et ils n'avancent que par degrés, sans hâte. Il suffit pour s'en convaincre de se rappeler les faits historiques qui se sont produits dans l'intervalle de trois mille ans et en particulier la descente du petit-fils d'*Amaterasu-Omikami* sur la terre du Japon, préparée de longue date par des messagers, qui à différentes reprises, étaient venus, pour se rendre compte de l'état des choses et de l'opportunité du moment.

Tels sont les principaux caractères du peuple japonais, ils n'ont jamais changé et ne changeront pas. Il est vrai d'ailleurs d'ajouter qu'avec l'importation des idées chinoises, du bouddhisme et plus récemment celle des sciences européennes, en un mot avec les modifications de la culture, des modifications successives se produisent inévitablement dans le caractère national. Mais ces influences étrangères n'ont d'autre effet que d'affirmer, de compléter les caractères fondamentaux que nous venons d'indiquer, en particulier le « bushido », le *Yamato Damashi*, le loyalisme et le patriotisme.

Un peut dire de ces caractères qu'ils sont ce qu'on pourrait appeler les cellules germinatrices de la société japonaise; les autres caractères de cette société en seraient les cellules somatiques. Autrement dit, les premiers sont à peu près constants sans l'être absolument, les autres qui viennent s'y ajouter comme des ornements, sont variables.

Vis-à-vis des pays étrangers le Japon est dans une situation particulière; il est nettement séparé de l'extérieur par des frontières naturelles; à l'intérieur l'empereur est comme un centre vers quoi tout converge. Ces faits particuliers ne se retrouvent pas dans les autres pays, aussi les caractères même constants y changent-ils davantage et le culte des ancêtres, le patriotisme et le loyalisme ne s'y développent-ils pas comme au Japon.

CHAPITRE III

L'AVENIR DE LA CIVILISATION JAPONAISE

Tout le monde emploie le mot civilisation : mais bien peu sauraient le définir; et l'usage en est d'autant plus pratique. Non pas qu'on ignore le sens de ce mot; mais de ce sens extrêmement étendu il est malaisé de faire tenir l'essentiel en quelques mots.

Nous ne pouvons dans ce seul chapitre dire ce qu'est la civilisation; d'ailleurs là n'est pas l'intention de cet ouvrage. Après avoir exposé les opinions de quelques savants à ce sujet, nous nous bornerons à quelques mots personnels

Selon Guizot, la civilisation matérielle, morale et intellectuelle est un fait, résultant du progrès de la société et des individus, c'est-à-dire : de l'amélioration de l'organisation sociale et du développement mental des individus. De plus, quelque degré de perfection qu'ait atteint l'esprit humain, le rapport entre les deux facteurs est constant. Le progrès de la société, ajoute Buckle, consista dans le progrès de la morale et le progrès de l'intelligence des individus, toutefois l'importance du progrès intellectuel est plus considérable. Bien des savants ont admis et admettent cette opinion et considèrent la civilisation comme l'amas des connaissances. Pascal a dit : « Toute la suite des hommes pendant le cours de tant de siècles, doit être considérée comme un même homme qui subsiste toujours et qui apprend continuellement. » Et Pascal en cela ne faisait que reprendre saint Augustin. En outre Bacon et Herder ne pensaient pas autrement.

Pour nous, c'est à tort croyons-nous que l'on affirme que le progrès de l'intelligence est l'essentiel de la civilisation.

Benjamin Kidd dans son « évolution sociale » a montré ce qui nous semble le point faible des théories précédentes : le progrès de l'intelligence, pense-t-il, ne suffit pas; il fait considérer également le progrès du sentiment religieux.

Sans doute la théorie de Kidd est-elle construite en faveur du christianisme : et cependant dans cette critique de la civilisation européenne, il nous semble voir un éloge de la civilisation orientale. C'est du point de vue évolutionniste que Kidd envisage le développement de la société :

« Selon le darwinisme, dit-il, l'évolution qui s'accomplit lentement dans la société, présente avant tout un caractère religieux plutôt qu'intellectuel. Depuis que l'homme est une création sociale, le développement de son intelligence est subordonné au développement de ses sentiments religieux. Il semble que la force à l'œuvre dans la société développe d'abord le caractère religieux, puis les aptitudes intellectuelles qui peuvent y être associées. En d'autres termes le trait le plus distinctif de l'évolution humaine dans son ensemble c'est que la race, sous l'effet de la loi de sélection naturelle doit devenir de plus en plus religieuse. »

L'auteur ajoute avec une grande conviction que c'est là une vérité incontestable que, quelque jour, la science obligera d'admettre, lorsque l'évolutionnisme sera plus largement appliqué à l'étude de la société.

Il perce dans « l'évolution sociale » une violente irritation contre l'esprit du siècle, imbu pour ainsi dire de sa civilisation matérielle et de sa toute-puissance scientifique : le ton est extrêmement véhément. Aussi pour un lecteur impartial il se relève dans l'œuvre des exagérations manifestes : mépriser l'intelligence est un tort, l'estimer outre mesure comme faisaient les autres savants est un abus : néanmoins on ne conçoit pas de civilisation sans elle. L'influence sociale et humaine de la religion n'est pas contestable; mais il est plus grave de mépriser l'intelligence au profit de la religion, que de lui attribuer une valeur exagérée : nous n'en voulons pour preuve que la philosophie papale du Moyen Age.

Ni la religion, malgré Kidd, ni l'intelligence, malgré tous les philosophes cités, ne nous paraît l'élément essentiel simple, unique, de la civilisation : nous l'expliquerons par le développement parfait et unifié, de l'intelligence, du sentiment, de la volonté, et de la nature physique des individus. Ainsi c'est de Guizot que nous nous rapprochons le plus.

Quant à la compréhension du mot civilisation, elle varie également selon les savants : par civilisation les uns entendent uniquement la civilisation matérielle, les autres la civilisation matérielle et morale, d'autres veulent distinguer : civilisation matérielle et civilisation morale.

Nous avons dit déjà qu'à la civilisation concourent trois puissances : la nature, l'homme et la société; l'homme en effet n'existe pas sans la nature, ni la société sans l'homme : la civilisation n'est ainsi rien autre chose que l'unification idéale du parfait développement en forme et en substance de la société. Il va sans dire que des trois puissances qui concourent à la civilisation, l'homme est la principale, la seule directe; les deux autres n'exercent d'influence qu'au moyen de lui, soit qu'elles agissent sur lui, soit qu'il agisse sur elles. Toutefois rien ne distingue nettement l'homme de la société : on ne peut guère établir entre eux qu'un ordre chronologique.

Si la civilisation consiste dans le développement de la

société, l'activité mentale humaine doit sous ses trois
formes, intelligence, sentiment, volonté, y jouer un
rôle. En effet la victoire de l'intelligence sur la substance
et l'énergie physique à l'aide du corps constitue la civilisation matérielle, le progrès du sentiment et de la
volonté constitue la civilisation morale; la civilisation
est le nom donné à une phase idéale où la société atteint
par le développement harmonieux et parfait de l'intelligence, du sentiment, de la volonté et du corps de
l'homme. Le tableau suivant éclaircira tout ceci.

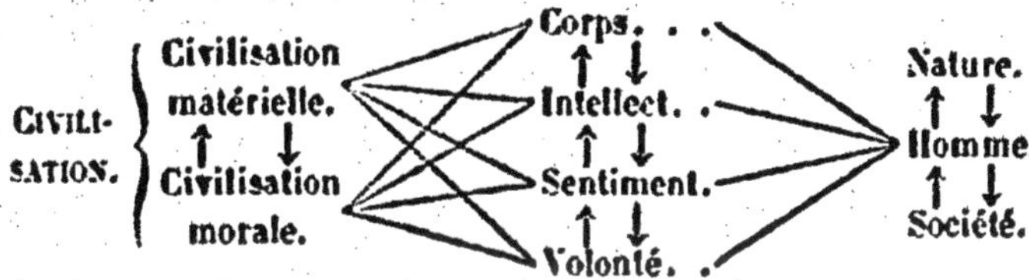

Dans ce tableau nous avons opposé la civilisation
matérielle et la civilisation morale : elles ne sont pas
néanmoins tout à fait indépendantes : elles sont en
rapport l'une avec l'autre, comme sont en rapport la
nature, l'homme et la société. Le progrès matériel doit
beaucoup au progrès moral, et celui-ci est très précisément déterminé par celui-là. Lequel, au point de vue
de la civilisation pure a la plus grande valeur? Si on le
demandait, bien qu'il ne puisse ici être établi à proprement parler aucune hiérarchie, toutefois nous n'hési-
terions pas à désigner la civilisation morale. Cependant
il faut reconnaître que la civilisation morale ne peut se

passer de la civilisation matérielle : et, dire cela ce n'est rien enlever à la valeur de la civilisation morale. La civilisation du XIXᵉ siècle fut en quelque sorte monstrueuse : le progrès de l'intelligence s'effectuait seul. Un tel abus se fit bientôt sentir, témoin la révolte de Kidd en faveur de la religon, c'est-à-dire du sentiment. Sa théorie n'est donc qu'une réaction : au contraire nous croyons que celle, exprimée dans le tableau ci-dessus, est normale : Nous nous résumons donc en une définition :

« *La civilisation est l'unification idéale de l'évolution, du développement social matériel et moral.* »

Une telle civilisation n'est pas actuellement réalisée, et ne le sera à aucune époque de l'avenir : c'est le but, le terme que la société humaine travaille à atteindre. En réalité, par civilisation on entend généralement le cours de ces efforts, ou plus exactement la phase du développement de la culture qui paraît approcher de plus près l'idéal. Il est une autre acception, acception historique du mot civilisation : la civilisation, c'est les degrés du développement historique, qu'ont gravis diverses nations, et que nous gravissons actuellement. Mais cette définition n'est possible que par induction à partir des faits historiques, du progrès et du déclin des diverses nations du passé : Or, nous croyons qu'aucune civilisation jusqu'ici n'a réalisé la civilisation parfaite, que toutes virent leur développement arrêté par certains obstacles. Néanmoins, à ce compte, on peut admettre que la civilisation est un fait : elle est d'abord un fait simple, puis la succession des faits en constitue le développement, qui a pour destinée suprême l'idéal. Voilà donc la définition que nous proposons de la civilisation telle que l'entend le sens commun.

« La civilisation, au sens ordinaire du mot, est un fait qui marque le degré du développement historique de la société humaine. »

Tandis que la première était une définition idéale celle-ci est une définition historique.

Ne considérons pour un instant que la dernière et admettons-la, nous remarquons que tous les peuples qui dans le passé furent civilisés aboutirent à la ruine après une période de civilisation sensiblement la même. Du premier roi de Rome à l'empereur qui vit la chute de l'empire, il s'est écoulé mille ans environ. De David et Salomon, à la chute de Jérusalem il s'est écoulé un peu plus de mille années de prospérité quelque peu discontinue d'ailleurs. La civilisation grecque dura un peu moins : la civilisation égyptienne un peu plus de dix siècles. Ce qu'il y a de remarquable, de particulièrement intéressant c'est que la courbe de ces différentes civilisations est la même; que tous ces pays, comme des malades atteints de la même maladie, sont passés par les mêmes phases, et qu'aucun d'eux, ces phases parcourues, n'a poursuivi un solide développement. C'est pourquoi on en est arrivé à penser que la civilisation est une maladie dont certains pays sont atteints, à certaines époques, comme certains enfants de la rougeole : et encore, les enfants une fois guéris, grandissent, les sociétés, elles, ne guérissent point : il n'est pas un seul exemple d'un pareil rétablissement. L'histoire est le livre où est décrit pour chaque société le cours de la maladie civilisation : les sociétés, après une poussée de fleurs, dépérissent et la maladie se propage, et le sort des autres sociétés nouvellement atteintes, est le même. Si la civilisation est la suprême destinée de chaque société, chacune après avoir passé par elle doit mourir satisfaite; si elle n'est qu'une maladie incurable le sort des sociétés est d'une tristesse étonnante : combien de celles qui existent, combien de peuples, tout le genre humain peut-être, périront par elle. Et par exemple : est-il difficile de prévoir l'avenir de la civilisation européenne qui, datant de l'écroulement de l'empire de Charlemagne, est vieille de plus de mille ans déjà? Sans s'arrêter aux prophéties extravagantes où les Orientaux trouvent un soulagement, cette question vaut d'être étudiée, d'après les lois de la sociologie, et par comparaison historique. Ceux qui parmi les Européens, se soucient, s'attristent de l'avenir de leur civilisation ne sont pas seulement des poètes ou des rêveurs, aux pensées déréglées. K. Robinson a prédit à l'homme qu'il deviendrait un animal chauve, sans dents, sans orteils, que ses muscles se ramolliraient jusqu'à ne plus pouvoir bouger les membres : ce ne sont là ni des plaisanteries, ni des paroles en l'air : cette prophétie est parfaitement scientifique et atteint tout particulièrement la civilisation européenne, civilisation toute matérielle et monstrueusement intellectuelle. Il suffit que l'homme se nourrisse uniquement de lait et de potages par exemple, que, comme il le fait du reste, il vive coiffé et chaussé, pour qu'il perde ses dents, ses cheveux et ses orteils. Pourquoi la loi d'usage et de désuétude de Lamarck se démentirait-elle?

Nous ne retracerons pas ici le déclin et la chute de toutes les civilisations. Non que ce travail nous paraisse sans intérêt, mais une fois de plus parce que la place nous manque : toutefois d'une façon abstraite nous pouvons dire que dans tous les cas l'explication est la même : le sort de toutes les civilisations fut le même parce que toutes accomplirent un développement difforme, parce que toutes elles consistèrent non pas dans l'unification du parfait développement des quatre éléments, corps, intellect, sentiment, volonté, mais dans le développement anormal d'un ou deux de ces éléments. Partout le mal le plus redoutable fut le luxe et la dissolution des mœurs : on n'en pourrait fournir d'exemples plus probants que les civilisations grecque et romaine, berceaux de la civilisation européenne.

L'admiration de la Renaissance pour le développement

intellectuel des peuples de l'antiquité n'a rien qui doive surprendre : la constitution, les institutions juridiques de Rome, les arts et la philosophie de la Grèce sont purement grandioses ! Certains savants mêmes, Lecky, Galton et Kidd entre autres, croient pouvoir légitimement attribuer aux Grecs, surtout une intelligence supérieure à celle des peuples actuels.

Sans aller jusque-là, nous ne pouvons pas supposer un instant qu'un développement intellectuel insuffisant ait causé la ruine de la civilisation grecque : il faut admettre qu'il s'y trouvait d'autres vices.

La Grèce fut, selon les époques, tantôt une monarchie patriarcale, tantôt le domaine de nobles despotiques et tout-puissants, tantôt une oligarchie républicaine, tantôt une pure démocratie, tantôt la proie d'émeutiers et de tyrans. La constitution politique fut maintes fois remaniée, mais toujours la direction des affaires fut entre les mains de militaires qui opprimèrent toutes les autres classes. Entre le système monarchique et le système démocratique la seule différence qu'il y eût, Freeman l'a fort bien montrée : dans un cas la porte du pouvoir était ouverte à un petit nombre de familles nobles, dans l'autre à toutes les familles nobles. Mais dans les deux cas les nobles ignoraient et l'idée du devoir, et le sentiment de leur responsabilité envers tous ceux qui ne rentraient pas dans leurs familles; leur morale était étroite et égoïste. Aussi bien l'humanité, ce sentiment si élevé, n'était pas encore, dit Henry Lews, à la portée des Grecs. Il ne faut donc aucunement s'étonner de la ruine, de la civilisation grecque.

Quant à l'Empire romain il est le modèle des constitutions militaires : il se réduisait en tout et pour tout à l'origine, à une petite cité; mais peu à peu, aux prix de maints efforts en guerroyant, en annexant, en traversant des crises, le domaine s'est étendu. Les peuples soumis n'avaient aucun droit mais une foule de devoirs; de même qu'en Grèce. L'unique désir des vrais citoyens romains, étaient de s'exercer dans l'art de la guerre, de défaire des ennemis sur le champ de bataille, puis de massacrer les prisonniers; subjuguer le monde, était la devise de l'état. Mais, vainqueurs, ils n'entretenaient point avec les vaincus la vie commune, ils ne les aidaient pas dans leurs besoins, ni ne prétendaient être aidés par eux, ils ne leur transmettaient point leurs qualités propres ni ne s'efforçaient de s'assimiler les leurs; ils étaient satisfaits, pourvu que les impôts fussent payés; s'enrichir aux dépens du plus faible était leur but unique : l'échange de commerce leur était inconnu, ils vivaient pour la guerre, l'agriculture et tous les travaux manuels étaient le partage des esclaves; les citoyens les méprisaient, et ils étaient par la loi interdits aux nobles. Aussi à l'époque de Claude, le nombre des esclaves était-il dans l'Empire romain égal à celui des hommes libres, qui se déchargeaient sur eux de tous les efforts exigés par la vie.

Dans une telle constitution il va sans dire que les citoyens se soumettaient à l'État avec l'obéissance la plus absolue; devant l'État la liberté individuelle n'existait pas. La religion cependant concourrait avec la constitution au développement de ce caractère soumis et discipliné; les citoyens, à leur tour étaient les esclaves de l'État: le courage était parmi eux la première vertu, le patriotisme était l'objet du respect et de l'admiration générale. L'autorité politique était entre les mains des prêtres.

En une société comme la société romaine, constituée peu à peu, comme nous l'avons dit, grâce à une suite ininterrompue de victoires, il est inévitable que les vainqueurs se croient d'une essence supérieure, une tribu distincte dans la société, qu'ils accaparent tous les privilèges.

A l'époque la plus brillante de Rome la richesse, la prospérité, furent le résultat de la concentration la plus inconcevable, du despotisme le plus tyrannique; au luxe et au plaisir d'un homme ou d'un petit nombre d'hommes, était sacrifié le sang de peuples innombrables ce ne pouvait être là que l'ombre de la prospérité; la société romaine était sans résistance, la civilisation ne pouvait progresser longtemps.

Les Grecs étaient des lettrés, des artistes; les Romains étaient des conquérants.

En Grèce deux villes, de constitutions politiques

différentes, habitées par les membres de tribus différentes, Spartes et Athènes, étaient en rivalité; elles se
disputaient la prépondérance. A partir de la guerre du
Péloponèse l'éclat d'Athènes se ternit d'abord, sa culture
se corrompit, et toutes les villes de la Grèce détour-
nèrent d'elle leurs regards. Puis, après Alexandre, la
civilisation de la Grèce entière, malgré son développement sans exemple du côté matériel perdit sa perfection,
son élégance, son originalité d'autrefois; elle demeurait
brillante en apparence, mais l'esprit qui l'entretenait
n'était plus le même. L'expédition d'Alexandre avait eu
pour effet d'introduire en Grèce les idées orientales et
de substituer à la vie, à la liberté de l'esprit, un mysticisme pessimiste. Ainsi, à la mort de l'empereur, à la
source même, dans le pays natal, la civilisation arrêta
son développement, à la même époque l'empire entier
croula, la Grèce devint colonie romaine, et le centre
des lettres, des arts, comme celui de la politique fut
transporté à Rome.

La civilisation romaine succéda à la civilisation
grecque et pendant un temps, jeta un vif éclat. Mais
l'agrandissement illimité de l'empire fit perdre à la métro-
pole son caractère propre; trop de peuples d'espèces
différentes se trouvaient mélangés. Rome était trop
petite et les Romains trop peu nombreux pour dominer
le monde et le faire romain. C'est ainsi que Rome
courut à sa perte ou plutôt qu'elle y courut plus vite,

car la forme toute militaire de sa constitution aurait suffi à l'y conduire. Réunis sous la domination de Rome, les peuples perdaient les religions propres à chacun d'eux; ils rêvaient une religion unifiante; mais cette religion était suspecte aux ignorants et les lettrés n'y croyaient pas. L'athéisme était général : « Tout n'est que corruption et crime », déclarait Sénèque. Sans foi, sans morale, tous les peuples souhaitaient avec ardeur un rayon de salut. Mais l'empire ne leur donnait pas le dieu qui protège, la politique nationaliste poussant à son comble le despotisme les méprisait, leur refusait l'indépendance et la liberté, et se souciait peu de leur douleur.

C'est alors que toutes les oreilles se tournèrent du même côté, que tous les cœurs se laissèrent entraîner par la voix de « l'homme criant aux champs ». Il disait que tous les hommes sont égaux devant le père qui est aux cieux et qui fait briller le jour pour les bons comme pour les méchants et tomber la pluie pour ceux qui sont justes comme pour ceux qui sont injustes.

Aussi lorsqu'en 410 les barbares, pour la première fois s'emparèrent de Rome qu'on croyait éternelle et inattaquable, l'empire entier demeura stupéfait, et aussitôt les nobles, les philosophes, les polythéistes proclamèrent qu'il fallait voir là le châtiment de l'abandon des dieux nationaux; le christianisme fut accusé de la ruine de Rome, et compromis pour un temps, si grande était l'excitation générale. Mais dans son immense œuvre de « la cité de Dieu » à laquelle il travailla pendant treize ans, saint Augustin montra que c'était le polythéisme lui-même et non le christianisme qui avait sapé les fondements de l'édifice impérial.

Rome tomba. Mais en succédant à la Grèce, en répandant à travers le monde sa civilisation, elle avait préparé la civilisation européenne, et le développement du christianisme. Les pays actuels de l'Europe sont sortis des ruines du grand empire et soutenus par la religion chrétienne, ils se sont développés avec ce que leur avaient légué la Grèce et Rome. Lorsque le despote, arrivé au comble de sa puissance, tomba, tous les peuples à qui jusqu'alors avait été refusée dans la lutte pour l'existence, l'égalité, l'obtinrent sans nulle restriction politique ou sociale ; l'égalité de tous, tel est le caractère essentiel de la civilisation nouvelle. Tous désormais sont égaux, donc la concurrence est acharnée, et comme la concurrence est une des conditions primordiales du progrès, le progrès dans l'univers ne se fait pas attendre. Auparavant, dans la constitution militaire, il appartenait aux nobles seuls, qui seuls héritaient des privilèges, d'accomplir le progrès ; et la foule des peuples gémissant sous le joug, n'y concouraient point, comme une force réelle. Il en est bien autrement ; toutes les classes de la société jouissent du droit d'être homme, à toutes est consentie la libre concurrence, témoins les lois, les institutions de toutes sortes, concernant la vie sociale et même la famille. La société ne vise plus qu'à une fin : atteindre le degré le plus élevé, le plus parfait de civilisation; cette fin est-elle réalisable?

A étudier, sans parti pris, le Nouveau Testament, on ne peut faire autrement que d'y reconnaître partout l'amour, la charité, la miséricorde[1]. L'Évangile, s'exprimant par la voix de Christ, est tout inspiré de fraternité. Une morale élevée, l'amour réciproque, le désir du bonheur de tous, le soutien des faibles, l'abaissement des grands, la suppression de toutes cloisons hiérarchiques, de toutes distinctions entre hommes, ne voilà-t-il pas bien, en effet, ce qui caractérise les premières sociétés chrétiennes. Mais inévitablement celui à qui appartient l'autorité glisse à la perte, et celui qui est fier glisse à la corruption. Le christianisme de plus en plus prospère, la papauté fut de plus en plus puissante. Elle intervint bientôt souverainement dans les États et leurs affaires nationales, elle élut les rois, les empereurs et brandit l'arme de l'excommunication. L'envoyé d'un pape annonce à un empereur d'Allemagne : « Au nom des Apôtres je te châtie dans ton corps et ton esprit : je te retire les conquêtes de tes armes, je te retire tout bonheur en ce monde. » Un autre pape, se compare au prophète Jérémie, et dit : « Je te place au-dessus des

1. Voir Lecky, *History of European Morals*, vol. II, p. 130.
2. Voir Kidd, *Social Evolution*, p. 160.

hommes, au-dessus des royaumes; je te donne le droit de châtier et le droit de récompenser. » Un autre encore, dans une querelle avec un roi de France dit : « Jésus-Christ en remettant à l'Église romaine les deux épées de la religion et de la politique, a ordonné que tout lui obéisse. Ceux qui s'élèvent contre cet ordre ou qui le méconnaissent, seront traités comme hérétiques et punis, et tout espoir de rédemption leur sera enlevé. » Si telle est la manière d'être des papes, doit-on s'étonner que le clergé inférieur s'abandonne à la fierté, au luxe, à la corruption. Ce qui surprendrait à plus juste titre c'est de constater que les indulgences datent du xviᵉ siècle seulement, et n'aient pas existé avant Léon X.

Aussi, bien qu'il eût été naturel, qu'à la chute de la civilisation de Rome, la civilisation européenne l'ait continuée, au point de vue de la connaissance comme à celui de la religion, pendant tout le moyen âge la religion étouffa la connaissance, et la civilisation ne fut qu'un assemblage de dogmes et de préjugés. Si la connaissance s'était développée parallèlement à la religion, le déclin de celle-ci n'aurait pas été si lourd de conséquences, il n'aurait pas entraîné une réaction si profonde en faveur de l'intelligence et la civilisation n'aurait pas progressé d'une façon monstrueuse.

Toute l'intelligence des Grecs, toutes les qualités constitutionnelles des Romains, n'ont pu faire que leur civilisation se soient maintenues plus de mille années. La civilisation européenne, riche en défauts, est actuellement à l'apogée du progrès matériel; si elle veut échapper au sort des précédentes qu'elle se corrige au plus tôt! encore est-il des savants qui croient son déclin inévitable. Est-ce donc la destinée de toute civilisation, de finir ainsi? Ou, pour avouer notre pensée, la civilisation japonaise qui depuis trois mille ans progresse, qui jamais n'a progressé comme au cours de ces dernières années, doit-elle, un jour lointain, mais inévitable, après avoir achevé son développement, s'effacer comme ont fait toutes les autres dans le passé? Toute société est-elle nécessairement périodique ou rythmique? Pas nécessairement, croyons-nous. Nous avons montré que toutes les civilisations mortes avaient des défauts qui devaient justement les conduire à la mort. Qu'adviendrat-il des civilisations orientales, différentes essentiellement de toutes les autres? Jetons un coup d'œil sur la nature des différentes civilisations orientales, avant d'aborder la question de l'avenir de la civilisation japonaise; il n'y a rien là que de naturel, puisque celle-ci se les est assimilées.

Nous avons dit déjà quelques mots de la civilisation de l'Inde et de la Chine (liv. I, chap. I). Que ces deux civilisations soient en retard au point de vue du progrès matériel, c'est ce que personne n'ignore, et sur quoi nous croyons inutile d'insister. L'histoire de l'Asie Orientale, a-t-on dit se ramène à celle du bouddhisme[1]. Mais précisément la civilisation de l'Inde, la vie du pays, sont toute religieuses, elles n'ont rien d'historique ; à maintes reprises, elles subirent des arrêts. En outre, on n'a jamais eu dans ce pays le sentiment précis des époques ; aujourd'hui encore on y mesure le temps comme il y a des milliers d'années. Les savants pour déterminer quelques dates ont dû chercher des indications dans les matériaux historiques d'autres pays ; indications peu sûres du reste. Il existe, de la sorte, plus de cinquante opinions sur la date de la naissance de Sakia-Mouni. On ne doit point s'étonner que, dans ces conditions, il n'y ait pas eu à proprement parler de développement national ou social. La civilisation indienne est telle qu'il faut désespérer de lui voir prendre jamais un développement propre ; mais la combinaison de l'esprit métaphysique et mystérieux de l'Inde avec certain esprit étranger pourrait avoir le plus heureux résultat. Quant à la nature de la civilisation chinoise voici en gros comment Pierre Laffite la juge : Elle conserve ses caractères primitifs, et c'est là ce qu'elle présente de plus admirable.

Or, un véritable développement est seulement celui qui s'opère lentement et sûrement sur un fond constant, un développement comme celui de la civilisation européenne, où le passé est sans liens avec le présent, n'est

1. Erush-Eitel.

pas un vrai développement. Par développement de la civilisation européenne on entend la suite des civilisations, grecque, romaine, chrétienne et féodale, toutes essentiellement différentes entre elles, puis depuis le xive siècle se sont succédées, des civilisations absolument contradictoires. La société chinoise est dirigée au contraire par l'admiration de la vertu des ancêtres; elle se développe lentement contrairement à la civilisation européenne; sans doute, il y eut en Chine des révolutions, mais non pas telles que le lien social fut par elles rompu.

Il n'est pas rigoureusement exact de dire qu'il n'est aucun lien entre la civilisation européenne du passé, et celle de nos jours, il l'est, d'affirmer que tout n'est pas défauts dans le caractère conservatif et routinier de la civilisation chinoise.

En somme les qualités des civilisations orientales se réduisent à ces deux-ci : le caractère métaphysique de l'Inde, et le caractère pratique et moralement instructif de la Chine, et leurs défauts à celui-ci : l'absence totale de progrès matériel et de développement scientifique. Aussi, lorsque les sciences nouvelles seront venues féconder l'esprit oriental, lorsque la civilisation matérielle trouvera place à côté de la civilisation morale dans un pays pourvu d'une solide constitution comme l'était autrefois Rome, la civilisation idéale ne tardera pas à prendre naissance dans ce pays puisque y sera réalisée l'harmonieuse unification du développement parfait du corps, de l'intellect, du sentiment et de la volonté; cette œuvre grandiose, l'empire du Japon seul peut espérer l'accomplir, car à lui seul s'en présente l'occasion, et lui seul possède la foi indispensable à une telle entreprise.

« La civilisation orientale, dit Warl, semble avoir consisté principalement en ce que nous avons appelé une culture spirituelle... elle est sans pouvoir au point de vue pratique quand elle est mise en concurrence avec la civilisation occidentale. Je ne fais pas tout à fait allusion à leur faiblesse en matière guerrière; ils manquent dans une large mesure, de l'efficacité industrielle de l'Occident, ils manquent surtout d'arts mécaniques et n'ont développé que très faiblement la machino-facture, s'en tenant à la manufacture au sens littéral du mot. Ils n'ont pas employé les deux grands facteurs, la vapeur et l'électricité. Même si leur civilisation présente une ligue plus longue que la nôtre elle a certainement un retard énorme sur celle-ci, en ce qui concerne les points que nous regardons comme les plus importants. Les Orientaux commencent à le reconnaître, et quelques-unes des nations de l'Orient, notamment le Japon, s'occidentalisent rapidement et travaillent dans le grand courant de la culture scientifique :

« L'abîme le plus profond, ajoute-t-il, qui sépare l'Orient de l'Occident, est, le manque d'individualité chez le premier, contrastant avec l'exubérant individualisme du second. L'esprit de résignation, la philosophie dominante du quiétisme, la complète négation, la subordination de la volonté de vivre qui prévalent dans le Bouddhisme, le Brahmanisme, le Shintoïsme et autres doctrines orientales en « isme » sont fatales à la vigoureuse impulsion de la civilisation occidentale[1]. »

« La civilisation européenne, dit le Dᵣ Bœlz, est active, la civilisation orientale est méditative ; elle est essentiellement bouddhique. La doctrine bouddhique commande, en effet, le calme de l'esprit, la recherche des secrets de la vie et de l'univers, en un mot tout ce qui détache l'homme du monde matériel et l'attire vers un monde spirituel. »

Pour le patriotisme, la rigueur apportée au culte des ancêtres, l'esprit actif et militaire, les Japonais peut-être sont supérieurs aux Romains eux-mêmes ; et dans la société japonaise il n'existe rien de comparable à la tyrannie exercée par les nobles dans la société romaine. Outre cette saine et solide constitution sociale, ajoutez que le Japon s'est de bonne heure assimilé la civilisation morale de l'Orient, et qu'il est à l'heure actuelle en train de s'assimiler la civilisation matérielle de l'Occident ; une civilisation nouvelle fermente dans ses îles, groupant l'intelligence grecque, le courage romain, la morale orientale, et la science occidentale.

1. Ward, *Pure sociology*, 1904, p. 32-33.

Des obstacles pourraient cependant en arrêter le développement normal; les Japonais de demain devront s'en garder avec soin. La survivance des mieux adaptés, la loi de sélection naturelle demeureront vraies; aussi quelque parfaite que s'annonce la civilisation naissante, quelque complets qu'en soient les éléments, si les Japonais ne s'efforcent d'en activer le développement, une civilisation supérieure, mieux établie encore peut survenir, qui l'écrasera. D'ailleurs tout ce qui ne progresse pas se corrompt; toujours après les grands succès, des tendances au luxe, à la paresse se manifestent.

Quelles précautions doivent donc prendre les Japonais; maintenir intact le caractère japonais, emprunter au monde des connaissances, et tirer des exemples de l'histoire. Ces points se trouvent développés dans ce qui suit. Il faut :

1° *Entretenir les qualités caractéristiques.*

Kidd s'est attaché à démontrer la nécessité de la religion; l'individualisme, qui domine en particulier dans la civilisation européenne, compromet, dit-il, le bonheur éternel d'une société. Il nous semble que la société Japonaise échapperait de façon sûre à ce péril, quelques proportions que puisse atteindre le développement de son intelligence, si les dix qualités nationales caractéristiques énumérées au chapitre II de ce même livre, parvenaient à être entretenues et développées. Ainsi, le respect de la fécondité suffira à soutenir la multiplication de la population; l'amour de l'activité, l'optimisme éclaireront la vie de santé et d'espérance, le culte des ancêtres, le patriotisme, défendront éternellement les frontières; enfin, le « Bushido » et le « Yamatodamashi » qui entretiennent la volonté, sans présenter essentiellement les caractères de la religion, pourraient fort bien tenir le rôle qui est assigné à celle-ci dans l'idéal de Kidd. Les sciences de l'intelligence pourraient être empruntées à l'Europe, et la religion proprement dite se chargerait de développer la sensibilité. Mais au progrès de l'intelligence et à celui du sentiment doit s'ajouter un élément non moins indispensable; le progrès de la volonté. L'intelligence peut indiquer le bien, la sensibilité les sentiments humains, ni l'une ni l'autre ne sauraient diriger l'action dans cette direction: pour réaliser le bien intellectuel et moral, la volonté est nécessaire, la force qui fait prendre parti. Cette force n'est-elle pas précisément le propre du *Bushido*. Pour parler proprement nous devrions dire : le Bushido c'est la volonté.

C'est un devoir urgent pour l'élite japonaise d'aviser aux moyens possibles d'entretenir ces qualités. Il ne serait pas inutile, dans ce but, d'instituer une classe de mythologie japonaise dans les établissements d'instruction nationaux, ou de développer de façon quelconque le patriotisme local.

2° Assurer le développement harmonieux de l'intellect, du sentiment et de la volonté.

Le développement de la volonté est assuré par le *Bushido*. D'autre part, le loyalisme et le culte des ancêtres assurent celui du sentiment, mais seulement du sentiment national. Quant au sentiment purement moral, il était récemment développé par les instructions du shintoïsme et du bouddhisme. Mais depuis la dernière révolution le privilège de l'éducation est échappé aux bonzes, et les prêtres shintoïstes se sont faits fonctionnaires de l'État; l'instruction est donnée, et surtout aux enfants, presque exclusivement dans les écoles. Aussi élèves et maîtres ne sont-ils pas suffisamment en rapport en dehors de la classe, et l'influence morale des maîtres sur les élèves est-elle faible. Quant à la religion, dont c'est le rôle d'exercer une telle influence, elle n'a plus aucune vie; elle est bonne tout au plus à exciter des querelles de parti; ici un temple de grande importance est publiquement vendu aux enchères; là, un bonze de grand renom est jeté en prison; la piété d'autrefois s'en va. Il faut remédier à ces défauts scolaires et religieux; la réforme du système d'éducation, des modifications d'ordre religieux sont de la plus haute importance dans le développement du sentiment moral et l'entretien des qualités nationales.

3° *Encourager l'industrie.*

Il existe un livre français intitulé : *A quoi tient la supériorité de l'Anglo-Saxon.* L'auteur, E. Demolins, a pour but d'indiquer à la société française le moyen d'éviter la ruine, en étudiant les causes de la prospérité britannique. La conclusion est qu'en Angleterre l'agriculture, le commerce et l'industrie, se développent dans d'excellentes conditions, que les carrières libérales sont fort courues, tandis qu'en France les fonctionnaires pullulent, et l'industrie végète, partant la société s'épuise. Il fait également remarquer que le système d'éducation anglais vise avant tout à développer chez l'enfant l'esprit d'indépendance, tandis que les établissements d'éducation français ne forment que des fonctionnaires. 75 p. 100 des jeunes gens à qui est posée cette question : « A quoi vous destinez-vous? » répondent comme le ferait Dubois ce que nous venons de dire; aussi les carrières libérales ne sont-elles que des refuges où se précipitent tous ceux qui ont dû renoncer à leurs premiers projets. Que ce soit là un avertissement aux Japonais.

Les Grecs et les Romains avaient négligé l'industrie, méprisé les commerçants; ils tombèrent. L'agriculture, le commerce et l'industrie sont la base économique sur quoi repose l'État; l'épuisement social suivra leur déclin, d'aussi près que l'épuisement physique suit la privation de nourriture. Ç'a été depuis longtemps le défaut du *Bushido* de négliger le développement économique. Heureusement les hommes politiques et les éducateurs ont tourné de ce côté leur attention. Spencer a dit : « La société industrielle est celle de demain; l'industrie fera la prospérité nationale. »

4° Exercer l'armée, et entretenir le militarisme.

« Ni l'industrie, ni l'art, ni la science, dit Ward, ne pourraient prospérer sans la protection de la loi et du gouvernement, ayant recours finalement au pouvoir militaire [1]. »

C'est également notre opinion qu'une civilisation nationale veut être militairement protégée. C'est une victoire de la force militaire d'avoir maintenu l'Empire romain durant mille années. La paix mondiale ne peut aujourd'hui être autre chose que la paix armée. Les armes seules peuvent assurer l'autorité suprême.

D'ailleurs le militarisme et l'entraînement de l'armée sont d'un excellent effet, même en temps de paix ; ils sont des préventifs contre la mollesse et le luxe. Nous avons vu que la conscience nationale veut être stimulée, exige de la variété, sinon elle tombe dans la torpeur ; à cet égard la guerre est une excellente chose ; elle chasse du cœur toute mollesse, et y entretient le courage et la fermeté.

Il est bon de se rappeler que Rome dut toute sa prospérité à la force de ses armes, mais il ne faut pas oublier qu'elle lui dut également sa ruine. Les Romains abandonnaient aux esclaves et aux peuples vaincus les travaux matériels ; eux se battaient, faisaient des guerres. Richesse, honneurs, ne se gagnaient que sur le champ de bataille et durant la paix des comices spécialement institués, assuraient l'entretien des citoyens en levant des

1. Ward ; *Pure Sociology*, 1901, p. 30-31.

impôts; nous avons vu le mauvais équilibre d'une telle constitution, l'esclavage des citoyens envers l'État, l'extension démesurée des territoires, le mélange des peuples, tous vices qui devaient amener la dissolution de la société.

5° *Lutter contre l'efféminalion et le luxe.*

L'efféminalion et le luxe accompagnent presque nécessairement les progrès de la civilisation. Sans doute les causes de la ruine des États sont multiples, mais toutes, si l'on remonte un peu, ont pour point de départ l'efféminalion et le luxe dans la société. C'est donc pour les peuples civilisés un devoir de première importance de demeurer diligents, économes, simples et de conserver leur corps robuste. C'était là notre pensée, lorsque dans le tableau des éléments de la civilisation nous avons inséré le mot « corps ». Voici un passage tiré d'un ouvrage japonais de M. Miyaké : *La paix et la sensibilité nerveuse.*

« Les professeurs de culture physique exhortent chacun à l'entrainement des muscles; je ne sache pas qu'ils se préoccupent de l'entrainement des nerfs; par là j'entends l'ensemble du système nerveux. Tous les nerfs se développent sous les stimulations extérieures; aussi le froid, le chaud, fortifient-ils le corps : « Qui se repose « se rouille », dit un proverbe allemand; voilà qui donne une idée fort exacte de la nature du système nerveux. Tout nerf stimulé produit un acte, mais tout en agissant il augmente sa solidité, et l'épiderme, le derme, les muscles en bénéficient. Mais avec les progrès de la civilisation, l'homme se fait à la paix, à l'inaction; il prend horreur de tout ce qui émeut sa sensibilité nerveuse; il évite le froid, le chaud, surtout le travail, le système nerveux n'est plus stimulé, et peu à peu le corps s'affaiblit; par suite, l'action devient de plus en plus traînante et le travail de plus en plus insupportable. J'ai entendu dire à un chasseur, qu'en traitant avec trop de soins les faucons ou les chiens de chasse, on les rend paresseux et l'on tue en eux l'acuité visuelle, auditive, ou olfactive. Il n'en est pas autrement de l'homme; si l'armée allemande fut sérieusement inquiétée voici quelques années par la tribu d'Herero qui habite la côte sud-ouest de l'Afrique, c'est que l'acuité nerveuse de ces sauvages est extraordinairement développée; et cela est naturel puisque les stimulations sont pour eux beaucoup plus fréquentes. »

Puis M. Miyaké explique que, selon lui, c'est à la grande finesse de leur sensibilité nerveuse que les Japonais durent leur victoire sur les Russes : puis il en profite pour leur tracer une ligne de conduite :

« La supériorité de l'armée japonaise vient de ce qu'elle est fort bien endurcie à la privation et à la souffrance : et qu'elle a appris à satisfaire ses besoins avec ce dont elle peut disposer : et cela, en s'interdisant l'abondance. Un médecin anglais témoin de la guerre en

Mandchourie attribue la supériorité des Japonais à leur peu d'exigences : une si grande simplicité est insupportable aux Anglais, civilisés depuis si longtemps déjà : les Japonais, eux, ne le sont que depuis fort peu de temps. D'autre part, cette supériorité de l'armée japonaise tient encore, à ce que, jusque chez les moindres de ses soldats, apparaît une intelligence qui les rend capables de remplacer les officiers enlevés par la mort : il en était bien autrement chez les Russes. Ce n'est encore là qu'une conséquence de notre acuité nerveuse : nous la tenons de nos ancêtres, et notre devoir est de la conserver même pendant la paix. Le mal de la civilisation est qu'elle rend insupportable la privation, et qu'elle tue l'esprit pratique à l'aide duquel l'homme fait convenir ce dont il dispose à ses besoins. Aujourd'hui déjà, au Japon, tout le monde n'est plus capable de coudre ou de lire sous l'*ando*, l'ancienne lanterne japonaise : voici un exemple de l'émoussement de notre sensibilité. On voit qu'il s'est peu fait attendre. »

En résumé, gardons-nous, qu'avec la civilisation et le progrès de la vie pratique, l'effémination et le luxe ne nous envahissent, sinon le sort de Rome attend notre patrie.

6°. *Encourager les idées de liberté et d'indépendance.*

Dans ce paragraphe nous voulons dire quelques mots de la relation entre étatisme et soumission. L'étatisme ne va pas sans la soumission : et au point de vue administratif, la soumission facilite le développement systématique de la société : mais, d'un autre côté, elle pousse au despotisme les administrateurs et le peuple à la servilité. Il est fort heureux que jamais depuis l'antiquité le Japon n'ait eu à souffrir de la tyrannie, et qu'il n'ait pas eu à lutter pour sa liberté : ainsi, les abus ordinaires de l'étatisme, n'y sont remarquables ni chez les dirigeants ni chez les dirigés : il semble que la nation n'ait eu qu'à se louer jusqu'ici d'un tel régime. Mais que réserve au Japon l'étatisme? A l'avènement de l'empereur actuel, Yukichi Fukuzawa, s'est laissé emporter à des paroles violentes contre l'esprit de soumission : « La partialité avec laquelle, depuis les temps les plus reculés, est répartie chez nous la puissance, est maintenant passée dans notre moelle, et aucun ébranlement ne l'en saurait plus extirper... » « Chacun de nous, élevé sous un gouvernement partial, n'éprouve aucune honte à se soumettre à celui qui suit. Quelle différence entre les Européens et nous : chacun d'eux s'honore de son rôle dans la société, de son état civil, et défend ses droits... » « Raï Sanyo a entrepris la critique de la politique d'Ashikaga, qui ayant partagé sa puissance avec ses vassaux, eut une fin déplorable : la famille d'Ashikaga, dit-il, vit lui échapper toute autorité, parce qu'il n'avait pas maintenu la concentration du pouvoir.

Une telle explication ne nous étonne pas d'un savant de cette époque : elle témoigne peut-être d'une grande connaissance de la famille, mais d'une ignorance totale de l'État. S'il est vrai que la politique d'Ashikaga ait rencontré l'insuccès pour avoir décentralisé le pouvoir, il faut admettre que la politique de Tokugawa, qui la centralise comme pas une, réalise l'idéal. » Si Yukichi Fukuzawa a parlé si catégoriquement, c'est, croyons-nous, que pour combattre les idées conservatrices alors étrangement opiniâtres, il était indispensable de se placer de parti pris à l'extrême opposé.

Incontestablement l'énergie latente de l'esprit de soumission a fait beaucoup pour la prospérité actuelle du Japon : il semble bien d'ailleurs que Fukuzawa n'ait pas ignoré ce point, car il dit ailleurs :

« La centralisation du pouvoir est nécessaire parfois, pour tenir le cœur du peuple, pour établir l'ordre : une telle constitution n'est pas nécessairement malveillante, mais seulement primitive. D'ailleurs l'habile centralisation du pouvoir a le plus souvent pour effet, une prospérité éclatante qui pendant un instant éblouit les yeux. Mais à y regarder de plus près, on découvre les vices, des signes apparaissent qui témoignent qu'une politique de ce genre est sans valeur : plus le despotisme est habile, plus les maux en sont graves; plus il dure, plus les abus s'incrustent et deviennent indéracinables. Qu'on en juge par la domination paisible de Tokugawa : parce que sa politique despotique fut très habilement dirigée, parce qu'elle se maintint longtemps, il nous est impossible de réformer les mœurs, de renouveler le commerce. »

Il y a là du vrai : mais il ne faut pas pour cela conclure brutalement contre l'étatisme, et l'esprit de soumission. Plus tard la publication par le même auteur des vingt-neuf préceptes soi-disant essentiels de la morale, fit grand bruit : la soumission et la fidélité aux lois de la justice, n'y figuraient point comme vertus.

Si nous avons ici parlé de l'étatisme, c'est qu'il est au Japon un principe proprement national : et somme toute, il faut s'attacher à le maintenir. Sans doute, il expose le peuple à une soumission abusive : c'est là le danger dont nous devons nous garder, si nous voulons pouvoir continuer notre lutte avec les puissances du monde : pour cela entretenons l'esprit d'indépendance et de liberté.

La société japonaise, pense Lafcadio Hearn, n'est pas encore parfaitement unifiée. Elle est le résultat des forces de pression très puissantes qu'exercent les uns sur les autres les individus; ceux-ci ne jouissent pas pratiquement de la libre concurrence. Le Japon d'aujourd'hui est encore flottant entre le despotisme fondé sur un culte antique, et la communauté des individus, armés tous du droit absolu de libre concurrence. Depuis des siècles la constitution sociale du Japon a à peine varié : saura-t-elle s'adapter, demande Lafcadio Hearn, aux circonstances nouvelles. Le Japon d'aujourd'hui, dit-il, n'est démocratique que d'apparence. Les peuples occidentaux se familiarisent avec la libre concurrence, si les Japonais n'agissent pas de même ils se verront dépasser. Les Japonais ont accompli bien des choses : mais on aurait tort de croire qu'ils peuvent tout, eux surtout, car si c'est là leur pensée, leur avenir et singulièrement compromis [1].

Ces six articles résument, croyons-nous, les soins à prendre pour assurer à l'avenir le progrès de la civilisation japonaise : ils permettront peut-être au Japon l'harmonieuse unification du parfait développement du corps, de l'intellect, du sentiment et de la volonté.

Nos vues sont d'accord avec celles qu'exposent Lecky [2] ». Le développement national, pense-t-il, a ses causes dans la vie de la famille, dans les rapports commerciaux, la moralité publique, il exige la simplicité, le courage, l'équité, la rectitude du jugement, effet du caractère et de l'intelligence. Pour prévoir l'avenir d'un état, ajoute Lecky, c'est sur ces différents points que l'on doit porter l'attention. D'autre part on trouve dans l'*Évolution sociale* de Kidd ces lignes.

« Ce n'est pas en s'en tenant aux différences de couleur, d'origine, de capacités intellectuelles que la science peut juger de la supériorité ou de l'infériorité d'une race ; l'évolution qu'accomplit l'homme est avant tout, et par-dessus

---

1. Lafcadio Hearn, *The soul of Japan, an attempt at interpretation.*
2. W. E. H. Lecky, *The Political Value of History.*

tout sociale. Il n'y a donc qu'une preuve possible de supériorité : c'est la race qui possède les qualités les plus favorables au développement de l'activité sociale qui seule peut s'appeler supérieure. Mais en général ces qualités ne sont pas de celles qui brillent, qui frappent l'imagination, ce sont surtout la force et l'énergie de caractère, l'humanité, la probité et l'intégrité, le dévouement simple à l'idée du devoir dans toutes les circonstances qui peuvent se présenter[1]. »

Nous ne pensons pas autrement : une fois encore, si les Japonais ne perdent pas de vue ces diverses considérations, celles surtout mentionnées dans les six articles précédents, la société japonaise et sa civilisation sont assurées d'un développement éternel.

1. B. Kidd, *Social Evolution*, p. 318-319.

COULOMMIERS

Imprimerie Paul BRODARD.

LIBRAIRIE FÉLIX ALCAN

FÉLIX ALCAN ET R. LISBONNE, ÉDITEURS

PHILOSOPHIE — HISTOIRE

CATALOGUE DES

LIVRES DE FONDS

On peut se procurer tous les ouvrages qui se trouvent dans ce Catalogue par l'intermédiaire des libraires de France et de l'Étranger.

On peut également les recevoir franco par la poste, sans augmentation des prix désignés, en joignant à la demande des TIMBRES-POSTE FRANÇAIS ou UN MANDAT sur Paris.

108, BOULEVARD SAINT-GERMAIN, 108
PARIS, 6e

JANVIER 1914

Les ouvrages dont le titre est précédé d'un astérisque (*) sont recommandés par le Ministère de l'Instruction publique pour les Bibliothèques des élèves et des professeurs et pour les distributions de prix des lycées et collèges.

BIBLIOTHÈQUE
DE PHILOSOPHIE CONTEMPORAINE

(Envoi gratuit, sur demande, du prospectus par ordre de matières de la Bibliothèque de philosophie contemporaine)

VOLUMES IN-16, BROCHÉS, A 2 FR. 50
Ouvrages parus en 1912 et 1913 :

BAUER (A.). * La conscience collective et la morale. (Couronné par l'Institut.) 1912.

BONET-MAURY (G.), correspondant de l'Institut. L'unité morale des religions. 1913.

BOURDEAU (J.), membre de l'Institut. La philosophie affective. 1912.

DIDE (Dr Maurice), médecin en chef des Asiles. Les idéalistes passionnés. 1913.

EMERSON. Essais choisis. Traduits par Mme Mirabaud-Thorens. Préface de M. Lechartier, professeur adjoint à la Sorbonne. 1912.

ESTÈVE (L.). Une nouvelle psychologie de l'impérialisme. Ernest Seillière. 1913.

EUCKEN (R.), professeur à l'Université d'Iéna. Le sens et la valeur de la vie. Traduit par M.-A. Hullet et A. Leicht. Avant-propos de H. Bergson, de l'Institut. 1912.

FINNBOGASON (G.), docteur en philosophie. L'intelligence sympathique. Traduit par A. Courmont, agrégé de l'Univ., ancien lecteur à l'Univ. de Reykjavik. 1913.

HACHET-SOUPLET (P.), directeur de l'Institut de psychologie zoologique. De l'animal à l'enfant. 1913.

HALBWACHS (M.), agrégé de philosophie, docteur en droit et docteur ès lettres. La théorie de l'homme moyen. Essai sur Quetelet et la statistique morale. 1913.

HOFFDING (H.), professeur à l'Université de Copenhague. *Jean-Jacques Rousseau et sa philosophie. Traduit et précédé d'une préface par J. de Coussange. 1912.

JOUSSAIN (A.). Esquisse d'une philosophie de la nature. 1912.

LE ROY (E.). Une philosophie nouvelle. Henri Bergson. 2° édit. 1912.

MARTIN (Eug.), professeur de philosophie au collège de Villefranche-de-Rouergue. Psychologie de la volonté. Préface de P. Malapert. 1912.

PALANTE (G.), agrégé de philosophie. Pessimisme et individualisme. 1914.

PAULHAN (Fr.), correspondant de l'Institut. L'esthétique du paysage. Avec 11 planches hors texte. 1913.

RIBOT (Th.), de l'Institut, professeur honoraire au Collège de France. La vie inconsciente et les mouvements. 1914.

ROBERTY (E. de). Les concepts de la raison et les lois de l'univers. 1912.

SCHOPENHAUER. Fragments sur l'histoire de la philosophie. Trad. A. Dietrich. 1912. (Parerga et Paralipomena.)

— Essai sur les apparitions et opuscules divers. Trad. A. Dietrich. 1912. (Id.)

SEGOND (J.), docteur ès lettres. *L'intuition bergsonienne. 1913.

SEILLIÈRE (E.). Mysticisme et domination. Essai de critique impérialiste. 1913.

SIMIAND (F.), agrégé de philosophie, docteur en droit. La méthode positive en science économique. 1912.

SOLLIER (P.). * Morale et moralité. Essai sur l'intuition morale. 1912.

WILBOIS (G.). Les nouvelles méthodes d'éducation. L'éducation de la volonté et du cœur. (Travaux de l'École d'humanités modernes publiés sous la direction de M. J. Wilbois.)

Précédemment publié :

ALAUX (V.). La philosophie de Victor Cousin.

ALLIER (R.). * La philosophie d'Ernest Renan. 2° édit. 1903.

ARRÉAT (L.). * La morale dans le drame, l'épopée et le roman. 2° édit.

— * Mémoire et imagination (Peintres, musiciens, poètes, orateurs). 2° édit.

— Les croyances de demain.

— Dix ans de philosophie. 1902.

— Le sentiment religieux en France. 1903.

— Art et psychologie individuelle. 1905.

ASLAN (G.), docteur ès lettres. L'expérience et l'invention en morale. 1908.

AVEBURY (Lord) (Sir John Lubbock). Paix et bonheur. 1910. Trad. A. Mason. (V. p. 1.)

BALDWIN (J.-M.), correspondant de l'Institut. * Le Darwinisme dans les sciences morales. Traduit par G. L. Duprat, docteur ès lettres. 1910.

BALLET (G.), professeur à la Faculté de médecine de Paris. Le langage intérieur et les diverses formes de l'aphasie. 3° édit.

VOLUMES IN-16 A 2 FR. 50

VOLUMES IN-16 A 2 FR. 50

PILLON (F.), lauréat de l'Institut. * La philosophie de Charles Secrétan.
PIOGER (Dr Julien). Le monde physique. *Essai de conception expérimentale.*
PROAL (Louis), conseiller à la Cour d'appel de Paris. L'éducation et le suicide des enfants. *Étude psychologique et sociologique.* 1907.
QUEYRAT, professeur de l'Univ. * L'imagination et ses variétés chez l'enfant. 5e éd. [illegible]
— * L'abstraction, *son rôle dans l'éducation intellectuelle.* 2e édit., revue. 1907.
— * Les caractères et l'éducation morale. 4e éd. 1911.
— * La logique chez l'enfant et sa culture. 4e édition, revue. 1911.
— * Les jeux des enfants. 3e édit. 1911.
— * La curiosité. *Étude de psychologie appliquée.* 1909.
(*Les six volumes ci-dessus ont été récompensés par l'Institut.*)
RAGEOT (G.), agrégé de philosophie. Les savants et la philosophie. 1907.
REGNAUD (P.), professeur à l'Université de Lyon. Précis de logique évolutionniste.
— Comment naissent les mythes.
RENARD (Georges), professeur au Collège de France. Le régime socialiste. 6e éd. 1911.
RÉVILLE (A.), professeur au Collège de France. Histoire du dogme de la divinité de Jésus-Christ. 4e édit. 1907.
REY (A.), professeur à l'Université de Dijon. * L'énergétique et le mécanisme. 1907.
RIBOT (Th.), de l'Institut, professeur honoraire au Collège de France, directeur de la *Revue philosophique.* La philosophie de Schopenhauer. 12e édition.
— * Les maladies de la mémoire. 23e édit. 1911.
— * Les maladies de la volonté. 29e édit. 1911.
— * Les maladies de la personnalité. 15e édit. 1911.
— * La psychologie de l'attention. 12e édit. 1913.
— Problèmes de psychologie affective. 1910.
RICHARD (G.), professeur à l'Univ. de Bordeaux. * Socialisme et science sociale. 3e édit.
RICHET (Ch.), professeur à l'Univ. de Paris. Essai de psychologie générale. 9e édit. 1912.
ROBERTY (E. de). La recherche de l'unité.
— L'agnosticisme. *Essai sur quelques théories pessimistes de la connaissance.* 2e éd.
— Le psychisme social.
— Les fondements de l'éthique.
— La constitution de l'éthique. 1901.
— Frédéric Nietzsche. 3e édit. 1903.
ROEHRICH (E.). * L'attention spontanée et volontaire. (*Récompensé par l'Institut.*) 1907.
ROGUES DE FURSAC. Un mouvement mystique contemporain. *Le réveil religieux au Pays de Galles* (1904-1905). 1907.
— * L'avarice. *Essai de psychologie morbide.* 1911.
ROISEL. De la substance.
— L'idée spiritualiste. 2e édit. 1901.
ROUSSEL-DESPIERRES. L'idéal esthétique. *Esquisse d'une philosophie de la beauté.* 1904.
RZEWUSKI (S.). L'optimisme de Schopenhauer. 1908.
SCHOPENHAUER. * Le fondement de la morale. Trad. par A. Burdeau. 10e édit. 1909.
— * Essai sur le libre arbitre. Trad. et annoté par Salomon Reinach, de l'Institut. 12e édit. 1913.
— Pensées et fragments, avec introduction par J. Bourdeau. 23e édit. 1913.
— * Écrivains et style. Traduct. Dietrich. 3e édit. 1911 (*Parerga et Paralipomena*).
— * Sur la religion. Traduct. Dietrich. 2e édit. 1908. id.
— * Philosophie et philosophes. Traduct. Dietrich. 1907. id.
— * Éthique, droit et politique. Traduct. Dietrich. 1908. id.
— Métaphysique et esthétique. Traduct. Dietrich. 1909. id.
— * Philosophie et science de la nature. 1911 id.
SEGOND (J.), docteur ès lettres, agrégé de phil. * Cournot et la psychologie vitaliste. 1910.
SEILLIÈRE (E.). Introduction à la philosophie de l'impérialisme. 1910.
SOLLIER (P.). Les phénomènes d'autoscopie, avec fig. 1903.
— * Essai critique et théorique sur l'association en psychologie. 1907.
SOURIAU (P.), professeur à l'Université de Nancy. * La rêverie esthétique. 1906.
SPENCER (Herbert). * Classification des sciences. 9e édit. 1909.
— L'individu contre l'État. 8e édit. 1908.
STUART MILL. * Auguste Comte et la philosophie positive. 8e édit. 1907.
— * L'utilitarisme. 7e édit. 1911.
— Correspondance inédite avec Gustave d'Eichthal (1828-1842)-(1864-1871).
SULLY PRUDHOMME, de l'Académie française. * Psychologie du libre arbitre. 2e éd. 1907.
— et Ch. RICHET. Le problème des causes finales. 4e édit. 1907.
SWIFT. L'éternel conflit. 1907.
TANON (L.). * L'évolution du droit et la conscience sociale. 3e édit., revue. 1911.
TARDE, de l'Institut. La criminalité comparée. 7e édit. 1910.
— * Les transformations du droit. 7e édit. 1912.
— * Les lois sociales. *Esquisse d'une sociologie.* 7e édit. 1913.
TAUSSAT (J.). Le monisme et l'animisme. 1908.
THAMIN (R.), recteur de l'Académie de Bordeaux. * Éducation et positivisme. 3e édit. 1910. (*Couronné par l'Institut.*)
THOMAS (P. Félix), docteur ès lettres. * La suggestion, *son rôle dans l'éducation.* 4e édit. 1907.
— * Morale et éducation. 3e édit. 1911.
WINTER (M.). * La méthode dans la philosophie des mathématiques. 1911.
WUNDT. Hypnotisme et suggestion. *Étude critique.* Trad. Keller. 5e édit. 1913.
ZIEGLER. La question sociale est une question morale. Trad. Palante. 4e édit. 1911.

VOLUMES IN-8
Suite des ouvrages parus en 1911 et 1912.

TERRAILLON (E.), docteur ès lettres, principal du collège de Saint-Claude. *L'honneur, sentiment et principe moral.* 1912. (Récompensé par l'Institut) .... 5 fr.

WILBOIS (J.). *Devoir et durée. Essai de morale sociale.* 1912 .... 7 fr. 50

Précédemment publiés :

ADAM, rect. de l'Acad. de Nancy. *La philosophie en France (1re moitié du XIXe siècle).* 7 fr. 50

ARRÉAT. *Psychologie du peintre.* .... 5 fr.

AUBRY (Dr Paul). *La contagion du meurtre.* 3e éd. .... 5 fr.

BAIN (Alex.). *La logique inductive et déductive.* Trad. Compayré. 5e éd. 1912. 2 vol. 20 fr.

BALDWIN (Mark), professeur à l'Université de Princeton (États-Unis). *Le développement mental chez l'enfant et dans la race.* Trad. Nourry. Préface de L. Marillier. 7 fr. 50

BARDOUX (J.), professeur à l'École des Sciences politiques. *Essai d'une psychologie de l'Angleterre contemporaine. Les crises belliqueuses.* (Couronné par l'Académie française.) 1906 .... 7 fr. 50
— *Essai d'une psychologie de l'Angleterre contemporaine. Les crises politiques. Protectionnisme et radicalisme.* 1907 .... 5 fr.

BARTHÉLEMY-SAINT-HILAIRE, de l'Institut. *La philosophie dans ses rapports avec les sciences et la religion.* .... 5 fr.

BARZELLOTTI, professeur à l'Univ. de Rome. *La philosophie de Taine.* 1900. 7 fr. 50

BASCH (V.), chargé de cours à la Sorbonne. *La poétique de Schiller.* 2e éd., revue. 1911. 7 fr. 50

BAYET (A.). *L'idée de bien. Essai sur le principe de l'art moral rationnel.* 1908. 3 fr. 75

BAZAILLAS (A.), docteur ès lettres, prof. au lycée Condorcet. *La vie personnelle.* 1905. 5 fr.
— *Musique et inconscience. Introduction à la psychologie de l'inconscient.* 1907 .... 5 fr.

BELOT (G.), inspecteur général de l'instruction publique. *Études de morale positive.* (Récompensé par l'Institut) 1907 .... 7 fr. 50

BERGSON (H.), de l'Institut. *Matière et mémoire. Essai sur la relation du corps à l'esprit.* 9e éd. 1912 .... 5 fr.
— *Essai sur les données immédiates de la conscience.* 10e éd. 1912 .... 3 fr. 75
— *L'évolution créatrice.* 11e éd. 1912 .... 7 fr. 50

BERR (H.), directeur de la Revue de synthèse historique. *La synthèse en histoire. Essai critique et théorique.* 1911 .... 5 fr.

BERTHELOT (R.), de l'Acad. de Belgique. *Évolutionnisme et Platonisme.* 1908. 5 fr.
— *Un romantisme utilitaire. Étude sur le mouvement pragmatiste.* T. I. *Le pragmatisme chez Nietzsche et chez Poincaré.* 1911. 1 vol. in-8 .... 7 fr. 50 (V. p. 4.)

BERTRAND, professeur à l'Université de Lyon. *L'enseignement intégral.* 1909 .... 5 fr.
— *Les études dans la démocratie.* 1900 .... 5 fr.

BINET (A.). *Les révélations de l'écriture,* avec 67 grav. 1906. .... 5 fr.

BLOCH (L.), docteur ès lettres, agrégé de philos. *La philosophie de Newton.* 1908. 10 fr.

BOEX-BOREL (J.-H. Rosny aîné). *Le pluralisme.* 1909 .... 5 fr.

BOIRAC (E.), recteur de l'Acad. de Dijon, corresp. de l'Inst. *L'idée du phénomène.* 5 fr.
— *La psychologie inconnue. Introduction et contribution à l'étude expérimentale des sciences psychiques.* 3e éd., revue. 1912. (Récompensé par l'Institut.) .... 5 fr.

BOUGLÉ, chargé de cours à la Sorbonne. *Les idées égalitaires.* 2e éd. 1908 .... 3 fr. 75
— *Essais sur le régime des castes.* (Travaux de l'Année sociologique.) 1908 .... 3 fr.

BOURDEAU (L.). *Le problème de la mort et ses solutions imaginaires.* 4e éd. 1904. 5 fr.
— *Le problème de la vie. Essais de sociologie générale.* 1901 .... 7 fr. 50

BOURDON, professeur à l'Université de Rennes. *De l'expression des émotions et des tendances dans le langage.* .... 7 fr. 50

BOUTROUX (E.), de l'Acad. franç. *Études d'histoire de la philosophie.* 3e éd. 1908. 7 fr. 50

BRAUNSCHVIG, docteur ès lettres. *Le sentiment du beau et le sentiment poétique.* 1904. 3 fr. 75

BRAY (L.). *Du beau. Essai sur l'origine et l'évolution du sentiment esthétique.* 1902. 5 fr.

BROCHARD (V.), de l'Institut. *De l'erreur.* 2e éd. .... 5 fr.

BROCGUILLES (R.). *Le droit et la sociologie.* 1910 .... 3 fr. 75

BRUNSCHVICG (L.), maître de conférences à la Sorbonne. *La modalité du jugement.* 5 fr.
— *Spinoza.* 2e éd. 1906 .... 3 fr. 75

CARRAU (Ludovic), professeur à la Sorbonne. *Philosophie religieuse en Angleterre.* 5 fr.

CELLÉRIER (L.) *Esquisse d'une science pédagogique. Les faits et les lois de l'éducation.* (Récompensé par l'Institut.) 1910 .... 7 fr. 50

CHABOT (Ch.), professeur à l'Université de Lyon. *Nature et moralité.* .... 5 fr.

CHIDE (A.), agrégé de philosophie. *Le mobilisme moderne.* 1908 .... 5 fr.

CLAY (E.). *L'alternative. Contribution à la psychologie.* 2e éd. .... 10 fr.

COLLINS (Howard). *Résumé de la philosophie de Herbert Spencer.* 5e éd. 1911. 10 fr.

COSENTINI (F.), professeur à l'Université nouvelle de Bruxelles, directeur de la Science sociale. *La sociologie génétique. Essai sur la pensée et la vie sociale préhistoriques.* 1905. 3 fr. 75

COSTE (Ad.). *Les principes d'une sociologie objective.* .... 3 fr. 75
— *L'expérience des peuples et les prévisions qu'elle autorise.* 1900 .... 10 fr.

COUTURAT (L.), docteur ès lettres. *Les principes des mathématiques.* 1905. ...... 5 fr.

CRÉPIEUX-JAMIN. *L'écriture et le caractère.* 5e éd. 1900 .... 7 fr. 50

CRESSON, doct. ès lettres, prof. au collège Chaptal. *La morale de la raison théorique.* 1903. 5 fr.

CROCE (B.). *La philosophie de la pratique. Économie et esthétique.* Traduit par H. Buriot et le Dr Jankélévitch. 1911 .... 7 fr. 50

GYON (E. de). *Dieu et science. Essai de psychologie des sciences.* 2e éd. 1912. 7 fr. 50

DARBON (A.), docteur ès lettres. *L'explication mécanique et le nominalisme.* 1910. 3 fr. 75

DAURIAC (L.). *Essai sur l'esprit musical.* 1904 .... 5 fr.

DAVID (Alexandra), professeur à l'Université nouvelle de Bruxelles. *Le modernisme bouddhiste et le bouddhisme du Bouddha.* 1911 .... 5 fr.

VOLUMES IN-8

DELACROIX (H.), maître de conférences à la Sorbonne. * Études d'histoire et de psychologie du mysticisme. Les grands mystiques chrétiens. 1908 .... 10 fr.

DELBOS (V.), membre de l'Institut, professeur à la Sorbonne. La philosophie pratique de Kant. 1905. (Couronné par l'Académie française.) .... 17 fr. 50

DELVAILLE (J.), agrégé de philosophie, docteur ès lettres. * La vie sociale et l'éducation. 1902. (Récompensé par l'Institut.) .... 3 fr. 75

DELVOLVÉ (J.), professeur à l'Université de Montpellier. * Religion, critique et philosophie positive chez Pierre Bayle. 1906 .... 7 fr. 50

DRAGHICESCO (D.), professeur à l'Université de Bucarest. Du rôle de l'individu dans le déterminisme social .... 7 fr. 50

— * Le problème de la conscience. 1907 .... 3 fr. 75

DROMARD (G.). * Essai sur la sincérité. 1910 .... 5 fr.

DUBOIS (J.), docteur ès philosophie. Le problème pédagogique. Essai sur la position du problème et la recherche de ses solutions. 1913 .... 7 fr. 50

DUGAS (L.), docteur ès lettres. * Le problème de l'éducation. 3e édit., revue. 1911. 5 fr.

DUMAS (G.), professeur à la Sorbonne. Psychologie de deux Messies positivistes. Saint-Simon et Auguste Comte. 1905 .... 5 fr.

DUPRAT (G.-L.), docteur ès lettres. L'instabilité mentale .... 5 fr.

DUPRÉ (Dr E.) et NATHAN (Dr M.) Le langage musical. Étude médico-psychologique. Préface de Ch. Malherbe, bibliothécaire de l'Opéra. 1911 .... 3 fr. 75

DUPROIX (P.), doyen de la Faculté des Lettres de Genève. Kant et Fichte et le problème de l'éducation. 2e édit. (Couronné par l'Académie française.) .... 5 fr.

DURAND (de Gros). Aperçus de taxinomie générale .... 5 fr.

— Nouvelles recherches sur l'esthétique et la morale .... 5 fr.

— Variétés philosophiques. 2e édit., revue et augmentée. 1900 .... 5 fr.

DURKHEIM (E.), prof. à la Sorbonne. * De la division du travail social. 3e édit. 1911. 7 fr. 50

— Le suicide. Étude sociologique. 2e édit. 1912 .... 7 fr. 50

— * L'Année sociologique : 12 volumes parus. (V. t. XII, p. 6).

   1re Année (1896-1897). — Durkheim : La prohibition de l'inceste et ses origines. — G. Simmel : Comment les formes sociales se maintiennent. — Analyses des travaux de sociologie publiés du 1er juillet 1896 au 30 juin 1897 .... 10 fr.

   2e Année (1897-1898). — Durkheim : De la définition des phénomènes religieux. — Hubert et Mauss : La nature et la fonction du sacrifice. — Analyses .... 10 fr.

   3e Année (1898-1899). Épuisé.

   4e Année (1899-1900). — Bouglé : Remarques sur le régime des castes. — Durkheim : Deux lois de l'évolution pénale. — Charmont : Notes sur les causes d'extinction de la propriété corporative. — Analyses .... 10 fr.

   5e Année (1900-1901). Épuisé.

   6e Année (1901-1902). — Durkheim et Mauss : De quelques formes primitives de classification. Contribution à l'étude des représentations collectives. — Bouglé : Les théories récentes sur la division du travail. — Analyses .... 12 fr. 50

   7e Année (1902-1903). Épuisé.

   8e Année (1903-1904). — H. Bourgin : La boucherie à Paris au XIXe siècle. — E. Durkheim : L'organisation matrimoniale australienne. — Analyses .... 12 fr. 50

   9e Année (1904-1905). — H. Meillet : Comment les noms changent de sens. — Mauss et Beuchat : Les variations saisonnières des sociétés eskimos. — Analyses .... 12 fr. 50

   10e Année (1905-1906). — P. Huvelin : Magie et droit individuel. — R. Hertz : Contribution à une étude sur la représentation collective de la mort. — C. Bouglé : Note sur le droit et la caste en Inde. — Analyses .... 12 fr. 50

   Tome XI. Analyses des travaux sociologiques publiés de 1906 à 1909 .... 13 fr.

DWELSHAUVERS, professeur à l'Université de Bruxelles. * La synthèse mentale. 1908. 5 fr.

EBBINGHAUS (H.), professeur à l'Université de Halle. Précis de psychologie. 2e édit., revue sur la 3e édit. all. par le Dr G. Raphaël d'Allonnes. Avec 14 fig. 1914 .... 5 fr.

EGGER (V.), professeur à la Sorbonne. La parole intérieure. 2e édit. 1904 .... 5 fr.

ENRIQUES (F.), professeur à l'Université de Bologne. * Les problèmes de la science et la logique. Trad. J. Dubois. 1908 .... 3 fr. 75

ESPINAS (A.), de l'Institut. * La philosophie sociale du XVIIIe siècle et la Révolution française .... 7 fr. 50

EVELLIN (F.), de l'Institut. La raison pure et les antinomies. Essai critique sur la philosophie kantienne. (Couronné par l'Institut.) 1907 .... 5 fr.

FERRERO (G.). Les lois psychologiques du symbolisme .... 5 fr.

FERRI (Enrico), professeur à l'Université de Rome et à l'Université nouvelle de Bruxelles, député au Parlement italien. La sociologie criminelle. Trad. L. Terrier, 2e éd. 1914. 10 fr.

FERRI (Louis). Histoire critique de la psychologie de l'association .... 7 fr. 50

FINOT (J.). Le préjugé des races. 3e édit. 1908. (Récompensé par l'Institut.) .... 7 fr. 50

— La philosophie de la longévité. 11e édit., refondue. 1908 .... 5 fr.

— Préjugé et problème des sexes. 5e édit. 1913 .... 5 fr.

FONSEGRIVE, professeur au lycée Buffon. * Essai sur le libre arbitre. 2e édit. (Couronné par l'Institut.) .... 10 fr.

FOUCAULT, professeur à l'Université de Montpellier. La psychophysique. 1901 .... 7 fr. 50

— * Le rêve. 1905 .... 5 fr.

FOUILLÉE (Alf.), de l'Institut. * La liberté et le déterminisme. 6e édit. 1913 .... 7 fr. 50

— Critique des systèmes de morale contemporains. 7e édit. 1912 .... 7 fr. 50

— * La morale, l'art et la religion, d'après Guyau. 8e édit., augmentée. 1913 .... 3 fr. 75

— L'avenir de la métaphysique fondée sur l'expérience. 2e édit. .... 5 fr.

— * L'évolutionnisme des idées-forces. 5e édit. 1911 .... 7 fr. 50

— * La psychologie des idées-forces. 2 vol. 3e édit. 1912 .... 15 fr.

— * Tempérament et caractère selon les individus, les sexes et les races. 4e éd. 1901. 7 fr. 50

— Le mouvement positiviste et la conception sociologique de morale. 2e éd. .... 7 fr. 50

VOLUMES IN-8

VOLUMES IN-8

LALO (Ch.), docteur ès lettres. * Esthétique musicale scientifique. 1908................ 5 fr.
— * L'esthétique expérimentale contemporaine. 1908............................. 3 fr. 75
— Les sentiments esthétiques. 1910.................................... 5 fr.
LANDRY (A.), député, docteur ès lettres. * Principes de morale rationnelle. 1905.... 5 fr.
LAVEISSAN (J.-L. de), député, ancien ministre. * La morale des religions. 1905.... 10 fr.
— * La morale naturelle. 1908.................................... 1 fr. 50
LAPIE (P.), recteur de l'Université de Toulouse. Logique de la volonté. 1908.... 7 fr. 50
LAUVRIÈRE, docteur ès lettres, professeur au lycée Louis-le-Grand. Edgar Poë. Sa vie et
    son œuvre. Étude de psychologie pathologique. (Récompensé par l'Institut.) 1904.   10 fr.
LAVELEYE (de). * De la propriété et de ses formes primitives. 5ᵉ édit. 1913...... 10 fr.
LEBLOND (M.-A.). * L'idéal du XIXᵉ siècle. 1909.................... 5 fr.
LE BON (Dʳ Gustave). * Psychologie du socialisme. 7ᵉ éd., revue. 1912........... 7 fr. 50
LECHALAS (G.). * Études esthétiques. 1902.................... 5 fr.
— Étude sur l'espace et le temps. 2ᵉ édit. revue et augmentée. 1909.... 5 fr.
LEDMARTIER (G.). David Hume, moraliste et sociologue. 1910.................... 5 fr.
LECLÈRE (A.), professeur à l'Université de Berne. Essai critique sur le droit d'affirmer. 5 fr.
LE DANTEC, chargé de cours de biologie générale à la Sorbonne. * L'unité dans l'être
    vivant. Essai d'une biologie chimique. 1902........................ 7 fr. 50
— * Les limites du connaissable, la vie et les phénomènes naturels. 3ᵉ éd. 1908. 3 fr. 75
LÉON (Xavier). * La philosophie de Fichte. Ses rapports avec la conscience contemporaine.
    Préface de E. Boutroux, de l'Académie française. 1902. (Couronné par l'Institut.) 10 fr.
LEROY (E. Bernard). Le langage. Sa psychologie normale et pathologique. 1905... 5 fr.
LÉVY (A.), professeur à l'Université de Nancy. La philosophie de Feuerbach. 1904. 10 fr.
LÉVY-BRUHL (L.), professeur à la Sorbonne. * La philosophie de Jacobi.......... 5 fr.
— * Lettres de S. Mill à Aug. Comte, avec les réponses de Comte et une introduction.. 10 fr.
— * La philosophie d'Auguste Comte. 3ᵉ édit., revue 1913................... 7 fr. 50
— * La morale et la science des mœurs. 5ᵉ éd., 1913................... 5 fr.
— Les fonctions mentales dans les sociétés inférieures (Travaux de l'Année sociologique).
    1910.................................... 7 fr. 50
LIARD, de l'Institut, vice-recteur de l'Académie de Paris. * Descartes. 3ᵉ éd. 1911.. 5 fr.
— * La science positive et la métaphysique. 5ᵉ éd. 1905.................... 7 fr. 50
LICHTENBERGER (H.), professeur adjoint à la Sorbonne. * Richard Wagner, poète et
    penseur. 5ᵉ édit., revue. 1911. (Couronné par l'Académie française.)............. 10 fr.
— Henri Heine penseur. 1905.................................... 3 fr. 75
LOMBROSO (César), professeur à l'Université de Turin. * L'homme criminel. 5ᵉ éd., 2 vol.
    et atlas de 61 pl.................................... 38 fr.
— Le crime. Causes et remèdes. 2ᵉ éd., avec 22 fig. et 11 planches. 1907........... 10 fr.
— L'homme de génie, avec gravures et planches. 4ᵉ éd. 1909.................... 10 fr.
— et FERRERO. La femme criminelle et la prostituée, avec 13 pl. hors texte.... 15 fr.
— et LASCHI. Le crime politique et les révolutions. 2 vol. avec grav. et pl. h. texte. 15 fr.
LUBAC (E.), agr. de philos. * Psychologie rationnelle. Préf. de H. Bergson. 1904.. 3 fr. 75
LUQUET (G.-H.), agrégé de philosophie. * Idées générales de psychologie. 1906..... 5 fr.
LYON (G.), recteur de l'Acad. de Lille. * L'idéalisme en Angleterre au XVIIIᵉ siècle. 7 fr. 50
— * Enseignement et religion. Études philosophiques.................... 3 fr. 75
MALAPERT (P.), docteur ès lettres, professeur au lycée Louis-le-Grand. * Les éléments du
    caractère et leurs lois de combinaison. 2ᵉ éd. 1906.................... 5 fr.
MARION (H.), professeur à la Sorbonne. * De la solidarité morale. 6ᵉ éd. 1907...... 5 fr.
MARTIN (Fr.). * La perception extérieure et la science positive.................... 5 fr.
MATAGRIN (Amédée). La psychologie sociale de Gabriel Tarde. 1909.................... 5 fr.
MAXWELL (J.). Les phénomènes psychiques. Préf. de Pʳ Ch. Richet. 1ʳᵉ éd. 1902. 5 fr.
MÉNARD (A.), docteur ès lettres. Analyse et critique des principes de la psychologie de
    W. James. 1910.................................... 7 fr. 50
MENDOUSSE (P.), docteur ès lettres, professeur au lycée de Digne. * L'âme de l'adoles-
    cent. 2ᵉ éd. 1911.................................... 5 fr.
MEYERSON (E.). Identité et réalité. 2ᵉ éd., revue et augmentée. 1912.................... 10 fr.
MORTON PRINCE, professeur de pathologie du système nerveux à l'École de médecine
    de « Tufts College ». La dissociation d'une personnalité. Étude biographique de psycho-
    logie pathologique. Traduit par E. Ray et J. Ray. 1911.................... 10 fr.
MULLER (Max), prof. à l'Université d'Oxford. * Nouvelles études de mythologie.. 12 fr. 50
MYERS. La personnalité humaine. Trad. Jankélévitch. 3ᵉ éd. 1910................... 7 fr. 50
NAVILLE (Ernest). * La définition de la philosophie.................... 5 fr.
— Le libre arbitre. 2ᵉ édit.................................... 5 fr.
— Les philosophies négatives.................................... 5 fr.
— Les systèmes de philosophie ou les philosophies affirmatives. 1909.................... 7 fr. 50
NORDAU (Max). * Dégénérescence. 7ᵉ éd. 1910. 2 vol. Tome I, 7 fr. 50. Tome II.. 10 fr.
— Les mensonges conventionnels de notre civilisation. 11ᵉ éd. 1912.................... 5 fr.
— * Vus du dehors. Essais de critique sur quelques auteurs français contemp. 1903. 5 fr.
— Le sens de l'histoire. Trad. Jankélévitch. 1909.................... 7 fr. 50
NOVICOW (J.). Les luttes entre sociétés humaines. 3ᵉ éd. 1911.................... 10 fr.
— * La justice et l'expansion de la vie. Essai sur le bonheur des sociétés humaines. 1905. 7 fr. 50
— La critique du Darwinisme social. 1909.................... 7 fr. 50
OLDENBERG, prof. à l'Univ. de Kiel. * Le Bouddha. Trad. par P. Foucher, chargé de cours
    à la Sorbonne. Préf. de Sylvain Lévi, prof. au Collège de France. 3ᵉ éd. 1903. 7 fr. 50
— * La religion du Véda. Traduit par V. Henry, professeur à la Sorbonne. 1903. 10 fr.
OSSIP-LOURIÉ, professeur à l'Université nouvelle de Bruxelles. La philosophie russe
    contemporaine. 2ᵉ éd. 1905.................................... 5 fr.
— * La psychologie des romanciers russes au XIXᵉ siècle. 1905.................... 7 fr. 50

VOLUMES IN-8

OUVRÉ (H.). * Les formes littéraires de la pensée grecque (*Cour. par l'Acad. franç.*). 10 fr.
PALANTE (G.), agrégé de philosophie. Combat pour l'individu. 1904 ... 3 fr. 75
PAULHAN (Fr.), correspondant de l'Institut. * Les caractères. 3e édit., revue. 1909. 5 fr.
— Les mensonges du caractère. 1905 ... 5 fr.
— Le mensonge de l'art. 1907 ... 5 fr.
PAYOT (J.), recteur de l'Académie d'Aix. La croyance. 3e édit. 1911 ... 5 fr.
— * L'éducation de la volonté. 37e édit. 1913 ... 5 fr.
PÉRÈS (Jean), professeur au lycée de Caen. * L'art et le réel ... 3 fr. 75
PÉREZ (Bernard). Les trois premières années de l'enfant. 7e édit. 1911 ... 5 fr.
— L'enfant de trois à sept ans. 4e édit. 1907 ... 5 fr.
— L'éducation morale dès le berceau. 4e édit. 1901 ... 5 fr.
— * L'éducation intellectuelle dès le berceau. 2e édit. 1901 ... 5 fr.
PIAT (C.), professeur à l'Institut catholique. La personne humaine. 2e édit., revue et augmentée. 1913. (*Couronné par l'Académie des Inscriptions et Belles-Lettres.*) ... 7 fr. 50
— * Destinée de l'homme. 2e édit., revue, 1913 ... 5 fr.
— La morale du bonheur. 1909 ... 5 fr.
PICAVET (F.), chargé de cours à la Sorbonne. * Les idéologues (*Cour. par l'Ac. franç.*). 10 fr.
PIDERIT. La mimique et la physiognomonie. Trad. de l'allem. par M. Girot ... 5 fr.
PILLON (F.), lauréat de l'Institut. * L'Année philosophique (*Couronné par l'Institut.*) 1890 à 1911. (1890 et 1894 épuisées) 22 vol. Chacun ... 5 fr.
PIOGER (Dr J.). La vie et la pensée ... 5 fr.
— La vie sociale, la morale et le progrès ... 5 fr.
PREYER, professeur à l'Université de Berlin. Éléments de physiologie générale ... 5 fr.
PROAL, conseiller à la Cour d'Appel de Paris. * La criminalité politique. 2e éd. 1908. 5 fr.
— * Le crime et la peine. 4e édit. (*Couronné par l'Institut.*) 1911 ... 10 fr.
— Le crime et le suicide passionnels. 1900. (*Couronné par l'Académie française.*). 10 fr.
RAGEOT (G.), agrégé de philosophie. * Le succès. *Auteurs et public.* 1906 ... 3 fr. 75
RAUH (F.), professeur adjoint à la Sorbonne. * De la méthode dans la psychologie des sentiments. (*Couronné par l'Institut.*) ... 5 fr.
— * L'expérience morale. 2e édition, revue. 1909 (*Récompensé par l'Institut.*) ... 3 fr. 75
RAUH (F.), professeur adjoint à la Sorbonne. * Études de morale, recueillies et publiées par H. Daudin, M. David, G. Davy, H. Franck, R. Hertz, G. Hesnard, J. Laporte, R. Le Senne, H. Wallon. 1911 ... 10 fr.
RÉCÉJAC, docteur ès lettres. Essai sur les fondements de la connaissance mystique. 5 fr.
RENARD (G.), prof. au Collège de France. * La méthode scient. dans l'histoire littéraire. 10 fr.
RENOUVIER (Ch.), de l'Institut. * Les dilemmes de la métaphysique pure. 1901 ... 5 fr.
— Le personnalisme, avec une étude sur *la perception externe et la force.* 1903 ... 10 fr.
— * Critique de la doctrine de Kant. 1906 ... 7 fr. 50
— * Science de la morale. Nouv. édit. 2 vol. 1908 ... 15 fr.
REVAULT D'ALLONNES (G.), docteur ès lettres, agrégé de philosophie. Psychologie d'une religion. *Guillaume Monod (1800-1896).* 1908 ... 5 fr.
— * Les inclinations. *Leur rôle dans la psychologie des sentiments.* 1908 ... 3 fr. 75
REY (A.), professeur à l'Université de Dijon. * La théorie de la physique chez les physiciens contemporains. 1907 ... 7 fr. 50
RIBERY, doct. ès lettres. Essai de classification naturelle des caractères. 1903. 3 fr. 75
RIBOT (Th.), de l'Institut, professeur honoraire au Collège de France, directeur de la *Revue philosophique.* * L'hérédité psychologique. 9e édit. 1910 ... 7 fr. 50
— * La psychologie anglaise contemporaine. 3e édit. 1907 ... 7 fr. 50
— * La psychologie allemande contemporaine (*École expérimentale*). 7e édit. 1909. 7 fr. 50
— La psychologie des sentiments. 9e édit. 1911 ... 7 fr. 50
— L'évolution des idées générales. 3e édit. 1909 ... 5 fr.
— * Essai sur l'imagination créatrice. 3e édit. 1908 ... 5 fr.
— * La logique des sentiments. 4e édit. 1912 ... 3 fr. 75
— * Essai sur les passions. 3e édit. 1910 ... 3 fr. 75
RICARDOU (A.), docteur ès lettres. * De l'idéal. (*Couronné par l'Institut.*) ... 5 fr.
RICHARD (G.), professeur de sociologie à l'Université de Bordeaux. * L'idée d'évolution dans la nature et dans l'histoire. 1903. (*Couronné par l'Institut.*) ... 7 fr. 50
RIEMANN (H.), prof. à l'Univ. de Leipzig. * Les éléments de l'esthétique musicale. 1906. 5 fr.
RIGNANO (E.). La transmissibilité des caractères acquis. 1908 ... 5 fr.
RIVAUD (A.), professeur à l'Université de Poitiers. Les notions d'essence et d'existence dans la philosophie de Spinoza. 1906 ... 3 fr. 75
ROBERTY (E. de). L'ancienne et la nouvelle philosophie ... 7 fr. 50
— * La philosophie du siècle (*positivisme, criticisme, évolutionnisme.*) ... 5 fr.
— * Nouveau programme de sociologie. 1904 ... 5 fr.
— * Sociologie de l'action. 1908 ... 7 fr. 50
RODRIGUES (G.), doct. ès lettres, prof. au lycée Michelet. Le problème de l'action. 3 fr. 75
ROEHRICH (E.). * Philosophie de l'éducation. (*Récompensé par l'Institut*). 1910. 5 fr.
ROMANES. * L'évolution mentale chez l'homme. *Origine des facultés humaines.* 7 fr. 50
ROUSSEL-DESPIERRES (Fr.). * *Hors du scepticisme.* Liberté et beauté. 1907 ... 7 fr. 50
RUSSELL. * La philosophie de Leibniz. Trad. J. Ray. Préf. de M. Lévy-Bruhl. 1908. 3 fr. 75
RUYSSEN (Th.), prof. à l'Univ. de Bordeaux. * L'évolution psychologique du jugement. 5 fr.
SABATIER (A.), prof. à l'Univ. de Montpellier. Philosophie de l'effort. 2e édit. 1908. 7 fr. 50
SAIGEY (E.). * Les sciences au XVIIIe siècle. *La physique de Voltaire* ... 5 fr.
SAINT-PAUL (Dr G.). * Le langage intérieur et les paraphasies. 1904 ... 5 fr.
SANZ Y ESCARTIN. L'individu et la réforme sociale. Trad. Dietrich ... 7 fr. 50
SCHILLER (F.), professeur à l'Université d'Oxford. * Études sur l'humanisme. 1909. 10 fr.

VOLUMES IN-8

SCHINZ (A.), professeur à l'Université de Bryn Mawr (Pennsylvanie). Anti-pragmatisme. Examen des droits respectifs de l'aristocratie intellectuelle et de la démocratie sociale. 5 fr.

SCHOPENHAUER. Aphorismes sur la sagesse dans la vie. (Parerga et Paralipomena). Trad. Cantacuzène. 10ᵉ éd. 1913 ...

— Le monde comme volonté et comme représentation. 6ᵉ éd. 3 vol., chaque ... 7 fr. 50

SÉAILLES (G.), professeur à la Sorbonne. Essai sur le génie dans l'art. 4ᵉ éd. 1911. 5 fr.

— La philosophie de Ch. Renouvier. Introduction au néo-criticisme. 1905 ... 7 fr. 50

SÉGOND (J.), agrégé de philosophie, docteur ès lettres. La prière. Essai de psychologie religieuse. (Couronné par l'Académie française.) 1910 ... 7 fr. 50

SORELLE (Sophie). La leçon orientale. 3ᵉ éd., refondue. 1901 ... 5 fr.

SOLLIER (Dr P.). Le problème de la mémoire. Essai de psycho-mécanique. 1900. 3 fr. 75

— Psychologie de l'idiot et de l'imbécile, avec 12 pl. hors texte. 2ᵉ éd. 1902 ...

— Le mécanisme des émotions. 1905 ...

— Le doute. Étude de psychologie affective. 1909 ... 7 fr. 50

SOURIAU (Paul), professeur à l'Université de Nancy. L'esthétique du mouvement. 5 fr.

— La beauté rationnelle. 1904 ... 10 fr.

— La suggestion dans l'art. 2ᵉ éd. 1909 ... 5 fr.

SPENCER (Herbert). Les premiers principes. Traduct. Cazelles. 11ᵉ éd. 1907 ... 10 fr.

— Principes de biologie. Traduct. Cazelles. 6ᵉ éd. 1910. 2 vol ... 20 fr.

— Principes de psychologie. Trad. par MM. Ribot et Espinas. 2 vol. Nouv. éd. 20 fr.

— Principes de sociologie. 5 vol. : I. Données de la sociologie. 10 fr. II. Inductions de la sociologie. Relations domestiques. 7 fr. 50. III. Institutions cérémonielles et politiques. 15 fr. IV. Institutions ecclésiastiques. 3 fr. 75. V. Institutions professionnelles. 7 fr. 50.

— Essais sur le progrès. Trad. A. Burdeau. 5ᵉ éd. 1901 ... 7 fr. 50

— Essais de politique. Trad. A. Burdeau. 5ᵉ éd. 1906 ... 7 fr. 50

— Essais scientifiques. Trad. A. Burdeau. 4ᵉ éd. 1913 ... 7 fr. 50

— De l'éducation physique, intellectuelle et morale. 11ᵉ éd. 1912 ... 5 fr.

— Justice. Trad. Castelot. 3ᵉ éd. 1903 ... 7 fr. 50

— Le rôle moral de la bienfaisance. Trad. Castelot et Martin Saint-Léon ... 7 fr. 50

— La morale des différents peuples. Trad. Castelot et Martin Saint-Léon ... 7 fr. 50

— Problèmes de morale et de sociologie. Trad. H. de Varigny. Nouv. éd., 1906. 7 fr. 50

— Une autobiographie. Trad. et adaptation par H. de Varigny, 1907 ... 10 fr.

STAPFER (P.), professeur honoraire à l'Université de Bordeaux. Questions esthétiques et religieuses. 1906 ... 3 fr. 75

STEIN (L.), professeur à l'Université de Berne. La question sociale au point de vue philosophique. 1900 ... 10 fr.

STUART MILL. Mes mémoires. Histoire de ma vie et de mes idées. 5ᵉ éd ... 5 fr.

— Système de logique déductive et inductive. 6ᵉ éd. 1909. 2 vol ... 20 fr.

— Essais sur la religion. 3ᵉ éd. 1904 ... 5 fr.

— Lettres inédites à Auguste Comte et réponses d'Auguste Comte ... 10 fr.

SULLY (James). Le pessimisme. Trad. Bertrand. 3ᵉ éd ... 7 fr. 50

— Essai sur le rire. Ses formes, ses causes, son développement, sa valeur. 1904 ... 7 fr. 50

SULLY PRUDHOMME, de l'Acad. franç. La vraie religion selon Pascal. 1905 ... 7 fr. 50

— Le lien social. Publié par C. Hémon ... 3 fr. 75

TARDE (G.), de l'Institut. La logique sociale. 4ᵉ éd. 1912 ... 7 fr. 50

— Les lois de l'imitation. 6ᵉ éd. 1911 ... 7 fr. 50

— L'opinion et la foule. 3ᵉ éd. 1910 ... 5 fr.

TARDIEU (Dr E.). L'ennui. Étude psychologique. 2ᵉ éd., revue et corrigée. 1913 ... 5 fr.

TASSY (E.). Le travail d'idéation. 1911 ... 5 fr.

THOMAS (P.-F.), docteur ès lettres. Pierre Leroux, sa philosophie. 1904 ... 5 fr.

— L'éducation des sentiments. (Couronné par l'Institut.) 5ᵉ éd. 1910 ... 5 fr.

TISSERAND (P.), docteur ès lettres, professeur au lycée Charlemagne. L'anthropologie de Maine de Biran. 1909 ... 10 fr.

UDINE (Jean d'). L'art et le geste. 1900 ... 5 fr.

URTIN (H.), avocat, docteur ès lettres. L'action criminelle. À ... la philosophie pratique. 1911 ... 5 fr.

VACHEROT (E.), de l'Institut. Essais de philosophie critique ... 7 fr. 50

— La religion ... 7 fr. 50

WAYNBAUM (Dr I.). La physionomie humaine. 1907 ... 5 fr.

WEBER (L.). Vers le positivisme absolu par l'idéalisme. 1903 ... 7 fr. 50

BIBLIOTHÈQUE DE PHILOSOPHIE CONTEMPORAINE

TRAVAUX DE L'ANNÉE SOCIOLOGIQUE

Vol. in-8, publiés sous la direction de M. É. DURKHEIM, prof. à la Sorbonne.

ANNÉE SOCIOLOGIQUE, 12 volumes parus, voir détails pages 6 et 9.

BOUGLÉ (C.), chargé de cours à la Sorbonne. Essais sur le régime des castes. 1908. 5 fr.

HUBERT (H.) et MAUSS (M.), directeurs adjoints à l'École des Hautes Études. Mélanges d'histoire des religions. 1909 ... 5 fr.

LÉVY-BRUHL (L.), professeur à la Sorbonne. Les fonctions mentales dans les sociétés inférieures. 1910 ... 7 fr. 50

DURKHEIM (É.), professeur à la Sorbonne. Les formes élémentaires de la vie religieuse. Le système totémique en Australie. Avec 1 carte. 1912 ... 10 fr.

HALBWACHS (M.), agrégé de philosophie, docteur en droit et docteur ès lettres. La classe ouvrière et les niveaux de vie. Recherches sur la hiérarchie des besoins dans les sociétés industrielles contemporaines. 1913 ... 7 fr. 50

COLLECTION HISTORIQUE DES GRANDS PHILOSOPHES

PHILOSOPHIE ANCIENNE

ARISTOTE. La Poétique d'Aristote, par A. Hatzfeld et M. Dufour. In-8, 1900. 6 fr.
— Physique, II, trad. et commentaire, par O. Hamelin, chargé de cours à la Sorbonne. 1 vol. in-8........................ 3 fr.
— Aristote et l'idéalisme platonicien, par Ch. Werner, docteur ès lettres. 1910. 1 vol. in-8........................ 7 fr. 50
— La morale d'Aristote, par Mme Jules Favre. 1 vol. in-18........................ 3 fr. 50
— Éthique à Nicomaque. Livre II. Trad. de P. d'Hérouville et H. Verne. Introd. et notes de P. d'Hérouville. in-8. 1 fr. 50
— La métaphysique. Livre I. Trad. et commentaires par G. Colle. 1912. 1 vol. gr. in-8........................ 5 fr.
ÉPICURE. * La morale d'Épicure, par M. Guyau. 5e édit. 1 vol. in-8..... 7 fr. 50
MARC-AURÈLE. Les Pensées de Marc-Aurèle. Trad. A.-P. Lemercier, doyen de l'Univ. de Caen. 1909. 1 vol. in-16. 3 fr. 50
PLATON. La théorie platonicienne des sciences, par Élie Halévy. 1 vol. in-8. 5 fr.
— Œuvres, traduction Victor Cousin, revue par J. Barthélemy-Saint-Hilaire : *Socrate et Platon ou le Platonisme — Eutyphron — Apologie de Socrate — Criton — Phédon.* 1 v. in-8..... 7 fr. 50
— La définition de l'être et la nature des idées dans le Sophiste de Platon, par A. Diès. 1909. 1 vol. in-8........ 4 fr.
SOCRATE. * Philosophie de Socrate, par A. Fouillée, de l'Institut. 2 vol. in-8. 16 fr.
— Le procès de Socrate, par G. Sorel. 1 vol. in-8........................ 3 fr. 50
— La morale de Socrate, par Mme Jules Favre. 1 vol. in-18........ 3 fr. 50
STRATON DE LAMPSAQUE. * La physique de Straton de Lampsaque, par G. Rodier, professeur à la Sorbonne. 1 vol. in-8. 3 fr.

BÉNARD. La philosophie ancienne, ses systèmes. 1 vol. in-8........ 9 fr.
DIÈS (A.), docteur ès lettres. Le cycle mystique. *La divinité. Origine et fin des existences individuelles dans la philosophie antésocratique.* 1909. 1 vol. in-8.. 4 fr.
FABRE (Joseph). La pensée antique. *De Moïse à Marc-Aurèle.* 2e édit.... 5 fr.
GOMPERZ. Les penseurs de la Grèce. Trad. Reymond. (*Cour. par l'Acad. franç.*)
I. * *La philosophie antésocratique.* 2e édit. 1 vol. gr. in-8........................ 10 fr.
II. * *Athènes, Socrate et les Socratiques, Platon.* 2e édit. 1 vol. gr. in-8... 12 fr.
III. * *L'ancienne académie. Aristote et ses successeurs : Théophraste et Straton de Lampsaque.* 1910. 1 vol. gr. in-8. 10 fr.
GUYOT (H.), docteur ès lettres. L'infinité divine depuis *Philon le Juif jusqu'à Plotin.* 1906. 1 vol. in-8........ 5 fr.
LAFONTAINE (A.). Le plaisir, *d'après Platon et Aristote.* 1 vol. in-8..... 6 fr.
MILHAUD (G.), prof. à la Sorbonne. * Les philosophes géomètres de la Grèce. 1900. in-8 (*Couronné par l'Institut.*). 6 fr.
— Études sur la pensée scientifique chez les Grecs et chez les modernes. 1906. 1 vol. in-16........................ 3 fr.
— Nouvelles études sur l'histoire de la pensée scientifique. 1911. 1 vol. in-8. (*Couronné par l'Académie française.*). 5 fr.
OUVRÉ (H.). Les formes littéraires de la pensée grecque. 1 vol. in-8. (*Couronné par l'Académie française.*)........ 10 fr.
RIVAUD (A.), professeur à l'Université de Poitiers. Le problème du devenir et la notion de la matière, *des origines jusqu'à Théophraste.* (*Couronné par l'Académie française.*) 1906. In-8. 10 fr.
ROBIN (L.), maître de conférences à la Sorbonne. La théorie platonicienne des idées et des nombres d'après Aristote. *Étude historique et critique.* In-8. 12 fr. 50
— La théorie platonicienne de l'amour. 1 vol. in-8........................ 3 fr. 75
(*Ouvrages couronnés par l'Institut et par l'Association pour l'encouragement des Études grecques.*)

PHILOSOPHIES MÉDIÉVALE ET MODERNE

* DESCARTES, par L. Liard, de l'Institut, 2e édit. 1 vol. in-8........ 5 fr.
— Essai sur l'esthétique de Descartes, par E. Krantz, prof. à l'Univ. de Nancy. 2e édit. 1 vol. in-8. (*Couronné par l'Académie française.*)........ 6 fr.
— Descartes, directeur spirituel, par V. de Swarte. 1 vol. in-16 avec planches. (*Cour. par l'Institut.*)........ 4 fr. 50
— Le système de Descartes, par O. Hamelin. Publié par L. Robin. Préface de E. Durkheim. 1911. 1 vol. in-8.. 7 fr. 50
— Index scolastico-cartésien, par Ét. Gilson, docteur ès lettres, agrégé de philosophie. 1913. 1 vol. in-8....... 7 fr. 50
— La liberté chez Descartes et la théologie, par le même. 1913. 1 vol. in-8.. 7 fr. 50
ÉRASME. Stultitiae laus Des. Erasmi Rot. declamatio. Publié et annoté par J.-B. Kan, avec fig. de Holbein. 1 vol. in-8. 6 fr. 75
FABRE (J.). * La pensée chrétienne. *Des Évangiles à l'Imitat. de J.-C.* 1 v. in-8. 9 fr.
GASSENDI. La philosophie de Gassendi, par P.-F. Thomas. 1 vol. in-8..... 6 fr.
LEIBNIZ. * Œuvres philosophiques, pub. par P. Janet. 2 vol. in-8........ 20 fr.
— * La logique de Leibniz, par L. Couturat. 1 vol. in-8........ 12 fr.
— Opuscules et fragments inédits de Leibniz, par L. Couturat. 1 vol. in-8..... 25 fr.
LEIBNIZ. * Leibniz et l'organisation religieuse de la Terre, *d'après des documents inédits*, par Jean Baruzi. 1 vol. in-8. (*Couronné par l'Académie française.*) 10 fr.
— La philosophie de Leibniz, par B. Russell, trad. par M. Ray, préface de M. Lévy-Bruhl. 1 vol. in-8. (*Couronné par l'Acad. franç.*)........ 3 fr. 75
— Discours de la métaphysique, introd. et notes par H. Lestienne. 1 vol. in-8. 2 fr.
— Leibniz historien, par L. Davillé, docteur ès lettres. 1 vol. in-8........ 12 fr.
MALEBRANCHE. * La philosophie de Malebranche, par Ollé-Laprune, de l'Institut. 2 vol. in-8........................ 16 fr.
PASCAL. Étude sur le scepticisme de Pascal, par Droz, professeur à l'Université de Besançon. 1 vol. in-8........ 6 fr.
ROSCELIN. Roscelin philosophe et théologien, par F. Picavet, chargé de cours à la Sorbonne. 1911. 1 vol. gr. in-8..... 4 fr.
* ROUSSEAU (J.-J.). Sa philosophie, par H. Höffding. 1 vol. in-16...... 2 fr. 50
— * Du Contrat social. Introduction par E. Dreyfus-Brisac. 1 vol. in-8.. 12 fr.

ROYER-COLLARD. Les fragments philosophiques de Royer-Collard réunis et publiés pour la première fois à part avec une introd. sur la philosophie écossaise et spiritualiste au XIXe siècle, par A. Schimberg. 1913. 1 vol. in-8... 6 fr.

SAINT THOMAS D'AQUIN. Thesaurus philosophiae thomisticae, publié par G. Bouillar, docteur en théologie et en droit canon. 1 vol. gr. in-8... 6 fr. 50
— L'idée de l'État dans Saint Thomas d'Aquin, par J. Zeiller. 1 v. in-8. 3 fr. 50
— Sa morale, par A. D. Sertillanges. 12 fr.

SPINOZA. Benedicti de Spinoza opera, quotquot reperta sunt, pabl. par J. Van Vloten et J.-P.-N. Land. 3 v. in-13, cart. 13 fr.
— Ethica ordine geometrico demonstrata, publ. par les mêmes. 1 v. gr. in-8. 4 fr. 30
— Sa philosophie, par L. Brunschvicg, maître de conférences à la Sorbonne. 2e édit. 1 vol. in-8... 3 fr. 75

VOLTAIRE. Les sciences au XVIIIe siècle. Voltaire physicien, par Em. Saigey. 1 vol. in-8... 5 fr.

DAMIRON. Mémoires pour servir à l'histoire de la philosophie au XVIIIe siècle. 3 vol. in-8... 15 fr.
DELVAILLE (J.), docteur ès lettres. Essai sur l'histoire de l'idée de progrès jusqu'à la fin du XVIIIe siècle. 1911. 1 vol. in-8. 12 fr.
FABRE (Joseph). *L'imitation de Jésus-Christ. Trad. nouvelle. 1907. 1 vol. in-8. 7 fr.
— *La pensée moderne. De Luther à Leibniz. 1908. 1 vol. in-8... 8 fr.
— Les pères de la Révolution. De Bayle à Condorcet. 1909. 1 vol. in-8... 10 fr.
FIGARD (L.), docteur ès lettres. Un médecin philosophe au XVIe siècle. La psychologie de Jean Fernel. 1 vol. in-8. 1903. 3 fr. 50
PICAVET, chargé de cours à la Sorbonne. Esquisse d'une histoire générale et comparée des philosophies médiévales. 1 vol. in-8. 2e éd. 1907. 7 fr. 50
— Essais sur l'histoire générale et comparée des théologies et des philosophies médiévales. 1913. 1 v. gr. in-8. 7 fr. 50
WULF (M.). Histoire de la philosophie médiévale. 1re éd. 1 vol. in-8... 10 fr.

PHILOSOPHIE ANGLAISE

BERKELEY. Œuvres choisies. Nouvelle théorie de la vision. Dialogues d'Hylas et de Philonoüs. Trad. par MM. Beaulavon et Parodi. 1 vol. in-8... 5 fr.
— Le Journal philosophique de Berkeley (Commonplace Book). Étude et trad. par R. Gourg, doct. ès lett. 1 v. gr. in-8. 4 fr.
DUGALD STEWART. * Philosophie de l'esprit humain. 3 vol. in-12... 9 fr.
GODWIN. William Godwin (1756-1836). Sa vie, ses œuvres principales. La « Justice politique », par R. Gourg, docteur ès lettres. 1 vol. in-8... 6 fr.
HOBBES. La philosophie de Hobbes, par G. Lyon, recteur de l'Académie de Lille. 1 vol. in-16... 2 fr. 50

HUME (David). Œuvres philosophiques choisies. Trad. par M. David. Préface de L. Lévy-Bruhl. I. Essai sur l'entendement humain. Dialogues sur la religion naturelle. 1912. 1 vol. in-8... 5 fr.
— II. Traité de la nature humaine. De l'entendement. 1912. 1 vol. in-8... 6 fr.
LOCKE. *La philosophie générale de John Locke, par H. Ollion, docteur ès lettres. 1909. 1 vol. in-8... 7 fr. 50
NEWTON. La philosophie de Newton, par L. Bloch. 1908. 1 vol. in-8... 10 fr.

LYON (G.), recteur de l'Académie de Lille. *L'idéalisme en Angleterre au XVIIIe siècle. 1 vol. in-8... 7 fr. 50
SPENCER (H.), trad. franç., voy. p. 5 et 12.
STUART MILL, trad. franç., voy. p. 5 et 12.

PHILOSOPHIE ALLEMANDE

FEUERBACH. Sa philosophie, par A. Lévy, prof. à l'Univ. de Nancy. 1 vol. in-8. 10 fr.
HEGEL. * Logique. 2 vol. in-8... 11 fr.
— *Philosophie de la nature. 3 v. in-8. 25 fr.
— *Philosophie de l'esprit. 2 vol. in-8. 18 fr.
— *Philosophie de la religion. 2 vol. 30 fr.
— La Poétique. 2 vol. in-8... 17 fr.
— Esthétique. 2 vol. in-8... 16 fr.
— Antécédents de l'Hégélianisme dans la philosophie française, par E. Beaussire, de l'Institut. 1 vol. in-18... 2 fr. 50
— Introduction à la philosophie de Hegel, par Véra. 1 vol. in-8... 6 fr. 50
— *La logique de Hegel, par Ed. Noël. 1 vol. in-8... 3 fr.
— Sa vie et ses œuvres, par P. Roques, prof. agr. au lycée de Chartres. 1912. 1 v. in-8. 6 fr.
HERBART. * Principales œuvres pédagogiques. Trad. Pinloche. in-8... 7 fr. 50
— La métaphysique de Herbart et la critique de Kant, par M. Mauxion, prof. à l'Univ. de Poitiers. 1 vol. in-8. 7 fr. 50
— L'éducation par l'instruction et Herbart, par le même. 2e éd. 1 v. in-16. 1905. 2 fr. 50
JACOBI. Sa philosophie, par L. Lévy-Bruhl, prof. à la Sorbonne. 1 vol. in-8... 5 fr.
KANT. Critique de la raison pratique, trad., introd. et notes par M. Picavet. 4e édit. revue. 1 vol. in-8... 6 fr.
— *Critique de la raison pure, traduction par MM. Pacaud et Tremesaygues. 3e éd. in-8... 12 fr.

— *Mélanges de logique, trad. Tissot. 1 v. in-8... 6 fr.
— * La religion dans les limites de la raison. Trad., introduction et notes par A. Tremesaygues, licencié ès lettres. 1912. 1 vol. in-8... 5 fr.
— Sa morale, par A. Cresson, docteur ès lettres. 2e édit. 1 vol. in-16... 2 fr. 50
— Traité de pédagogie. Trad. Jules Barni. Avec préf., sommaires et lexique par R. Thamin. 3e édit., rev. 1 vol. in-16. 1 fr. 50
— Sa philosophie pratique, par V. Delbos, membre de l'Institut. 1 vol. in-8. 12 fr. 50
— L'idée ou critique du Kantisme, par C. Piat. 2e édit. 1 vol. in-8... 6 fr.
KANT et FICHTE et le problème de l'éducation, par Paul Duproix, doyen de la Faculté des lettres de Genève. 1 v. in-8... 5 fr.
KNUTZEN. * Martin Knutzen. La critique de l'harmonie préétablie, par Van Bibel, prof. aux lycées Condorcet et St-Louis, docteur ès lettres. 1905. 1 vol. in-8. 3 fr.
SCHELLING. Bruno, ou du Principe divin. 1 vol. in-8... 3 fr. 50
SCHILLER. Sa poétique, par V. Basch, chargé de cours à la Sorbonne. 2e édit. revue. 1912. 1 vol. in-8... 7 fr. 50
SCHLEIERMACHER. Sa philosophie religieuse, par E. Cramaussel, doct. ès lettres, agrégé de philos. 1909. 1 vol. in-8. 5 fr.

SCHOPENHAUER (A.). Traductions françaises, voir p. 2, 5 et 12.
— La philosophie de Schopenhauer, par Th. Ribot, 12e éd. 1 vol. in-16. 2 fr. 50
— L'optimisme de Schopenhauer, par S. Reinwein. 1 vol. in-16...... 2 fr. 50
SIMMEL. Le relativisme philosophique chez Georg Simmel, par A. Mamelet. 1912. 1 vol. in-8................. 3 fr. 75
STRAUSS (David-Frédéric). Sa vie et son œuvre, par A. Lévy, professeur à l'Université de Nancy. 1 vol. in-8. 1910. 5 fr.

DELACROIX (H.), maître de conférences à la Sorbonne. Essai sur le mysticisme spéculatif en Allemagne au XIVe siècle. 1900. 1 vol. in-8............... 5 fr.
Philosophie allemande au XIXe siècle (La), par MM. Ch. Andler, V. Basch, J. Benrubi, C. Bouglé, V. Delbos, G. Dwelshauvers, B. Groethuysen, H. Norero. 1912. 1 vol. in-8.............. 5 fr.
VAN BIEMA (E.), docteur ès lettres, agrégé de philosophie, professeur aux lycées Condorcet et St-Louis. L'espace et le temps chez Leibnitz et chez Kant. 1908. 1 vol. in-8.............. 6 fr.

LES GRANDS PHILOSOPHES

Collection publiée sous la direction de C. Piat

Agrégé de philosophie, docteur ès lettres, professeur honoraire à l'Institut catholique de Paris.

Liste par ordre d'apparition :

Kant, par M. Ruyssen, prof. à l'Univ. de Bordeaux. 2e éd. in-8. (Cour. par l'Instit.) 7 fr. 50
Socrate, par C. Piat. 3e édition. 1 vol. in-8....................... 5 fr.
Avicenne, par le baron Carra de Vaux. 1 vol. in-8................. 5 fr.
Saint Augustin, par Jules Martin. 2e édition. 1 vol. in-8.......... 7 fr. 50
Malebranche, par Henri Joly, de l'Institut. 1 vol. in-8............ 5 fr.
Pascal, par A. Hatzfeld. 1 vol. in-8.............................. 5 fr.
Saint Anselme, par le Cte Domet de Vorges. 1 vol. in-8............ 5 fr.
Spinoza, par P.-L. Couchoud. 1 vol. in-8. (Couronné par l'Académie française.).... 5 fr.
Aristote, par C. Piat. 2e édition. 1 vol. in-8..................... 5 fr.
Gazali, par le baron Carra de Vaux. 1 vol. in-8. (Couronné par l'Académie française.) 3 fr.
Maine de Biran, par Marius Couailhac. 1 vol. in-8. (Récompensé par l'Institut.) 7 fr. 50
Platon, par C. Piat. 1 vol. in-8.................................. 7 fr. 50
Montaigne, par F. Strowski, professeur à l'Université de Bordeaux. 1 vol. in-8..... 6 fr.
Philon, par Jules Martin. 1 vol. in-8............................. 5 fr.
Rosmini, par J. Palhoriès, docteur ès lettres. 1 vol. in-8........ 7 fr. 50
Saint Thomas d'Aquin, par A. D. Sertillanges, 3e édit. 2 vol. in-8. (Cour. par l'Instit.). 12 fr.
Épicure, par E. Joyau, professeur à l'Université de Clermont-Ferrand. 1 vol. in-8. 5 fr.
Chrysippe, par E. Bréhier, prof. à l'Univ. de Bordeaux. 1 vol. in-8. (Récomp. par l'Instit.) 5 fr.
Schopenhauer, par Th. Ruyssen. 1 vol. in-8........................ 7 fr. 50
Maïmonide, par L.-G. Lévy, doct. ès lettres, rabbin de l'Union libérale israélite. 1 vol. in-8. 5 fr.
Schelling, par E. Bréhier, professeur à l'Université de Bordeaux. 1 vol. in-8........ 6 fr.
Montesquieu, par Joseph Dedieu, professeur aux Facultés libres de Toulouse. 1 vol. in-8. 7 fr.50
Descartes, par Denys Cochin, de l'Académie française. 1 vol. in-8.............. 5 fr.

LES MAITRES DE LA MUSIQUE

Études d'Histoire et d'Esthétique, publiées sous la direction de M. JEAN CHANTAVOINE

Chaque volume in-8 écu de 250 pages environ........................... 3 fr. 50

Collection honorée d'une souscription du Ministère des Beaux-Arts.

Viennent de paraître :

Mozart, par H. de Curzon. 1914.
Meyerbeer, par L. Dauriac. 1913.

Schütz, par A. Pirro. 1913.
J.-J. Rousseau, par Jules Tiersot. 1912.

Précédemment parus :

L'Art grégorien, par Amédée Gastoué (3e éd.).
Lully, par Lionel de la Laurencie.
Haendel, par Romain Rolland (5e édit.).
Liszt, par Jean Chantavoine (3e édit.).
Gluck, par Jules Tiersot (5e édit.).
Wagner, par Henri Lichtenberger (6e édit.).
Trouvères et Troubadours, par Pierre Aubry (2e édit.).
Haydn, par Michel Brenet (2e édit.).

Rameau, par Louis Laloy (2e édit.).
Moussorgsky, par M.-D. Calvocoressi (2e éd.)
J.-S. Bach, par André Pirro (3e édit.).
César Franck, par Vincent d'Indy (6e édit.).
Palestrina, par Michel Brenet (2e édit.).
Beethoven, par Jean Chantavoine (7e édit.).
Mendelssohn, par C. Bellaigue (3e édit.).
Smetana, par William Ritter.
Gounod, par C. Bellaigue (2e édit.).

BIBLIOTHÈQUE GÉNÉRALE DES SCIENCES SOCIALES

Chaque volume in-8 de 300 pages environ, cartonné à l'anglaise............ 6 fr.

LISTE PAR ORDRE D'APPARITION

1. L'Individualisation de la peine, par R. SALEILLES, professeur à la Faculté de droit de Paris. Préface de G. TARDE. 2ᵉ édit., mise au point par O. MOERS, docteur en droit.
2. L'Idéalisme social, par Edg. FOURNIÈRE, prof. au Conservatoire des Arts et Métiers. 2ᵉ éd.
3. * Ouvriers du temps passé, par H. HAUSER, professeur à l'Université de Dijon. 3ᵉ édit.
4. * Les Transformations du pouvoir, par G. TARDE, de l'Institut. 2ᵉ édit.
5. * Morale sociale, par MM. G. BELOT, M. BERNÈS, BAUDECINICA, F. BUISSON, DARLU, DAURIAC, DELBET, Ch. GIDE, M. KOVALEVSKY, MALAPERT, le R. P. MAUMUS, de ROBERTY, G. SOREL, le Past. WAGNER. Préf. d'E. BOUTROUX, de l'Académie française. 2ᵉ édit.
6. * Les Enquêtes, pratique et théorie, par P. DU MAROUSSEM. (Couronné par l'Institut.)
7. * Questions de Morale, par MM. BELOT, BERNÈS, F. BUISSON, A. CROISET, DARLU, DELBOS, FOURNIÈRE, MALAPERT, MOCH, PARODI, G. SOREL. 2ᵉ édit.
8. Le Développement du catholicisme social, par Max TURMANN, professeur à l'Université de Fribourg. 3ᵉ édit.
9. Le Socialisme sans doctrine. *La Question ouvrière et la Question agraire en Australie et en Nouvelle-Zélande*, par Albert MÉTIN, député, agrégé de l'Université. 2ᵉ édit.
10. * Assistance sociale. *Pauvres et Mendiants*, par Paul STRAUSS, sénateur.
11. * L'Éducation morale dans l'Université, par MM. LÉVY-BRUHL, DARLU, M. BERNÈS, KOETZ, CLAIRIN, ROCAFORT, BIOCHE, Ph. GIDEL, MALAPERT, BELOT.
12. * La Méthode historique appliquée aux sciences sociales, par Charles SEIGNOBOS, professeur à la Sorbonne. 2ᵉ édit.
13. * L'Hygiène sociale, par E. DUCLAUX, de l'Institut, directeur de l'Institut Pasteur.
14. Le Contrat de travail. *Le rôle des syndicats professionnels*, par P. BUREAU.
15. * Essai d'une philosophie de la solidarité, par MM. DARLU, RAUH, F. BUISSON, GIDE, X. LÉON, La FONTAINE, LÉON BOURGEOIS, E. BOUTROUX. 2ᵉ édit.
16. * L'Exode rural et le retour aux champs, par E. VANDERVELDE. 2ᵉ édit.
17. * L'Éducation de la démocratie, par MM. E. LAVISSE, A. CROISET, Ch. SEIGNOBOS, P. MALAPERT, G. LANSON, J. HADAMARD. 2ᵉ édit.
18. * La Lutte pour l'existence et l'évolution des sociétés, par J.-L. de LANESSAN, député.
19. * La Concurrence sociale et les devoirs sociaux, par le même.
20. * L'Individualisme anarchiste. *Max Stirner*, par V. BASCH, professeur à la Sorbonne.
21. * La Démocratie devant la science, par C. BOUGLÉ, chargé de cours à la Sorbonne. 2ᵉ édit., revue. (Récompensé par l'Institut.)
22. * Les Applications sociales de la solidarité, par MM. P. BUDIN, Ch. GIDE, H. MONOD, PAULIN, ROBIN, SIEGFRIED, BROUARDEL. Préface de M. Léon BOURGEOIS, sénateur. 2ᵉ édit. 1912.
23. La Paix et l'Enseignement pacifiste, par MM. Fr. PASSY, Ch. RICHET, d'ESTOURNELLES de CONSTANT, E. BOURGEOIS, A. WEISS, H. La FONTAINE, G. LYON.
24. * Études sur la philosophie morale au XIXᵉ siècle, par MM. BELOT, DARLU, M. BERNÈS, A. LANDRY, GIDE, ROBERTY, ALLIER, H. LICHTENBERGER, L. BAUDECINICA.
25. * Enseignement et Démocratie, par MM. APPELL, J. BOITEL, A. CROISET, A. DEVINAT, Ch.-V. LANGLOIS, G. LANSON, A. MILLERAND, Ch. SEIGNOBOS.
26. * Religions et Sociétés, par MM. Th. REINACH, A. PUECH, R. ALLIER, A. LEROY-BEAULIEU, le baron CARRA de VAUX, H. DREYFUS.
27. * Essais socialistes. *La religion, l'art, l'alcool*, par E. VANDERVELDE.
28. * Le Surpeuplement et les habitations à bon marché, par H. TUROT et H. BELLAMY.
29. * L'Individu, l'Association et l'État, par E. FOURNIÈRE.
30. * Les Trusts et les Syndicats de producteurs, par J. CHASTIN, professeur au lycée Voltaire. (Récompensé par l'Institut.)
31. * Le Droit de grève, par MM. Ch. GIDE, H. BARTHÉLEMY, P. BUREAU, A. KEUFER, C. PERREAU, Ch. PIOCHEARD, A.-E. SAYOUS, F. FAGNOT, E. VANDERVELDE.
32. * Morales et Religions, par R. ALLIER, G. BELOT, le Baron CARRA de VAUX, F. CHALLAYE, A. CROISET, L. DORISON, E. EHRHARDT, B. de VAUX, Ad. LODS, W. MONOD, A. PUECH.
33. La Nation armée, par MM. le Cᵗ BAZAINE-HAYTER, C. BOUGLÉ, E. BOUTROUX, le Cᵗ BOURGEOIS, E. BOUTROUX, A. CROISET, G. DEMENY, G. LANSON, L. PINEAU, le Cᵗ POTEZ, F. RAUH.
34. * La Criminalité dans l'adolescence, par G.-L. DUPRAT, doct. ès lettres. (Cour. par l'Inst.)
35. * Médecine et pédagogie, par les Dʳˢ A. MATHIEU, GILLET, H. MÉRY, GRANCHER, P. MALAPERT, les Dʳˢ L. BUTTE, P. RÉGNIER, L. DUFESTEL, L. GUINON, Naíécotīe, L. DUPOUR. Préf. de M. le Dʳ E. MOSNY, de l'Acad. de Médecine.

30. * La Lutte contre le crime, par J.-L. DE LANESSAN, député.

31. Le Belgique et le Congo. Le passé, le présent, l'avenir, par E. VANDERVELDE.

32. * La Dépopulation de la France, par le Dr J. BERTILLON. (Couronné par l'Institut).

33. * L'Enseignement du français, par H. BORNOIS, A. CROISET, P. CROUZET, M. LACABE-PLASMER, G. LANSON, CH. MAQUET, J. PRIETRE, G. REYNIER, A. WEIL.

34. La Séparation de l'Église et de l'État. Origines. Étapes. Bilan, par J. DE NARFON. 1912.

35. Neutralité et monopole de l'enseignement, suivi de l'État actuel de l'enseignement du latin, par MM. V. BASCH, E. BLUM, A. CROISET, G. LANSON, D. PAROODI, TH. REINACH et par MM. F. LÉVY-WOGUE et B. PICHON. 1912.

36. La lutte scolaire en France au dix-neuvième siècle, par MM. F. BUISSON, L. CAHEN, A. DESSOIR, E. FÉGERLIN, C. LAVISSE, R. LEGGY, ROGER LÉVY, CH. SEIGNOBOS, CH. SCHMIDT, J. TCHERNOFF, E. TOUTEY. Introduction de J. LETACONNOUX. 1912.

37. * Jean-Jacques Rousseau, par MM. F. BALDENSPERGER, G. BEAULAVON, J. BUTAUD, C. BOUGLÉ, A. CAHEN, V. DELBOS, G. DWELSHAUVERS, G. CASTIEL, D. MORNET, D. PAROODI, F. VIAL. Préface de G. LANSON, professeur à la Sorbonne. 1912.

38. * Les œuvres périscolaires, par MM. le Dr CALMETTE, le Dr P. GALLOIS, le Dr DE PRAGE, G. BERTIER, E. PETIT, J. COURMOLLE, le Dr P. RÉGNIER, le Dr CAYLA, L. BOCHER, le Dr DOLFUS, le Dr P. LEREBOUR, le Dr P. BOULLOCHE. Préf. de P. STRAUSS. 1912.

39. * La méthode positive dans l'enseignement primaire et secondaire, par MM. BERTHO-NEAU, A. BIANCONI, H. BOUCHOT, E. BRUCKER, F. BRUNOT, G. DELOBEL, G. REYNIER, H. WEILL. Avant-propos de A. CROISET. 1912.

40. * Les aspirations autonomistes en Europe, par MM. J. AULNEAU, F. DELAISI, Y.-M. GOBLET, R. HENRY, H. LICHTENBERGER, A. MALET, A. MARVAUD, AD. REINACH, E. VUILARD. Préface de CH. SEIGNOBOS. 1913.

41. Les divisions régionales de la France, par MM. C. BLOCH, L. LAFFITTE, J. LETACON-NOUX, M. LHÉRITIER, F. MAUGETTE, P. DE ROUSIERS, M. SCHWOB, G. VALLAUX, P. VIDAL DE LA BLACHE. 1913.

42. Les assurances sociales en France et à l'étranger, par P. PIC, professeur à la Faculté de droit et à l'École supérieure de commerce de Lyon. 1913.

BIBLIOTHÈQUE

DE PHILOLOGIE ET DE LITTÉRATURE MODERNES

LISTE PAR ORDRE D'APPARITION

SCHILLER (Études sur), par MM. SCHMIDT, FACONNET, ANDLER, XAVIER LÉON, SOUFEL, BALDENSPERGER, DRESCH, THAL, EBRARD, Mme TALAYRACH D'ECRAMET, H. LICHTEN-BERGER, A. LÉVY. 1905. 1 vol. in-8 .... 5 fr.

CHAUCER (G.). * Les contes de Canterbury. Trad. avec introd. et notes. 1908. 1 vol. in-8. 12 fr.

MEYER (André). Étude critique sur les relations d'Érasme et de Luther. Préface de CH. ANDLER. 1909. 1 vol. in-8 .... 4 fr.

FRANÇOIS-PONCET (A.). Les Affinités Électives de Gœthe. Préface de M. H. LICHTEN-BERGER. 1910. 1 vol. in-8 .... 5 fr.

BIANQUIS (G.), docteur ès lettres, agrégé d'allemand. Caroline de Günderode (1780-1806), avec des lettres inédites. 1911. 1 vol. in-8 .... 10 fr.

LOISEAU (H.), prof. adjoint de langue et de littérature allemandes à la Faculté des lettres de Toulouse. L'évolution morale de Gœthe. Les années de libre formation, 1749-1791. 1 vol. in-8 (Couronné par l'Académie française). 1911. 1 vol. in-8 .... 15 fr.

DELATTRE (F.), docteur ès lettres, prof. au lycée Charlemagne. Robert Herrick. Contribu-tion à l'étude de la poésie lyrique en Angleterre au XVIIe siècle. 1912. 1 vol. gr. in-8. 12 fr.

SUCHER (P.), ancien élève de l'École normale supérieure, agrégé de l'Université. Les Sources du merveilleux chez E. T. A. Hoffmann. 1912. 1 vol. in-8 .... 5 fr.

TULLIOD (A.), docteur ès lettres, agrégé de l'Université, maître de conférences à la Faculté des lettres de Nancy. * Pierre Nosegger. L'homme et l'œuvre. 1912. 1 vol. gr. in-8. 12 fr.

BOETTCHER (F.), docteur de l'Université de Paris. La femme dans le théâtre d'Ibsen. 1912. 1 vol. in-8 .... 4 fr.

CHEFFAUD (G.), agrégé d'anglais. George Peele (1558?-1596?). 1912. 1 vol. in-8 ... 4 fr.

BLUM (J.), docteur ès lettres. J.-A. Starck et la querelle du crypto-catholicisme en Alle-magne (1785-1789). 1912. 1 vol. in-8 .... 4 fr.

— La vie et l'œuvre de J.-G. Hamann, le « Mage du Nord » (1730-1788). 1912. 1 vol. in-8 .... 4 fr.

MORET (G.), agrégé de l'Univ. Jérémie Gotthelf, sa vie et ses œuvres. 1913. 1 vol. in-8. 10 fr.

DRESCH (J.), professeur à l'Université de Bordeaux. Le roman social en Allemagne (1850-1900). Gutzkow, Freytag, Spielhagen, Fontane. 1913. 1 vol. in-8 .... 7 fr.

VERMEIL (E.), agrégé de l'Université, docteur ès lettres, professeur à l'École alsacienne. La « Simsone Grisaldo » de F. M. Klinger. Étude, suivie d'une réimpression du texte de 1776. 1912. 1 vol. in-8 .... 7 fr. 50

CAMINADE (Gaston), ancien élève de l'École normale supérieure, agrégé de l'Université. Les chants des Grecs et le philhellénisme de Wilhelm Müller. 1912. 1 vol. in-8 ..... 5 fr.

BIBLIOTHÈQUE D'HISTOIRE CONTEMPORAINE

Volumes in-16 brochés à 2 fr. 50 et 3 fr. 50. — Volumes in-8 brochés de divers prix.

Les ouvrages dont le titre est précédé d'un astérique (*) sont recommandés par le Ministère de l'Instruction publique.

Volumes parus en 1912, 1913 et 1914 :

ALBIN (P.). Les grands traités politiques. *Recueil des principaux textes diplomatiques depuis 1815 jusqu'à nos jours. Avec des commentaires et des notes. Préface de M. Hanotaux. 2e édition, revue et mise au courant.* 1912. 1 vol. in-8 .... 10 fr.
— Le « coup » d'Agadir. *La querelle franco-allemande.* 1912. 1 vol. in-16 .... 3 fr. 50
— La paix armée. I. *L'Allemagne et la France en Europe (1885-1894).* 1913. 1 vol. in-8. 7 fr.
Afrique du Nord (L'), par Augustin BERNARD, J. LADREIT DE LACHARRIÈRE, Camille GUY, André TARDIEU, René PINON. *Conférences organisées par la Société des anciens élèves et élèves de l'École des Sciences politiques et présidées par MM. L. JOSSART, le Gal LYAUTEY, E. ROUME, J.-Ch. ROUX, S. PICHON.* 1913. 1 vol. in-8, avec cartes hors texte. 3 fr. 50
AULARD (A.), professeur à l'Université de Paris. Études et leçons sur la Révolution française. *Septième série.* 1 vol. in-16 .... 3 fr. 50 (V. p. 19.)
BARDOUX (Jacques), professeur à l'École des Sciences politiques. L'Angleterre radicale. *Essai de psychologie sociale (1906-1913).* 1913. 1 vol. in-8 .... 10 fr.
BERNARD (Augustin), professeur à la Faculté des lettres d'Alger, chargé de cours à la Sorbonne. *Le Maroc. 2e édit., revue.* 1913. 1 vol. in-8 avec cartes .... 5 fr.
BOUREAU (P.), docteur ès lettres de l'Université de Paris. Bonaparte à Arcis. *Préface du général H. de LACROIX.* 1911. 1 vol. in-16, avec 2 cartes hors texte .... 3 fr. 50
CAHEN (L.) et GUYOT (R.), docteurs ès lettres, agrégés d'histoire. L'œuvre législative de la Révolution. 1913. 1 vol. in-8 .... 7 fr.
CARLYLE (Th.). *Histoire de la Révolution française. Trad. de l'anglais. Nouvelle édition, précédée d'un avertissement par A. AULARD, prof. à la Sorbonne.* 1912. 3 vol. in-16. 10 fr. 50
DRIAULT (E.), agrégé d'histoire. *Austerlitz. La fin du Saint-Empire (1804-1806) (Napoléon et l'Europe, II).* 1912. 1 vol. in-8 .... 7 fr.
— L'unité française. *Préface par H. WELSCHINGER, de l'Institut.* 1911. 1 vol. in-16. 3 fr. 50
LEMONON (Ernest). *L'Italie économique et sociale (1861-1912).* 1913. 1 vol. in-8. 7 fr.
MARCHAND (R.), correspondant du *Figaro* à Saint-Pétersbourg. Les grands problèmes de la politique intérieure russe. 1912. 1 vol. in-16 .... 3 fr. 50
MARTIN (W.). La crise politique de l'Allemagne contemporaine. 1913. 1 vol. in-16. 3 fr. 50
MARVAUD (A.). Le Portugal et ses colonies. 1912. 1 vol. in-8 .... 5 fr.
MAURY (F.). Nos hommes d'État et l'œuvre de réforme. 1912. 1 vol. in-16 .... 3 fr. 50
NOVICOW (J.). L'Alsace-Lorraine obstacle à l'expansion allemande. *Préface de M. le Professeur Ch. RICHET.* 1913. 1 vol. in-16, avec portrait hors texte .... 3 fr. 50
RODES (J.). La Chine et le mouvement constitutionnel (1910-1911). 1913. 1 vol. in-16. 3 fr. 50
La Vie politique dans les Deux Mondes. Publiée sous la direction de A. VIALLATE et M. CAUDEL, prof. à l'École libre des Sciences politiques, avec la collaboration de prof. et d'anciens élèves de l'École. 6e année (1911-1912). 1 fort vol. in-8 .... 10 fr. (V. p. 21.)
WEILL (G.), professeur à l'Université de Caen. *La France sous la monarchie constitutionnelle (1814-1848). Nouvelle édition, revue et corrigée.* 1912. 1 vol. in-16 ... 3 fr. 50
WELSCHINGER (H.), de l'Institut. Bismarck (1815-1898). *2e édit. 1 v. in-8 avec portr.* 1912. 5 fr.

Précédemment publiés :

EUROPE

DEBIDOUR (A.), professeur à la Sorbonne. *Histoire diplomatique de l'Europe, de 1814 à 1878. 2 vol. in-8. (Ouvrage couronné par l'Institut.)* .... 15 fr.
DRIAULT (E.), agrégé d'histoire. *Vue générale de l'histoire de la civilisation. I. Les origines. II. Les temps modernes. 3e édition, revue, 2 vol. in-16 avec 213 gravures et 25 cartes. (Récompensé par l'Institut.)* .... 7 fr.
LEMONON (E.). L'Europe et la politique britannique (1882-1911). *2e édition, revue. Préface de M. Paul DESCHANEL, de l'Acad. française.* 1 vol. in-8. *(Récompensé par l'Institut.)* 10 fr.
Questions actuelles de politique étrangère en Europe, par MM. F. CHARMES, A. LEROY-BEAULIEU, R. MILLET, A. RIBOT, A. VANDAL, R. de CAIX, R. HENRY, G. LOUIS-JARAY, R. PINON, A. TARDIEU. *Nouvelle éd., refondue et mise à jour.* 1 vol. in-16 av. cartes. 3 fr. 50
SYBEL (H. de). *Histoire de l'Europe pendant la Révolution française, traduit de l'allemand par Mlle DOSQUET. Ouvrage complet en 6 vol. in-8* .... 42 fr.
TARDIEU (A.), secrétaire honoraire d'ambassade. La Conférence d'Algésiras. *Histoire diplomatique de la crise marocaine (15 janvier-7 avril 1906). 3e édit. revue et augmentée d'un appendice sur Le Maroc après la Conférence (1906-1909).* 1 vol. in-8 .... 10 fr.
— Questions diplomatiques de l'année 1904. 1 vol. in-16. *(Couronné par l'Acad. franç.)* 3 fr. 50

FRANCE

Révolution et Empire.

AULARD (A.), professeur à la Sorbonne. * Le culte de la Raison et le culte de l'Être
suprême, étude historique (1793-1794). 3° édit. 1 vol. in-16................ 3 fr. 50
— * Études et leçons sur la Révolution française. 6 vol. in-16. Chacun............ 3 fr. 50
BOITEAU (P.). État de la France en 1789. 2° édition. 1 vol. in-8................ 10 fr.
BORNAREL (E.), doct. ès lettres. * Cambon et la Révolution française. 1 vol. in-8. 7 fr.
CAHEN (L.), docteur ès lettres, professeur au lycée Condorcet. * Condorcet et la Révo-
lution française. 1 vol. in-8. (Récompensé par l'Institut.).................. 10 fr.
CARNOT (H.), sénateur. * La Révolution française, résumé historique. 1 vol. in-16. 3 fr. 50
CONARD (P.), docteur ès lettres. Napoléon et la Catalogne (1808-1814). Tome I. Le capti-
ité de Barcelone. 1 vol. in-8 avec 1 carte. (Couronné par l'Institut.)............ 10 fr.
DEBIDOUR (A.), professeur à la Sorbonne. * Histoire des rapports de l'Église et de l'État
(1789-1870). 1 fort vol. in-8 (Couronné par l'Institut).................. 12 fr.
DRIAULT (E.), agrégé d'histoire. La politique orientale de Napoléon. Sébastiani et Gar-
dane (1806-1808). 1 vol. in-8. (Récompensé par l'Institut.)............. 7 fr.
— * Napoléon en Italie (1800-1812). 1 vol. in-8.................. 10 fr.
— La politique extérieure du Premier Consul (1800-1803). (Napoléon et l'Europe, I.)
1 vol. in-8. (Couronné par l'Académie française.)................. 7 fr.
DUMOULIN (Maurice). * Figures du temps passé. 1 vol. in-16.............. 3 fr. 50
GOMEL (Ch.). Les causes financières de la Révolution française. Les ministères de Turgot
et de Necker. 1 vol. in-8. 8 fr. Les derniers Contrôleurs généraux. 1 vol. in-8.... 8 fr.
— Histoire financière de l'Assemblée Constituante. T. I. 8 fr. T. II........... 8 fr.
— Histoire financière de la Législative et de la Convention. T. I. 7 fr. 50. T. II. 7 fr. 50
GUYOT (R.), docteur ès lettres, prof. au lycée Condorcet. * Le Directoire et la paix de
l'Europe des traités de Bâle à la deuxième coalition (1795-1799). 1911. 1 vol. in-8. 13 fr.
HARTMANN (Lieut.-Colonel). Les officiers de l'armée royale et la Révolution. 1 vol.
in-8. (Récompensé par l'Institut.).................. 10 fr.
LEBÈGUE (E.), docteur ès lettres, professeur au lycée Lakanal. * Thouret (1746-1794). La
vie et l'œuvre d'un constituant. 1 vol. in-8.................. 7 fr.
MATHIEZ (A.), professeur à l'Université de Besançon. * La Théophilanthropie et le culte
décadaire (1796-1801). 1 vol. in-8.................. 12 fr.
— * Contributions à l'histoire religieuse de la Révolution française. 1 vol. in-16. 3 fr. 50
MARCELLIN PELLET, ancien député. Variétés révolutionnaires. 3 vol. in-16, précédés d'une
préface de A. Ranc. Chaque vol. séparément.................. 3 fr. 50
MOLLIEN (Cte). Mémoires d'un ministre du trésor public (1780-1815), publiés par
M. Ch. Gomel. 3 vol. in-8.................. 13 fr.
SILVESTRE. De Waterloo à Sainte-Hélène. 1 vol. in-16.............. 3 fr. 50
SPULLER (Eug.). Hommes et choses de la Révolution. 1 vol. in-16.......... 3 fr. 50
STOURM (R.), de l'Institut. Les finances du Consulat. 1 vol. in-8.......... 7 fr. 50
— Les finances de l'ancien régime et de la Révolution. 2 vol. in-8......... 16 fr.
THÉNARD (L.) et GUYOT (R.). * Le Conventionnel Goujon (1766-1795). 1 vol. in-8. (Récom-
pensé par l'Institut.).................. 5 fr.
VALLAUX (C.). * Les campagnes des armées françaises (1792-1815). 1 vol. in-16. 3 fr. 50

Époque contemporaine

AUGIER (Ch.), inspecteur principal des douanes à Nice, et MARVAUD (A.), docteur en
droit. La Politique douanière de la France dans ses rapports avec celle des autres états.
Préface de L.-L. Klotz, ministre des finances. 1 vol. in-8.............. 7 fr.
BLANC (Louis). * Histoire de Dix ans (1830-1840). 5 vol. in-8.......... 25 fr.
BUSSON (H.), FÈVRE (J.) et HAUSER (H.). * Notre empire colonial. 1910. 1 vol. in-8
avec 105 grav. et cartes dans le texte.................. 5 fr.
CHALLAYE (F.). Le Congo Français. La question internationale du Congo. in-8...... 5 fr.
DEBIDOUR, professeur à la Sorbonne. * Histoire des rapports de l'Église et de l'État en
France (1789-1870). 2° édit. 1 fort vol. in-8. (Couronné par l'Institut.)......... 12 fr.
— * L'Église catholique et l'État en France sous la troisième République (1870-1906). — I.
(1870-1889). 1 vol. in-8. 7 fr. — II. (1889-1906). 1 vol. in-8.......... 10 fr.
DELORD (Taxile). * Histoire du Second Empire (1848-1870). 6 vol. in-8......... 42 fr.
FÈVRE (J.), prof. à l'École normale de Melun, et HAUSER (H.), prof. à l'Univ. de Dijon.
* Régions et pays de France. in-8, avec 157 grav. et cartes (Récomp. par l'Inst.) 7 fr.
GAFFAREL (P.), professeur à l'Université d'Aix-Marseille. * La politique coloniale en France
(1789-1830). 1 vol. in-8.................. 7 fr.
— * Les Colonies françaises. 6° édition, revue et augmentée. 1 vol. in-8......... 5 fr.
GAISMAN (A.). * L'Œuvre de la France au Tonkin. Préface de J.-L. de Lanessan. 1 vol.
in-16 avec 4 cartes en couleurs.................. 3 fr. 50
HUBERT (L.), sénateur. * L'Éveil d'un monde. L'œuvre de la France en Afrique Occiden-
tale. 1 vol. in-16.................. 3 fr. 50
LANESSAN (J.-L. de), député, ancien ministre. * L'Indo-Chine française. Étude économique,
politique et administrative. 1 vol. in-8, avec 5 cartes en couleurs hors texte...... 15 fr.
— * L'État et les Églises en France. Histoire de leurs rapports. 1 vol. in-16...... 3 fr. 50
— * Les Missions et leur protectorat. 1 vol. in-16.................. 3 fr. 50
LAPIE (P.), recteur de l'Académie de Toulouse. Les Civilisations tunisiennes (Musulmans,
Israélites, Européens). 1 vol. in-16. (Couronné par l'Académie française.)....... 3 fr. 50
LEBLOND (Marius-Ary). La Société française sous la troisième République. in-8. 5 fr.
NOEL (O.). Histoire du commerce extérieur de la France depuis la Révolution. in-8. 6 fr.
PIOLET (J.-B.). La France hors de France, notre émigration, sa nécessité, ses conditions.
1 vol. in-8. (Couronné par l'Institut.).................. 10 fr.

SCHEFER (Ch.), professeur à l'École des sciences politiques. La France moderne et le problème colonial (1815-1830). 1 vol. in-8..........

SPULLER (E.), ancien ministre de l'Instruction publique. 3 Figures disparues, portraits contemporains, littéraires et politiques. 3 vol. in-16. Chacun..........

TARDIEU (A.), secrétaire honoraire d'ambassade. *La France et les Alliances. La lutte pour l'équilibre. 3e édition. 1 vol. in-16. (Récompensé par l'Institut.)..........

TCHERNOFF (J.). Associations et Sociétés secrètes sous la deuxième République (1848-1851). 1 vol. in-8..........

VIGNON (L.), professeur à l'École coloniale. La France dans l'Afrique du nord. 3e édition. 1 vol. in-8. (Récompensé par l'Institut.)..........
— L'Expansion de la France. 1 vol. in-18. 3 fr. 50. — Le même, Édition in-8..........

WAHL, inspecteur général de l'Instruction publique, et A. BERNARD, professeur à la Faculté des lettres d'Alger. *L'Algérie. 5e édit. 1 vol. in-8. (Couronné par l'Institut.)..........

WEILL (G.), professeur à l'Université de Caen. Histoire du Parti républicain en France de 1814 à 1870. 1900. 1 vol. in-8. (Récompensé par l'Institut.)..........
— *Histoire du mouvement social en France (1852-1910). 2e édition. 1 vol. in-8..........
— L'École saint-simonienne, son Histoire, son Influence jusqu'à nos jours. In-16..........
— Histoire du catholicisme libéral en France (1828-1908). 1 vol. in-16..........

ZÉVORT (E.), recteur de l'Académie de Caen. Histoire de la troisième République :
Tome I. *La Présidence de M. Thiers. 1 vol. in-8. 3e édit. 7 fr.; — Tome II. La Présidence du Maréchal. (Épuisé); — Tome III. *La Présidence de Jules Grévy. 1 vol. in-8. 2e édit. 7 fr.; — Tome IV. La Présidence de Sadi Carnot. 1 vol. in-8. 7 fr.

ANGLETERRE

COURCELLE (M.). *Disraeli. 1 vol. in-16.......... 2 fr. 50

MANTOUX (P.), docteur ès lettres, professeur au collège Chaptal. À travers l'Angleterre contemporaine. Préface de G. Monod, de l'Institut. 1 vol. in-16.......... 3 fr. 50

VIALLATE (A.). Chamberlain. Préface de E. Boutmy. 1 vol. in-16.......... 3 fr. 50

ALLEMAGNE

ANDLER (Ch.), professeur à la Sorbonne. *Les Origines du socialisme d'État en Allemagne. 2e édition, revue. 1911. 1 vol. in-8.......... 7 fr.

GUILLAND (A.), professeur d'histoire à l'École polytechnique suisse. *L'Allemagne nouvelle et ses historiens. Niebuhr, Ranke, Mommsen, Sybel, Treitschke. 1 vol. in-8..........

HUBERT (L.), sénateur. *L'effort allemand. L'Allemagne et la France au point de vue économique. 1 vol. in-16..........

MATTER (P.), conseiller d'État, directeur au Ministère de la Guerre. *Bismarck et son temps. (Couronné par l'Institut.) I. La préparation (1815-1862). 2e édit. 1 vol. in-8. 10 fr.; — II. L'action (1863-1870). 2e édit., revue. 1 vol. in-8. 10 fr.; — III. Triomphe, splendeur et déclin (1870-1898). 1 vol. in-8..........
— *La Prusse et la Révolution de 1848. 1 vol. in-16..........

MILHAUD (E.), professeur à l'Université de Genève. *La Démocratie socialiste allemande. 1 vol. in-8..........

MOYSSET (H.). *L'esprit public en Allemagne vingt ans après Bismarck. 1 vol. in-8. (Couronné par l'Académie française.)..........

RUVILLE (A. de), prof. à l'Univ. de Halle. *La restauration de l'empire allemand. La fin de la Barrière. Trad. par P. Alex. Introd. par J. Reinach, député. 1 vol. in-8..........

SCHMIDT (Ch.), docteur ès lettres. Le Grand-Duché de Berg (1806-1813). 1 vol. in-8..........

VÉRON (Eug.). *Histoire de la Prusse, depuis la mort de Frédéric II. 6e édit. in-16. 3 fr. 50

AUTRICHE-HONGRIE, POLOGNE

BOURLIER (J.). *Les Tchèques et la Bohême contemporaine. 1 vol. in-16..........

HANDELSMAN (M.). Napoléon et la Pologne (1806-1807). 1 vol. in-8..........

JARAY (G.-Louis), auditeur au Conseil d'État. La Question sociale et le socialisme en Hongrie. 1 vol. in-8, avec 5 cartes hors texte. (Récompensé par l'Institut.)..........

LÉGER (L.), de l'Institut, professeur au Collège de France. La Renaissance tchèque au dix-neuvième siècle. 1 vol. in-16..........

MAILATH (Cte J. de). La Hongrie rurale, sociale et politique. 1 vol. in-8..........

RECOULY (R.). *Le Pays magyar. 1 vol. in-16..........

ITALIE, ESPAGNE

BOLTON KING (M. A.). *Histoire de l'unité italienne. 2 vol. in-8..........

COMBES DE LESTRADE (Vte). La Sicile sous la maison de Savoie. 1 vol. in-16..........

DOELLINGER (I. de). La Papauté. Trad. par A. Giraud-Teulon. 1 vol. in-8..........

GAFFAREL (P.), professeur à l'Université d'Aix-Marseille. *Bonaparte et les Républiques italiennes (1796-1799). 1 vol. in-8..........

LEONARDON (H.). *Prim. 1 vol. in-12..........

MARVAUD (A.). La Question sociale en Espagne. 1 vol. in-8..........

PERNOT (M.). La Politique de Pie X (1906-1910). 1 vol. in-16..........

ROUMANIE

DAMÉ (Fr.). *Histoire de la Roumanie contemporaine. 1 vol. in-8..........

SUÈDE

SCHEFER (C.). *Bernadotte roi (1810-1818-1844). 1 vol. in-8..........

GRÈCE, TURQUIE, ÉGYPTE

BÉRARD (V.), docteur ès lettres. La Turquie et l'Hellénisme contemporain. (*Ouvrage couronné par l'Académie française.*) 6e édit. 1 vol. in-16 .... 3 fr. 50

DRIAULT (E.), agrégé d'histoire. * La Question d'Orient, *depuis ses origines jusqu'à nos jours.* Préface de G. Monod, de l'Institut. 1 vol. in-8. 6e édit. (*Récompensé par l'Institut.*). 7 fr.

MÉTIN (Albert), député, professeur à l'École coloniale. * La Transformation de l'Égypte. 1 vol. in-16. (*Couronné par la Société de géographie commerciale.*) .... 3 fr. 50

RODOCANACHI (E.). * Bonaparte et les îles Ioniennes. 1 vol. in-8 .... 5 fr.

INDE, CHINE, JAPON

ALLIER (R.). Le Protestantisme au Japon (1859-1907). 1 vol. in-16 .... 3 fr. 50

CORDIER (H.), de l'Inst., prof. à l'École des langues orientales. * Histoire des relations de la Chine avec les puissances occidentales (1860-1902). 3 vol. in-8, avec cartes, chacun. 10 fr.

— * L'Expédition de Chine de 1857-58. *Histoire diplomatique.* 1 vol. in-8 .... 7 fr.

— * L'Expédition de Chine de 1860. *Histoire diplomatique.* 1 vol. in-8 .... 7 fr.

COURANT (M.), maître de conférences à l'Université de Lyon. En Chine. 1 vol. in-16. 3 fr. 50

— Okoubo, *ministre japonais.* 1 vol. in-16, avec un portrait .... 2 fr. 50

DRIAULT (E.), agrégé d'histoire. * La Question d'Extrême-Orient. 1 vol. in-8 .... 7 fr.

PIRIOU (E.), agrégé de l'Université. * L'Inde contemporaine et le mouvement national. 1 vol. in-16 .... 3 fr. 50

Questions actuelles de politique étrangère en Asie, par MM. le baron de Courcel, P. Deschanel, P. Doumer, E. Etienne, le général Lebon, Victor Bérard, R. de Caix, M. Revon, Jean Rodes, Dr Rouire. 1910. 1 vol. in-16, avec 4 cartes hors texte... 3 fr. 50

RODES (Jean). La Chine nouvelle. 1909. 1 vol. in-16 .... 3 fr. 50

AMÉRIQUE

Questions actuelles de politique étrangère dans l'Amérique du Nord, par A. Siegfried, P. de Rousiers, de Périgny, F. Roz, A. Tardieu. 1 v. in-16, av. 5 cartes h. texte.... 3 fr. 50

DEBERLE (Alf.). * Histoire de l'Amérique du Sud. 3e éd. 1 vol. in-16 .... 3 fr. 50

STEVENS. Les Sources de la Constitution des États-Unis. 1 vol. in-8 .... 7 fr. 50

VIALLATE (A.). L'Industrie américaine. 1 vol. in-8 .... 10 fr.

QUESTIONS POLITIQUES ET SOCIALES

BARNI (Jules). * Histoire des idées morales et politiques en France au XVIIIe siècle. 2 vol. in-16. Chaque volume .... 3 fr. 50

— * Les Moralistes français au XVIIIe siècle. 1 vol. in-16 .... 3 fr. 50

LOUIS BLANC. Discours politiques (1848-1881). 1 vol. in-8 .... 7 fr. 50

BONET-MAURY. La liberté de conscience en France (1598-1905). 2e édit. 1 vol. in-8. 5 fr.

D'EICHTHAL (E.), de l'Inst. Souveraineté du Peuple et Gouvernement. 1 vol. in-16. 3 fr. 50

DRIAULT (E.), agrégé d'histoire. * Problèmes politiques et sociaux. 2e éd. 1 vol. in-8. 7 fr.

— * Le Monde actuel. *Tableau politique et économique.* 1 vol. in-8 .... 7 fr.

— et MONOD (G.). Histoire politique et sociale (1815-1911). 2e éd. 1 vol. in-16, avec grav. et cartes .... 5 fr.

GUYOT (Yves). Sophismes socialistes et faits économiques. 1 vol. in-16 .... 3 fr. 50

LICHTENBERGER (A.). * Le Socialisme utopique. 1 vol. in-16 .... 3 fr. 50

— * Le Socialisme et la Révolution française. 1 vol. in-8 .... 5 fr.

MATTER (P.). La Dissolution des Assemblées parlementaires. 1898. 1 vol. in-8... 5 fr.

PAUL LOUIS. Le Syndicalisme contre l'État. 1910. 1 vol. in-16 .... 3 fr. 50

— L'Ouvrier devant l'État. *La législation ouvrière dans les deux mondes.* 1 vol. in-8. 7 fr.

— Histoire du Mouvement syndical en France (1789-1910). 2e éd. 1 vol. in-16..... 3 fr. 50

PIERRE-MARCEL (R.). Essai politique sur Alexis de Tocqueville, avec un grand nombre de documents inédits. 1 vol. in-8. (*Couronné par l'Académie française.*) .... 7 fr.

REINACH (Joseph), député. Pages républicaines. 1 vol. in-16 .... 3 fr. 50

— * La France et l'Italie devant l'histoire. 1 vol. in-8 .... 5 fr.

Le Socialisme à l'étranger, par J. Bardoux, G. Gidel, Kinzo-Goraï, G. Isambert, G. Louis-Jaray, A. Marvaud, Da Motta de San Miguel, P. Quentin-Bauchart, M. Revon, A. Tardieu. Préf. de A. Leroy-Beaulieu, de l'Institut. Concl. de J. Bourdeau. 1 vol. in-16. 3 fr. 50

SPULLER (E.). * L'Éducation de la Démocratie. 1 vol. in-16 .... 3 fr. 50

— L'Évolution politique et sociale de l'Église. 1 vol. in-12 .... 3 fr. 50

* La Vie politique dans les Deux Mondes. Publiée sous la direction de A. VIALLATE et M. CAUDEL, professeurs à l'École des Sciences politiques, avec la collaboration de professeurs et d'anciens élèves de l'École des Sciences politiques.
1re année, 1906-1907, à *5e année, 1910-1911*, chacune 1 fort vol. in-8 .... 10 fr.

PUBLICATIONS HISTORIQUES ILLUSTRÉES

* DE SAINT-LOUIS À TRIPOLI PAR LE LAC TCHAD, par le lieutenant-colonel Monteil. 1 beau vol. in-8 colombier, précédé d'une préface de M. de Vogüé, de l'Académie française, illustrations de Riou. (*Couronné par l'Académie française*), broché, 20 fr. — Relié amateur .... 25 fr.

* HISTOIRE ILLUSTRÉE DU SECOND EMPIRE, par Taxile Delord. 6 vol. in-8, avec 500 gravures. Chaque vol. broché .... 8 fr.

MODESTOV (B.). * Introduction à l'Histoire romaine. *L'ethnologie préhistorique, les influences civilisatrices à l'époque préromaine et les commencements de Rome.* Trad. du russe par M. Delines. Avant-propos de S. Reinach, de l'Inst. In-4, avec 39 pl. h. t. et 27 fig. 15 fr.

PUBLICATIONS DIPLOMATIQUES

RECUEIL DES INSTRUCTIONS

DONNÉES AUX AMBASSADEURS ET MINISTRES DE FRANCE

Depuis les Traités de Westphalie jusqu'à la Révolution française.

Publié sous les auspices de la Commission des archives diplomatiques
au Ministère des Affaires étrangères.

Beaux vol. in-8 raisin, imprimés sur papier de Hollande, avec introduction et notes.

I. — **AUTRICHE**, par M. Albert Sorel, de l'Académie française. 1 vol............... *Épuisé.*
II. — **SUÈDE**, par M. A. Geffroy, de l'Institut. 1 vol....................... 30 fr.
III. — **PORTUGAL**, par le Vicomte de Caix de Saint-Aymour. 1 vol................... 20 fr.
IV et V. — **POLOGNE**, par M. Louis Farges, chef de bureau aux Archives du Ministère des Affaires étrangères. 2 vol...................... 30 fr.
VI. — **ROME** (1648-1687) (tome I), par G. Hanotaux, de l'Académie française. 1 vol. 20 fr.
VII. — **BAVIÈRE, PALATINAT ET DEUX-PONTS**, par M. André Lebon. 1 vol........... 25 fr.
VIII et IX. — **RUSSIE**, par M. Alfred Rambaud, de l'Institut. 2 vol. Le 1ᵉʳ, 20 fr.; le 2ᵉ. 25 fr.
X. — **NAPLES ET PARME**, par M. Joseph Reinach, député. 1 vol..................... 20 fr.
XI. — **ESPAGNE** (1649-1730) (tome I), par MM. Morel-Fatio, professeur au Collège de France, et Léonardon. 1 vol..................... 30 fr.
XII et XII bis. — **ESPAGNE** (1730-1789) (tomes II et III), par les mêmes. 2 vol.... 40 fr.
XIII. — **DANEMARK**, par A. Geffroy, de l'Institut. 1 vol..................... 11 fr.
XIV et XV. — **SAVOIE-SARDAIGNE-MANTOUE**, par Horric de Beaucaire, ministre plénipotentiaire. 2 vol........................ 40 fr.
XVI. — **PRUSSE**, par M. A. Waddington, professeur à l'Université de Lyon. 1 vol. (Couronné par l'Institut.)....................... 25 fr.
XVII. — **ROME** (1688-1723) (tome II), par G. Hanotaux, de l'Académie française, avec une introduction et des notes par J. Hanoteau. 1 vol..................... 25 fr.
XVIII. — **DIÈTE GERMANIQUE**, par B. Auerbach, prof. à l'Univ. de Nancy. 1 vol. 20 fr.
XIX. — **FLORENCE, MODÈNE, GÊNES**, par Ed. Driault. 1 vol..................... 20 fr.
XX. — **ROME** (1724-1791) (tome III), par G. Hanotaux, avec introduction et notes, par J. Hanoteau. 1 vol. (Le Tome IV et dernier sera publié en 1914.)............ 13 fr.

INVENTAIRE ANALYTIQUE

DES ARCHIVES DU MINISTÈRE DES AFFAIRES ÉTRANGÈRES

Publié sous les auspices de la Commission des Archives diplomatiques.

Correspondance politique de MM. de **CASTILLON** et de **MARILLAC**, ambassadeurs de France en Angleterre (1537-1542), par M. Jean Kaulek, avec la collaboration de MM. Louis Farges et Germain Lefèvre-Pontalis. 1 vol. in-8 raisin.................... 15 fr.
Papiers de **BARTHÉLEMY**, ambassadeur de France en Suisse, de 1792 à 1797, 6 volumes in-8 raisin. I. Année 1792. 15 fr. — II. Janvier-août 1793. 15 fr. — III. Septembre 1793 à mars 1794. 15 fr. — IV. Avril 1794 à février 1795. 20 fr. — V. Septembre 1795 à septembre 1796, par M. Jean Kaulek. 20 fr. — Tome VI et dernier, Novembre 1794 à février 1795, par M. Alexandre Tausserat-Radel.................... 12 fr.
Correspondance politique d'**ODET DE SELVE**, ambassadeur de France en Angleterre (1546-1549), par G. Lefèvre-Pontalis. 1 vol. in-8 raisin..................... 13 fr.
Correspondance politique de **GUILLAUME PELLICIER**, ambassadeur de France à Venise (1540-1542), par M. Alexandre Tausserat-Radel. 1 fort vol. in-8 raisin.......... 40 fr.

Correspondance des Beys d'Alger avec la Cour de France (1739-1833), recueillie par Eug. Plantet. 2 vol. in-8 raisin..................... 30 fr.
Correspondance des Beys de Tunis et des Consuls de France avec la Cour (1577-1830), recueillie par E. Plantet. T. I (1577-1700). Ep. T. II (1700-1770). 20 fr. T. III (1770-1830). 20 fr.

Les Introducteurs des Ambassadeurs (1589-1900). 1 vol. in-4, av. pl. h. texte et fig. 20 fr.

Histoire de la représentation diplomatique de la France auprès des cantons suisses, de leurs alliés et de leurs confédérés, publiée sous les auspices des Archives fédérales suisses par E. Rott. Volumes gr. in-8. Tome I (1430-1559), 12 fr. — Tome II (1559-1610), 15 fr. — Tome III (1610-1624). L'affaire de la Valteline (1ʳᵉ partie) (1610-1625). 20 fr. — Tome IV (1625-1651) (1ʳᵉ partie). L'affaire de la Valteline (2ᵉ partie) (1625-1631). 13 fr. — Tome IV (2ᵉ partie). L'affaire de la Valteline (2ᵉ partie) (1631-1632). 8 fr. — Tome V (1632-1637) (1ʳᵉ partie). L'affaire de la Valteline (1ʳᵉ partie) (1632-1634). 15 fr.

HISTOIRE DIPLOMATIQUE (V. *Bibliothèque d'histoire contemporaine*, p. 18 à 21).

BIBLIOTHÈQUE FRANCE-AMÉRIQUE

GARNEAU (F. X.). **Histoire du Canada.** 5ᵉ édit., revue, annotée et publiée avec un avant-propos par son petit-fils Hector GARNEAU. Préface de M. GABRIEL HANOTAUX, de l'Acad. franç., prés. du comité France-Amérique. T. I (1534-1741), 1913. 1 vol. in-8... 7 fr. 50
(Le tome II, complétant l'ouvrage, paraîtra en 1914.)
CROLY (H.). **Les Promesses de la Vie américaine.** Traduit de l'anglais par MM. Firmin Roz et Firmin. 1913. 1 vol. in-8 .... 3 fr. 50
Les États-Unis et la France, par E. BOUTROUX, P.-W. BARTLETT, J. M. BALDWIN, L. BÉNÉDITE, W. V. R. BERRY, D'ESTOURNELLES DE CONSTANT, L. GILLET, D. J. HILL, J. H. HYDE, MONROE FULLERTON. 1913. 1 vol. in-8, avec 13 planches hors texte............... 5 fr.

BIBLIOTHÈQUE DE LA FACULTÉ DES LETTRES DE L'UNIVERSITÉ DE PARIS

HISTOIRE ET LITTÉRATURE ANCIENNES

* **De l'Authenticité des Épigrammes de Simonide,** par H. HAUVETTE. 1 vol. in-8. 5 fr.
* **De la Flexion dans Lucrèce,** par M. le Professeur CARTAULT. 1 vol. in-8.......... 4 fr.
* **La Main-d'Œuvre industrielle dans l'ancienne Grèce,** par P. GUIRAUD, de l'Inst. in-8. 7 fr.
* **Recherches sur le Discours aux Grecs de Tatien,** suivies d'une traduction française du discours avec notes, par A. PUECH, professeur adjoint à la Sorbonne. 1 vol. in-8... 6 fr.
* **Les « Métamorphoses » d'Ovide et leurs modèles grecs,** par A. LAFAYE, professeur adjoint à la Sorbonne. 1 vol. in-8................................ 8 fr. 50
* **Mélanges d'histoire ancienne,** par G. BLOCH, J. CARCOPINO et L. GERNET. in-8. 12 fr. 50
* **La Mystique élégiaque chez Tibulle, Sulpicia, Lygdamus,** par A. CARTAULT. 1 vol. in-8. 11 fr.

HISTOIRE ET LITTÉRATURE DU MOYEN AGE

Mélanges d'histoire du moyen âge, publiés par M. le Professeur A. LUCHAIRE, ou sous sa direction :
* **Premiers Mélanges,** par MM. le Professeur A. LUCHAIRE, de l'Institut, DUPONT-FERRIER et POUPARDIN. 1 vol. in-8... 3 fr. 50
* **Deuxièmes Mélanges,** par MM. HALPHEN et HUCKEL. 1 vol. in-8........................ 6 fr.
* **Troisièmes Mélanges,** par MM. BESSIER, HALPHEN et CONDET. 1 vol. in-8....... 3 fr. 50
* **Quatrièmes Mélanges,** par MM. JACQUEMIN, FARIN, BESSIER. 1 vol. in-8..... 3 fr. 50
* **Cinquièmes Mélanges,** par MM. ARSENT, CAENE, DELORE, ORLÉANS, HUCKEL, LOMBETTE, LYON, MAX FAST et Vᵗᵉ MACKIEWICZ. 1 vol. in-8................................. 3 fr.

* **Essai de Restitution des plus anciens Mémoriaux de la Chambre des Comptes de Paris,** par J. PETIT, GAVRILOVITCH, MAURY et TÉODORU. Préface de CH.-V. LANGLOIS. 1 vol. in-8. 9 fr.
Constantin V, empereur des Romains (740-775). Étude d'histoire byzantine, par A. LOMBARD, licencié ès lettres. Préface de M. le Professeur CH. DIEHL. 1 vol. in-8........ 6 fr.
Étude sur quelques Manuscrits de Rome et de Paris, par A. LUCHAIRE. 1 vol. in-8. 6 fr.
Les Archives de la Cour des Comptes, Aides et Finances de Montpellier, par L. MARTIN-CHABOT, archiviste-paléographe. 1 vol. in-8............................ 3 fr.
Le Latin de Saint-Avit, évêque de Vienne (450?-526?), par M. le Professeur H. GOELZER avec la collaboration de A. MEY. 1 vol. in-8.............................. 25 fr.

HISTOIRE ET LITTÉRATURE MODERNES ET CONTEMPORAINES

* **Le treize Vendémiaire an IV,** par HENRY ZIVY, agrégé d'histoire. 1 vol. in-8..... 4 fr.
* **Mélanges d'Histoire littéraire,** par MM. FREVISER, DUPUIS et DES GRANGES. in-8. 6 fr. 50
Le mouvement de 1314 et les chartes provinciales de 1315, par A. ARTONNE, archiviste-paléographe. 1 vol. gr. in-8... 7 fr. 50

PHILOLOGIE ET LINGUISTIQUE

Le Dialecte alaman de Colmar (Haute-Alsace) en 1870, grammaire et lexique, par M. le Professeur VICTOR HENRY. 1 vol. in-8... 3 fr.
* **Études linguistiques sur la Basse-Auvergne.** Phonétique historique du patois de Vinzelles, par A. DAUZAT. Préf. de A. THOMAS. 1 vol. in-8............................. 6 fr.
* **Antinomies linguistiques,** par M. le Professeur VICTOR HENRY. 1 vol. in-8..... 2 fr.
Mélanges d'Étymologie française, par M. le Professeur A. THOMAS. 1 vol. in-8..... 7 fr.
* **A propos du Corpus Tibullianum.** Un siècle de philologie latine classique, par M. le Professeur A. CARTAULT. 1 vol. in-4.. 15 fr.
Studies on Lydgate's syntax in the temple of glas, par A. COURMONT. 1 vol. in-8. 5 fr.
L'Enjambement dans le vers français, par P. VERRIER, chargé de cours à la Sorbonne. 1 vol. gr. in-8.. 2 fr.

GÉOGRAPHIE

La Rivière Vincent-Pinzon. Étude sur la cartographie de la Guyane, par M. le Professeur VIDAL DE LA BLACHE, de l'Institut. 1 vol. in-8.......................... 6 fr.

BIBLIOTHÈQUE SCIENTIFIQUE
INTERNATIONALE

VOLUMES IN-8, CARTONNÉS A L'ANGLAISE; OUVRAGES A 6, 9 ET 12 FRANCS.

Les titres marqués * sont acceptés par le Ministère de l'Instruction publique.

Derniers volumes parus (1912, 1913, 1914) :

LANESSAN (J.-L. de), professeur agrégé d'histoire naturelle à la Faculté de médecine de Paris, ancien ministre, député. **Transformisme et créationisme.** *Contribution à l'histoire du transformisme depuis l'antiquité jusqu'à nos jours.* 1914. 1 vol. in-8 .... 6 fr.

CRESSON (A.), docteur ès lettres, professeur au collège Chaptal. **L'espèce et son serviteur** (*sexualité, moralité*). 1913. 1 vol. in-8, avec 42 grav. .... 6 fr.

PEARSON (K.), professeur au Collège de l'Université de Londres. * **La grammaire de la science** (*La physique*). Traduit de l'anglais par Lucien MARCH. 1912. 1 vol. in-8 .. 9 fr.

PRÉCÉDEMMENT PUBLIÉS :

ANDRADE (J.), professeur à la Faculté des sciences de Besançon. **Le mouvement.** *Mesures de l'étendue et mesures du temps.* 1 vol. in-8, avec 46 fig. dans le texte .. 6 fr.

ANGOT (A.), directeur du Bureau météorologique. * **Les aurores polaires.** 1 vol. in-8, avec figures .... 6 fr.

ARLOING, professeur à l'École de médecine de Lyon. * **Les virus.** 1 vol. in-8 .... 6 fr.

BAGEHOT. * **Lois scientifiques du développement des nations.** 7e éd. 1 vol. in-8 ... 6 fr.

BAIN. * **L'esprit et le corps.** 7e édition. 1 vol. in-8 .... 6 fr.

— * **La science de l'éducation.** 12e édition. 1 vol. in-8 .... 6 fr.

BALFOUR STEWART. * **La conservation de l'énergie**, avec fig. 6e édit. 1 vol. in-8 .. 6 fr.

BERNSTEIN. * **Les sens.** 5e édition. 1 vol. in-8, avec 91 figures .... 6 fr.

BERTHELOT, de l'Institut. * **La synthèse chimique.** 8e édition. 1 vol. in-8 .... 6 fr.

— * **La révolution chimique**, *Lavoisier.* 2e éd. 1 vol. in-8 .... 6 fr.

BINET. * **Les altérations de la personnalité.** 2e édition. 1 vol. in-8 .... 6 fr.

BINET et FÉRÉ. * **Le magnétisme animal.** 5e édition. 1 vol. in-8 .... 6 fr.

BOURDEAU (L.). **Histoire de l'habillement et de la parure.** 1 vol. in-8 .... 6 fr.

BRUNACHE (P.). * **Le centre de l'Afrique.** *Autour du Tchad.* In-8, avec figures .. 6 fr.

CANDOLLE (de) * **L'origine des plantes cultivées.** 6e édition. 1 vol. in-8 .... 6 fr.

CARTAILHAC (E.). **La France préhistorique**, *d'après les sépultures et les monuments.* 2e édition. 1 vol. in-8, avec 162 figures .... 6 fr.

CHARLTON BASTIAN. **L'évolution de la vie.** 1 vol. in-8, avec fig. et pl. .... 6 fr.

COLAJANNI (N.). * **Latins et Anglo-Saxons.** 1 vol. in-8 .... 9 fr.

CONSTANTIN (Capne). **Le rôle sociologique de la guerre et le sentiment national.** Suivi de la traduction de *La Guerre, moyen de sélection collective*, par le Dr STEINMETZ. In-8. 6 fr.

COOKE et BERKELEY. * **Les champignons.** 4e édition. 1 vol. in-8, avec figures ... 6 fr.

COSTANTIN (J.), de l'Institut. * **Les végétaux et les milieux cosmiques** (*adaptation, évolution*). 1 vol. in-8, avec 171 gravures .... 6 fr.

— * **La nature tropicale.** 1 vol. in-8, avec gravures .... 6 fr.

— * **Le transformisme appliqué à l'agriculture.** 1 vol. in-8, avec 105 gravures .. 6 fr.

CUENOT (L.), professeur à la Faculté des sciences de Nancy. * **La genèse des espèces animales.** 1 vol. in-8 avec 123 grav. dans le texte (*Cour. par l'Acad. des Sciences*.) 12 fr.

CYON (E. de). **L'oreille**, *organe d'orientation dans le temps et dans l'espace.* 1 vol. in-8 avec 45 grav. dans le texte, 3 planches hors texte et 1 portrait de Flourens .... 6 fr.

DAUBRÉE, de l'Institut. **Les régions invisibles du globe et des espaces célestes.** 2e édition. 1 vol. in-8, avec 85 fig. dans le texte .... 6 fr.

DEMENY (G.). * **Les bases scientifiques de l'éducation physique.** 5e éd. in-8, avec 200 gr. 6 fr.

— **Mécanisme et éducation des mouvements.** 2e édit. 1 vol. in-8, avec 565 gravures. 9 fr.

DEMOOR, MASSART et VANDERVELDE. * **L'évolution régressive en biologie et en sociologie.** 1 vol. in-8, avec gravures .... 6 fr.

DRAPER. **Les conflits de la science et de la religion.** 12e édition. 1 vol. in-8 .... 6 fr.

DUMONT (L.). * **Théorie scientifique de la sensibilité.** 4e édition. 1 vol. in-8 .... 6 fr.

GELLÉ (E.-M.). * **L'audition et ses organes.** 1 vol. in-8, avec gravures .... 6 fr.

GRASSET (J.), professeur à la Faculté de médecine de Montpellier. **Les maladies de l'orientation et de l'équilibre.** 1 vol. in-8, avec gravures .... 6 fr.

HISTOIRE UNIVERSELLE DU TRAVAIL

Publiée sous la direction de G. RENARD, professeur au Collège de France.

Sera publiée en 12 volumes.

Chaque volume in-8, avec gravures . . . . 5 fr.

Volumes parus :

CAPITAN et LORIN. Le travail en Amérique avant et après Colomb. 1 vol. avec gravures, 1911.

NOGARO (B.) et OUALID (W.). L'évolution du commerce, du crédit et des transports depuis cent cinquante ans. 1 vol. avec 23 grav. 1911.

RENARD (G.) et DULAC (A.). L'évolution industrielle et agricole depuis cent cinquante ans. 1 vol. avec 31 gravures.

PAUL LOUIS. Le travail dans le monde romain. 1 vol. avec 11 gravures.

Pour paraître :

Le travail dans la préhistoire, par M. DESTREZ.
Le travail dans l'Orient ancien, par M. MORET.
Le travail dans la Grèce antique, par M. GLOTZ.
Le travail dans l'Europe du moyen âge, par M. BOISSONADE et HUVELIN.
Le travail dans les pays musulmans, par M. ROBERT ROUSSEAU.
Le travail en Extrême-Orient, par M. CORDIER.
Le travail dans l'Europe moderne (XVe-XVIIIe siècles), par M. G. RENARD et G. WEULERSSE.
La condition des travailleurs depuis cent cinquante ans, par MM. F. SIMIAND et AL. GOISSAC.

BIBLIOTHÈQUE · UTILE

91 volumes in-32, de 192 pages ; chaque volume broché, 60 cent.

AGRICULTURE

Lefèvre. Insectes nuis.
Berget. Viticulture.
— Pratique des vins.
— Les vins de France.
Larbalétrier. L'agriculture française.
— Plantes d'appartem.
Petit. Economie rurale.
Vaillant. Petite chimie de l'agriculteur.

TECHNOLOGIE

Bellet. Les grands ports maritimes.
Brothier. Hist. de la terre.
Dufour. Dict. des falsif.
Gauthier. Les génies de la science et de l'industrie.
Genevoix. Les matières premières.
— Procédés industriels.
Maigne. Mines de France.
Mayer. Les chem. de fer.

HYGIÈNE — MÉDECINE

Crevettier. Hygiène.
Laumonier. Hygiène de la cuisine.
Merklen. La tuberculose.
Monin. Les maladies épidémiques.
Rebouret et Mathieu. L'alcool et l'alcoolisme.
Turck. Médecine populaire.

PHYSIQUE — CHIMIE

Bousset. Principaux faits de la chimie.
— Hist. de l'eau.
Saxley. Premières notions sur les sciences.
Albert Lévy. Histoire de l'air.
Larcher. L'atmosphère.

SCIENCES NATURELLES

Coupin. Vie dans les mers.
Kleenmeyer. Les tremblements de terre.
Gehde. Géologie.
Girardin. Botanique.
Zaborowski. L'homme préhistorique.
— Migrations des anim.
— Les grands singes.
— Les mondes disparus.
Larcher et Margollé. Télescope et microscope.

ECONOMIE POLITIQUE ET SOCIALE

Coste. Alcoolisme ou Epargne.
— Richesse et bonheur.
Guyot (Yves). Préjugés économiques.
Jevons. Economie polit.
Larrivé. L'assistance publique.
Leneveux. Le travail manuel.
Mongredien. Libre-échange en Angleterre.
Paul Louis. Lois ouvr.

ENSEIGNEMENT BEAUX-ARTS

Collier. Les beaux-arts.
Jourdy. Le patriotisme à l'école.
G. Member. Hist. de l'art.
— Histoire de la littérature française.
Pichat. L'art et les artist.
H. Spencer. De l'éducation.

PHILOSOPHIE — DROIT

Dufantin. La vie éternelle.
Ferrière. Darwinisme.
Jourdan. Justice crimin.
Morin. La loi civile.
Eug. Noël. Voltaire et Rousseau.
F. Paulhan. La physiologie de l'esprit.
Renard. L'homme est-il libre ?
Robinet. Philos. posit.
Zaborowski. L'origine du langage.

HISTOIRE

Antiquité.

Combes. La Grèce.
Creighton. Histoire rom.
Mahaffy. L'ant. grecque.
Ott. L'Asie et l'Egypte.

France.

Bastide. La Réforme.
Bérard. L'armée française.
Bachet. Mérovingiens.
— Carlovingiens.
Carnot. La Révolution française. 2 vol.

Debidour. Histoire des rapports de l'Eglise et de l'Etat (1789-1871).
Doneaud. La marine française.
Paque. L'Indo-Chine française.
Larrivière. Origines de la guerre de 1870.
Fréd Lock. Jeanne d'Arc.
— La Restauration.
Guesnel. Conquête de l'Algérie.
Zévort. Louis-Philippe.

Pays étrangers.

Bondois. L'Europe cont.
Collas et Briault. L'Empire ottoman.
Eug. Despois. Les révolutions d'Angleterre.
Doneaud. La Prusse.
Kennequy. L'Italie.
E. Raymond. L'Espagne et le Portugal.
Regnard. L'Angleterre.
Ch. Rolland. L'Autriche.

GÉOGRAPHIE COSMOGRAPHIE

Sterry. Colon. anglaises.
Brothier. Histoire de la terre.
Catalan. Astronomie.
Gaffarel. Les frontières françaises.
Girard de Rialle. Peuples de l'Asie et de l'Europe.
Grove. Continents, Océans.
Jouan. Iles du Pacifique.
Larcher et Margollé. Les phénomènes célestes.

PUBLICATIONS
HISTORIQUES, PHILOSOPHIQUES ET SCIENTIFIQUES
qui ne se trouvent pas dans les collections précédentes.

Volumes parus en 1912 et 1913

Annales de l'Institut supérieur de philosophie de Louvain. Tome I. 1912, par N. Balthasar, C. Jacquart, J. Lemaire, J. Lottin, A. Maxhor, A. Michotte, P. Nève, C. Rahbr. 1 vol. gr. in-8.. 10 fr.
— T. II. 1913, par F. Avelinc, R. Dupourcy, F. de Hovre, L. de Lantsheere, A. Dufr, M.-S. Gillet, G. Legrand, A. Michotte, L. Noël, Th. Portbyr. 1 v. gr. in-8.. 10 fr.
Année musicale (L'), publiée par MM. Michel Brenet, J. Chantavoine, L. Laloy, L. de la Laurencie. 1re année, 1911. 1 vol. gr. in-8, avec citations musicales............ 10 fr.
— 2e année, 1912. 1 vol. grand in-8, avec citations musicales...................... 10 fr.
Athena. Revue publiée par l'École des Hautes-Études sociales. Années 1911 et 1912, chacune 1 vol. in-8.. 15 fr.
BASTIDE (Ch.), docteur ès lettres, professeur agrégé au lycée Charlemagne. **Anglais et Français du XVIIe siècle.** 1912. 1 fort. vol. in-16................................ 5 fr.
BAYET (Albert). La casuistique chrétienne. 1913. 1 vol. in-16..................... 2 fr. 50
BONNIER (Dr P.). L'anxiété. Etats anxieux. Tracs. Phobies. Obsessions. Mélancolies. Dépression. Aboulie. Neurasthénie. 1913. 1 vol. in-8, avec fig................. 4 fr.
BRUNHES (J.), professeur au Collège de France. *La Géographie humaine. Essai de classification positive. Principes et exemples.* 2e édition, revue et augmentée. 1 vol. grand in-8, avec 272 grav. et cartes dans le texte et hors texte. (Couronné par l'Académie française et Médaille d'or de la Société de Géographie.)......................... 20 fr.
CAHEN (G.), chargé de mission en Russie, doct. ès lettres. **Histoire des relations de la Russie avec la Chine sous Pierre-le-Grand (1689-1730).** (Couronné par l'Académie des Inscriptions et Belles-Lettres.) 1912. 1 vol. gr. in-8............................ 10 fr.
— Le livre des comptes de la caravane russe à Pékin (1727-1728). 1912. 1 vol. gr. in-8. 5 fr.
Catalogue des publications de l'Institut Nobel norvégien. I. *Littérature pacifiste.* 1912. 1 vol. grand in-8.. 12 fr. 50
Ce qu'on a fait de l'Église. *Étude d'histoire religieuse.* 6e édit. 1912. 1 vol. in-16. 3 fr. 50
CELLARIER (F.). La métaphysique et sa méthode. Préf. de E. Boutroux. 1914. 1 vol. in-8.. 10 fr.
CHANTAVOINE (J.) Musiciens et poètes. 1912. 1 vol. in-16....................... 3 fr. 50
COLLIGNON (A.). Diderot. Sa vie, ses œuvres. 3e édit. 1911. 1 vol. in-12........ 3 fr. 50
CREMER (Th.). Le Problème religieux dans la philosophie de l'action *(MM. Blondel et le P. Laberthonnière).* Préface de V. Delbos, de l'Institut. 1912. 1 vol. gr. in-8. 3 fr.
DEPLOIGE (S.), professeur à l'Université catholique de Louvain. **Le Conflit de la morale et de la sociologie.** 2e édit. 1913. 1 vol. gr. in-8................................. 7 fr. 50
DUSSAUZE (H.), docteur ès lettres. **Les règles esthétiques et les lois du sentiment.** 1912. 1 vol. in-8.. 10 fr.
Éducation morale (Compte rendu du *Deuxième Congrès international d'*). Publié par la secrétaire générale, Mlle A. Drsrbisch. 1913. 1 vol. gr. in-8...................... 4 fr. 25
Éducation morale (Mémoires sur l') présentés au *Deuxième Congrès international d'éducation morale à La Haye,* publ. par la secr. gale, Mlle A. Drsrbisch. 1912. 1 vol. gr. in-8. 12 fr. 50
Études de psychologie publiées par A. Michotte, professeur de psychologie expérimentale à l'Université de Louvain. Vol. I, fasc. 1. 1913. 1 vol. in-8................ 7 fr. 50
Femme (La). *Sa situation réelle, sa situation idéale,* par M. J. A. Thomson, Mme Thomson, Mlle L. L. Lomsoes, Mme Lesbaum, Mlle P. Sherrays M. T. S. Clocston, Mlle Fr. Melville, Mlle E. Pearson. M. R. Lodge. Préface de Sir O. Lodge. Traduit de l'anglais par Mme A. Terrier. 1912. 1 vol. in-16.. 2 fr. 50
GAY (A.), docteur en théologie. L'honneur. *Sa place dans la morale.* 1912. 1 v. in-8. 5 fr.
GELEY (Dr G.). Monisme idéaliste et palingénésie. 1913. Broch. in-8.............. 1 fr.
GOMER (A. de). L'obligation morale raisonnée. *Ses conditions.* 1913. 1 vol. in-16. 3 fr. 50
GRANDJEAN (Fr.), professeur de Gymnase et privat-docent à l'Université de Genève. **Une révolution dans la philosophie : la doctrine de M. Henri Bergson.** 1913. 1 v. in-16. 3 fr. 50
HENNEBICQ (L.). *L'impérialisme occidental. Genèse de l'impérialisme anglais.* 1913. in-8. 6 fr.
KAMEL (SAYED), docteur en droit. **La Conférence de Constantinople et la question égyptienne en 1882.** 1913. 1 vol. in-8.. 5 fr.
KIPIANI (Varia), lauréate de l'Académie de médecine de Paris. **Ambidextrie.** *Étude expérimentale et critique.* Suivie d'une note de I. Ioteyko. 1913. 1 vol. in-8 des *Travaux de la Faculté internationale de pédologie,* avec 28 figures dans le texte............... 3 fr. 50
LABROUE (H.), prof. agrégé d'histoire au lycée de Bordeaux. *L'Esprit public en Dordogne pendant la Révolution.* Préface de G. Monod, de l'Institut. 1912. 1 vol. in-8. 4 fr. (V. p. 33.)
— Les membres de la Soc. popul. de Bergerac pendant la Révolution. 1913. Broch. in-8. 1 fr. 50
LACAZE-DUTHIERS (G. de). La liberté de penser. 1913. 1 fort vol. in-8............ 10 fr.
— Au tournant de la route. *Regards sur la société.* 1914. 1 vol. in-8................ 5 fr.
LADEVÈZE (E.). La loi d'universelle relation. *Premières lignes d'une philosophie basée sur la négation du sujet connaissant.* 1913. 1 vol. in-16................................ 2 fr. 50
LANESSAN (J.-L. de), député, ancien ministre de la marine, ancien gouverneur général de l'Indo-Chine. Nos forces militaires. 1913. 1 vol. in-16............................ 3 fr. 50
— Notre défense maritime. 1911. 1 vol. in-16.. 3 fr. 50
LATOUR (M.). Premiers principes d'une théorie générale des émotions. 1912. 1 vol. in-8.. 3 fr. 50
LAZE (Fr.). Pages romantiques. Avec introd. et notes par J. Chantavoine. 1912. 1 vol. in-16.. 3 fr. 50
LOCKE (John). Lettres inédites à ses amis *Nicolas Thoinard, Philippe Van Limborch et Edward Clark.* Publiées avec une introduction et des notes par M. H. Ollion, doc-

teur ès lettres, professeur à la Faculté libre des lettres de Lyon, avec la collaboration de M. le professeur Dr T. J. De Boer, de l'Univ. d'Amsterdam. 1913. 1 vol. gr. in-8. 15 fr.

LORIA (A.). Les bases économiques de la justice internationale. Tome III, fascicule 1 des *Publications de l'Institut Nobel norvégien*. 1913. 1 vol. in-8.............. 5 fr.

LOTE (R.), docteur ès lettres. Les origines mystiques de la " science " allemande. 1913. 1 vol. gr. in-9.. 3 fr.
— La France et l'esprit public jugés par le " Mercure " de Wieland. 1913. 1 v. in-8. 4 fr.

LUQUET (G.-H.), ancien élève de l'École normale supérieure, professeur agrégé de philosophie au lycée de Douai, docteur ès lettres. Essai d'une logique systématique et simplifiée. 1913. 1 vol. in-8.. 3 fr. 75

MARTIN (F.), sénateur. *La morale républicaine*. 1912. 1 vol. in-8............... 4 fr. 50

MAUXION (A.), chargé de cours à l'Université de Louvain. Introduction à la physique aristotélicienne. 1913. 1 vol. in-8... 5 fr.

MICHOTTE. Voir *Études de psychologie*.

MIRABAUD (R.). L'un-multiple. *Esquisse d'une métaphysique*. 1912. 1 vol. in-16.... 2 fr.

NYS (D.), prof. à l'Univ. catholique de Louvain. La notion du temps. (Cours de philosophie, Vol. VII, t. II.) 2e éd., rev. et augm. 1913. 1 vol. in-8..... 5 fr. (V. Mercier, p. 32.)

OSTY (Dr E.). Lucidité et intuition. *Étude expérimentale*. 1913. 1 vol. in-8........ 8 fr.

POËY (A.). L'Anarchie mondiale. *La psychologie morbide*, 1912. 1 vol. in-16. 3 fr. 50 (V. p. 31.)

ROBIQUET (P.). Le cœur d'une reine. *Anne d'Autriche, Louis XIII et Mazarin*. 1912. 1 vol. in-8, avec 1 pl. hors texte.................................... 4 fr.

ROUCHÈS (G.), docteur ès lettres, bibl. à l'École des Beaux-Arts. La peinture bolonaise à la fin du XVIe siècle (1575-1619). *Les Carrache*. 1913. 1 v. in-8, avec 16 pl. h. texte. 7 fr. 50

ROUMA (G.), doct. en sciences sociales, dir. de l'Ens. public de la République de Bolivie. Le langage graphique de l'enfant. 2e éd., revue. 1913. 1 vol. in-8, avec fig. et pl. hors texte. 7 fr. 50

SENTROUL (Ch.), agrégé à l'école St-Thomas-d'Aquin, professeur à la Faculté libre de philosophie et lettres de São-Paulo. Kant et Aristote. (2e éd. franç. de *L'objet de la métaph. selon Kant et selon Aristote*). 1913. 1 vol. in-8............................. 5 fr.

SERVIÈRES (G.). Emmanuel Chabrier (1841-1894). 1912. 1 vol. in-16............. 2 fr. 50

TERRAILLON (E.), doct. ès lettres, principal du coll. de Saint-Chamond. La morale de Geulincx dans ses rapports avec la philosophie de Descartes. 1912. 1 vol. in-8. 3 fr. 75 (V. p. 7.)

TURRO (R.), professeur au laboratoire municipal de Barcelone. Les origines de la connaissance. 1913. 1 vol. in-8... 5 fr.

VAN BIERVLIET (J.-J.), professeur à l'Université de Gand. Premiers éléments de pédagogie expérimentale. *Les bases*. Préface de G. Compayré, de l'Institut. 1911. 1 vol. in-8. 7 fr.
— Esquisse d'une éducation de l'attention. 1912. 1 vol. in-18................... 3 fr. 50

VAUTHIER (M.), prof. à l'Univ. de Bruxelles. Essais de philosop. sociale. 1912. 1 vol. in-8. 7 fr. 50

VAUZANGES (L. M.). L'écriture des musiciens célèbres. *Essai de graphologie musicale*. 1912. 1 vol. in-8, avec 59 reproductions d'autographes................... 3 fr. 50

WEILL (J.). Zadoc Kahn (1839-1905). 1912. 1 vol. in-16, avec 2 portraits..... 3 fr. 50

WINDSTOSSER (M.), docteur ès lettres. Étude sur la " Théologie germanique " suivie d'une traduction faite sur les éditions orig. de 1516 et de 1518. 1912. ?........... 5 fr.

Précédemment parus :

ALAUX, prof. à la Fac. des lettres d'Alger. Philosophie morale et p. Pdiqu... ...2 fr. 50
— Théorie de l'âme humaine. 1 vol. in-8............................. 10 fr.
— Dieu et le monde. *Essai de philosophie première*. 1 vol. in-16........... 2 fr. 50

AMIABLE (Louis). Une Loge maçonnique d'avant 1789. 1 vol. in-8........... 6 fr.

AMICUS. Pensées libres. *Questions internationales, religieuses, bio-sociologiques, historiques, philosophiques*. Les Femmes. 1 vol. in-8........................ 5 fr.

ANDRÉ (L.), docteur ès lettres, professeur au lycée Louis-le-Grand. Michel Le Tellier et l'organisation de l'armée monarchique. 1 vol. in-8. (Cour. par l'Institut.)...... 11 fr.
— Deux Mémoires inédits de Claude Le Pelletier. 1 vol. in-8................ 3 fr. 50

ARDASCHEFF (P.), professeur d'histoire à l'Université de Kiew. Les intendants de province sous Louis XVI. Traduit du russe par L. Jousserandot, sous-bibliothécaire à l'Université de Lille. 1 vol. grand in-8. (Cour. par l'Acad. Impér. de St-Pétersbourg.) 10 fr.

ARMINJON (P.), professeur à l'École khédiviale de Droit du Caire. L'Enseignement, la doctrine et la vie dans les universités musulmanes d'Égypte. 1 vol. in-8.......... 6 fr. 50

ARRÉAT. Une Éducation intellectuelle. 1 vol. in-18........................ 2 fr. 50
— Journal d'un philosophe. 1 vol. in-18.............................. 3 fr. 50
— Réflexions et Maximes. 1 vol. in-16.................. 2 fr. 50. (V. p. 2 et 7.)
* Autour du monde, par les BOURSIERS DE VOYAGE DE L'UNIVERSITÉ DE PARIS. (Fondation Albert Kahn.) 1 vol. gr. in-8................................ 10 fr.

ASLAN (G.). La Morale selon Guyau. 1 vol. in-18...................... 2 fr.
— Le Jugement chez Aristote. Br. in-18.................... 1 fr. (Voir p. 2.)

BACHA (E.). Le Génie de Tacite. 1 vol. in-18......................... 6 fr.

BELLANGER (A.), docteur ès lettres. Les concepts de cause et l'activité intentionnelle de l'esprit. 1 vol. in-8.. 5 fr.

BÉMONT (Ch.), et MONOD (G.). Histoire de l'Europe au Moyen âge (395-1270). Nouvelle édit. 1 vol. in-18, avec grav. et cartes en couleurs...... 5 fr. (Voir p. 21 et 23.)

BENOIST-HANAPPIER (L.), professeur-adjoint à l'Université de Nancy. Le drame naturaliste en Allemagne. 1 vol. in-8. (Couronné par l'Académie française.)..... 7 fr. 50

BESANÇON (A.), docteur ès lettres. Les Adversaires de l'hellénisme à Rome pendant la période républicaine. 1 vol. gr. in-8. (Couronné par l'Institut)............. 10 fr.

BLUM (E.), prof. au lycée de Lyon. La Déclaration des droits de l'homme et du citoyen. Préf. de G. Compayré. 2e éd. 1 vol. in-8. (Récompensé par l'Institut.)....... 3 fr. 75

BOURDEAU (Louis). Théorie des sciences. 2 vol. in-8.................... 20 fr.
— La Conquête du monde animal. 1 vol. in-8......................... 5 fr.
— La Conquête du monde végétal. 1 vol. in-8......................... 5 fr.

démie d'Aix. 3e édition, augmentée. 1 vol. in-16............... 2 fr. 50 (Voir p. 1.)
JANET (Pierre), de l'Institut, professeur au Collège de France. L'État mental des hystériques. *Les stigmates mentaux des hystériques, les accidents mentaux des hystériques, études sur divers symptômes hystériques. Le traitement psychologique de l'hystérie. 2e édition. 1 vol. grand in-8, avec gravures............... 15 fr. (Voir p. 9 et 21.)
— et RAYMOND (F.), professeur de la clinique des maladies nerveuses à la Salpêtrière. Névroses et idées fixes. I. Études expérimentales sur les troubles de la volonté, de l'attention, de la mémoire, sur les émotions, les idées obsédantes et leur traitement. 2e édition. 1 vol. grand in-8, avec 97 fig............... 14 fr.
II. Névroses, maladies produites par les émotions, les idées obsédantes et leur traitement. 2e édition. 1 vol. gr. in-8, avec 63 grav............... 14 fr.
(Ouvrage couronné par l'Académie des sciences et par l'Académie de médecine.)
— et RAYMOND. Les obsessions et la psychasthénie. I. Études cliniques et expérimentales sur les idées obsédantes, les impulsions, les manies mentales, la folie du doute, les tics, les agitations, les phobies, les délires du contact, les angoisses, les sentiments d'incomplétude, la neurasthénie, les modifications des sentiments du réel, leur pathogénie et leur traitement. 2e édition. 1 vol. grand in-8, avec 33 gravures............... 15 fr.
II. États neurasthéniques, abouliés, incomplétude, agitations et angoisses diffuses, algies, phobies, délires du contact, tics, manies mentales, folies du doute, idées obsédantes, impulsions. 2e édit. 1 vol. grand in-8 avec 33 gravures............... 15 fr.
JANSSENS (E.). Le Néo-criticisme de Ch. Renouvier. 1 vol. in-16............... 3 fr. 50
— La Philosophie et l'apologétique de Pascal. 1 vol. in-16............... 4 fr.
JOURDY (Général). L'Instruction de l'armée française, de 1815 à 1902. 1 vol. in-16...... 3 fr. 50
JOURET (G.), prof. à l'école normale de Mons. Les Humanités primaires. 1 v. in-16..... 5 fr.
JOYAU. Essai sur la liberté morale. 1 vol. in-18............... 3 fr. 50 (Voir p. 13.)
KARPPE (S.), doct. ès lettres. Les Origines et la nature du Zohar. 1 v. in-8. 7 fr. 50 (V. p. 9.)
KAUFMANN. La cause finale et son importance. 1 vol. in-12............... 2 fr. 50
KEIM (A.). Notes de la main d'Helvétius. 1 vol. in-8............... 3 fr. (Voir p. 9.)
KINGSFORD (A.) et MAITLAND (E.). La Voie parfaite ou le Christ ésotérique. 1 v. in-8. 6 fr.
KOSTYLEFF (N.). Évolution dans l'histoire de la philosophie. 1 vol. in-16....... 2 fr. 50
— Les Substituts de l'âme dans la psychologie moderne. 1 vol. in-8.. 4 fr. (Voir p. 4.)
LABROUE (H.), professeur au lycée de Bordeaux. Le Conventionnel Pinet. Broch. in-8. 3 fr.
— Le Club Jacobin de Toulon (1790-1796). Broch. gr. in-8............... 2 fr.
LACAZE-DUTHIERS (G. de). Le Culte de l'idéal ou l'artistocratie. 1 vol. in-8.. 7 fr. 50
LA GRASSERIE (R. de). Études de psychosociologie. I. De l'instinct cryptologique et de l'instinct phonétique. 1911. In-8. 2 fr. — II. De l'hybridité mentale et sociale. 1911. In-8. 2 fr. — III. Parasitisme, Paralogismes et paranormisme sociologique. 1911. In-8.. 2 fr.
LALANDE (A.), professeur adjoint à la Sorbonne. *Précis raisonné de morale pratique par questions et réponses. 2e édit. 1 vol. in-16............... 4 fr. (Voir p. 10.)
LANESSAN (de), député, ancien ministre de la Marine. Le Programme maritime de 1900-1906. 2e édit. 1 vol. in-12............... 3 fr. 50 (V. p. 10, 16, 17, 19 et 27.)
— *L'éducation de la femme moderne. 1 vol. in-16............... 3 fr. 50
— Le bilan de notre marine. 1 vol. in-16............... 3 fr. 50
— Nos Forces navales. Organisation, répartition. 1 vol. in-16............... 3 fr. 50
LASSERRE (A.). La Participation collective des femmes à la Révolution française. 1 vol. in-8............... 5 fr.
LASSERRE (E.). Les Délinquants passionnels et le criminaliste impassible. 1 v. in-16. 2 fr.
LAVELEYE (Em. de). De l'Avenir des peuples catholiques. Br. in-8.. 0 fr. 25 (V. p. 8.)
LECLÈRE (A.), professeur à l'Université de Berne. *La Morale rationnelle dans ses relations avec la philosophie générale. 1 vol. in-8............... 7 fr. 50 (Voir p. 10.)
LEFÈVRE (G.). *Les Variations de Guillaume de Champeaux et la Question des Universaux. 1 vol. in-8. (Trav. de l'Univ. de Lille)............... 3 fr.
LEMAIRE (P.). Le Cartésianisme chez les Bénédictins. 1 vol. in-8............... 6 fr. 50
LÉON (A.), docteur ès lettres. Les Éléments cartésiens de la doctrine spinoziste sur les rapports de la pensée et de son objet. 1 vol. grand in-8............... 6 fr.
LÉVY (L.-G.), docteur ès lettres. La Famille dans l'antiquité israélite. 1 vol. in-8. (Couronné par l'Académie française.)............... 5 fr. (V. p. 15.)
LÉVY-SCHNEIDER (L.), professeur à l'Université de Lyon. Le Conventionnel Jean-Bon Saint-André (1749-1813). 2 vol. in-8............... 15 fr.
LUQUET (G.-H.), agrégé de philosophie. Éléments de logique formelle. Br. in-8. 1 fr. 50
MABILLEAU (L.). Histoire de la philosophie atomistique. 1 vol. in-8............... 12 fr.
MAINDRON (Ernest). *L'Académie des Sciences. 1 vol. in-8 cavalier, avec 53 grav., portraits, plans, 8 pl. hors texte et 2 autographes............... 8 fr.
MARTIN (W.). La Situation du catholicisme à Genève (1815-1907). 1 vol. in-16. 3 fr. 50
MATAGRIN. L'Esthétique de Lotze. 1 vol. in-12............... 2 fr.
MAUGÉ (F.), docteur ès lettres. Le Rationalisme comme hypothèse méthodologique. 1 vol. grand in-8............... 10 fr.
MAXWELL (J.). Psychologie sociale contemporaine. 1 vol. in-8....... 6 fr. (V. p. 10.)
Mélanges littéraires, publiés à l'occasion du Centenaire de la Faculté des lettres de Clermont-Ferrand (1810-1910). 1 vol. gr. in-8, avec planches............... 10 fr.
MERCIER (le Cardinal, archevêque de Malines.). Les Origines de la psychologie contemporaine. 3e édit. 1 vol. in-12............... 3 fr. 50
— Cours de philosophie. I. Logique. 5e éd. 1 vol. in-8. 3 fr. — II. Notions d'ontologie ou de métaphysique générale. 5e éd. 1 vol. in-8. 10 fr. — III. Psychologie. 9e éd. 2 vol. in-8, 10 fr. — IV. Critériologie générale ou théorie générale de la certitude. 8e éd. 1 vol. in-8, 6 fr. — (Le vol. V n'existe pas.) — VI. Histoire de la philosophie médiévale, par M. de Wulf. 4e éd. 1 vol. in-8, 10 fr. — VII. Cosmologie ou Étude philosophique du monde inorganique, par D. Nys. T. I. Les causes constitutives du monde inorganique. 3e éd. 1 vol. in-8, 10 fr. T. II. La notion de temps. 1 vol. in-8, 5 fr. T. III. La notion d'espace. 3e éd. 1 vol. in-8............... 2 fr. 50

MILHAUD (G.), professeur à la Sorbonne. * Le Positivisme et le progrès de l'esprit. 1 vol. in-16.. 2 fr. 50 (Voir p. 4 et 13.)
MONNIER (Marcel). * Le Drame chinois (juillet-août 1900). 1 vol. in-16....... 2 fr. 50
MORIN (Jean), archéologue. Archéologie de la Gaule et des pays circonvoisins depuis les origines jusqu'à Charlemagne. 1 vol. in-8 avec 71 fig. dans le texte et 26 pl. h. texte.. 6 fr.
NORMAND (Ch.). * La Bourgeoisie française au XVIIe siècle. 1 v. in-8, av. 8 pl. h. texte. 12 fr.
NYS. Voy. Merlin, ci-dessus.
PALHORIÈS (F.), docteur ès lettres. La Théorie idéologique de Galuppi dans ses rapports avec la philosophie de Kant. 1 vol. in-8................................ 4 fr. (Voir p. 13.)
PARISET (G.). La Revue germanique de Dollfus et Nefftzer. Br. in-8............... 2 fr.
PAULHAN (Fr.). Le Nouveau Mysticisme. 1 vol. in-13. 2 fr. 50 (Voir p. 2, 5, 6, 11 et 22.)
PELLETAN (Eugène). * La Naissance d'une ville (Royan). 1 vol. in-13.............. 2 fr.
— * Jarousseau, le pasteur du désert. Nouv. édit. 1 vol. in-13.................. 2 fr.
— * Un Roi philosophe. Frédéric le Grand. 1 vol. in-13....................... 3 fr. 50
— Droits de l'homme. 1 vol. in-16... 3 fr. 50
PENJON (A.). Pensée et Réalité, de A. Spir, trad. de l'allem. in-8. (Trav. de l'Univ. de Lille.)... 10 fr.
— L'Énigme sociale. 1 vol. in-8. (Travaux de l'Université de Lille.)............. 9 fr. 50
PÉRÈS (J.). L'Individualité et la destinée. Brochure in-16............... 1 fr. (V. p. 11.)
PEREZ (Bernard). Mes deux Chats. 2e édition. 1 vol. in-12.................... 1 fr. 50
— Jacotot et sa Méthode d'émancipation intellectuelle. 1 vol. in-13.............. 3 fr.
— Dictionnaire abrégé de philosophie. 1 vol. in-13................... 1 fr. 50 (V. p. 11.)
PETIT (Ed.), insp. gén. de l'Instruction publique. De l'École à la cité. 1 vol. in-16... 3 fr. 50
PHILBERT (Louis). Le Rire. 1 vol. in-8. (Couronné par l'Académie française.).. 7 fr. 50
PHILIPPE (J.). Lucrèce dans la théologie chrétienne. 1 vol. in-8....... 2 fr. 50 (V. p. 4.)
PIAT (C.), professeur à l'Inst. cath. de Paris. L'Intellect actif. 1 vol. in-8............ 4 fr.
— Insuffisance des philosophies de l'intuition. 1 vol. in-8....................... 5 fr.
— L'Idée ou critique du Kantisme. 2e édition. 1 vol. in-8......................... 6 fr.
— De la Croyance en Dieu. 2e édit. 1 vol. in-18............. 3 fr. 50 (Voir p. 11, 14 et 15.)
PICARD (Ch.). Sémites et Aryens. 1 vol. in-18................................ 1 fr. 50
PICTET (Raoul). Étude critique du matérialisme et du spiritualisme par la physique expérimentale. 1 vol. gr. in-8... 10 fr.
PILASTRE (E.). Vie et caractère de Mme de Maintenon. 1 vol. in-8, ill.......... 5 fr.
— La Religion au temps du duc de Saint-Simon. 1 vol. in-8....................... 6 fr.
PINLOCHE (A.), professeur honoraire de l'Université de Lille. * Pestalozzi et l'éducation populaire moderne. 1 vol. in-16. (Couronné par l'Institut.)................... 2 fr. 50
— * Principales Œuvres de Herbart. 1 vol. in-8. (Travaux de l'Université de Lille)..... 7 fr. 50
PITOLLET (C.), agrégé d'espagnol. La Querelle caldéronienne de Johan Nikolas Böhl von Faber et José Joaquin de Mora. 1 vol. in-8................................. 15 fr.
— Contributions à l'étude de l'hispanisme de G.-E. Lessing. 1 vol. in-8........... 13 fr.
POCHHAMMER (A.). L'Anneau de Nibelung de Richard Wagner. Analyse dramatique et musicale, traduit de l'allemand par J. Cristanoise. 1 vol. in-16............. 2 fr. 50
POËY. Littré et Auguste Comte. 1 vol. in-13................................ 3 fr. 50
— Le Positivisme, 1 vol. in-13.. 4 fr. 50
PRADINES (M.), professeur à l'Université d'Aix. Critique des conditions de l'action. (Récomp. par l'Institut.) T. I. L'Erreur morale établie par l'histoire et l'évolution des systèmes. 1 vol. in-8, 10 fr. T. II. Principes de toute philosophie de l'action. 1 vol. in-8. 5 fr.
REGNAUD (P.). Origine des idées et science du langage. 1 vol. in-13. 1 fr. 50 (V. p. 5.)
REMACLE. La Philosophie de S. S. Laurie. 1 vol. in-8.......................... 7 fr. 50
RESOUVIER, de l'Institut. Uchronie. 2e éd. 1 vol. in-8......... 7 fr. 50 (Voir page 11.)
Revue Germanique. Années 1905 à 1910, chacune, 1 fort volume grand in-8......... 14 fr.
REYMOND (A.). Logique et mathématiques. Essai historique et critique sur le nombre infini. 1 vol. in-8.. 5 fr.
ROBERTY (J.-E.). Auguste Bouvier, pasteur et théologien protestant. 1 v. in-12...... 3 fr. 50
ROISEL. Chronologie des temps préhistoriques. 1 vol. in-12............ 1 fr. (Voir p. 5.)
ROSSIER (E.). Profils de Reines. Préface de G. Monod, de l'Institut. 1 vol. in-16...... 3 fr. 50
ROZET (O.). * La défense et illustration de la race française. 1 vol. in-16........ 3 fr. 50
SABATIER (C.). Le Duplicisme humain. 1 vol. in-13........................... 2 fr. 50
SECRÉTAN (H.). La Société et la morale. 1 vol. in-12......................... 3 fr. 50
SEIPPEL (P.), professeur à l'École polytechnique de Zurich. Les deux Frances et leurs origines historiques. 1 vol. in-8.................................... 7 fr. 50
SERMYN (Dr W. C.). Contribution à l'étude de certaines facultés cérébrales méconnues. Philosophie scientifique. 1 vol. in-8.................................. 7 fr. 50
SOREL (Albert), de l'Académie française. Traité de Paris de 1815. 1 vol. in-8...... 4 fr. 50
TARDE (G.), de l'Institut. Fragment d'histoire future. 1 vol. in-8. 5 fr. (Voir p. 5, 12 et 16.)
URTIN (H.), doct. ès lettres. Le fondement de la responsabilité pénale. In-8........ 2 fr. 50
VAN BIERVLIET (J.-J.). Éléments de psychologie humaine. 1 vol. in-8............ 6 fr.
— Études de psychologie. (Homme droit. — Homme gauche.) 1 vol. in-8.......... 4 fr.
— Causeries psychologiques. 2 vol. in-8. Chacun............................. 3 fr.
— Esquisse d'une éducation de la mémoire. 1 vol. in-16........................ 2 fr.
— La psychologie quantitative. 1 vol. in-8.................................. 4 fr.
VAN BRABANT (W). Psychologie du vice infantile. 1 vol. gr. in-8............... 3 fr. 50
VAN OVERBERGH. La Réforme de l'enseignement. 2 vol. in-1................... 10 fr.
VERMALE (F.) et ROCHET (A.). Registre des délibérations du Comité révolutionnaire d'Aix-les-Bains (Documents pour l'Histoire de la Révolution en Savoie). 1 vol. in-8. 4 fr.
WULF (M. de). Voy. Merlin (p. 33).
— Histoire de la philosophie en Belgique. 1 vol. gr. in-8.......... 7 fr. 50 (V. p. 11.)
WYLM (D.). La Morale sexuelle. 1 vol. in-8................................. 5 fr.
ZAPLETAL. Le Récit de la création dans la Genèse. 1 vol. in-8................. 3 fr. 50

TABLE DES AUTEURS ÉTUDIÉS

TABLE ALPHABÉTIQUE DES AUTEURS